知乎

有 问 题　就 会 有 答 案

不要挑战人性

史上20个经典人性实验

潘楷文 著

湖南文艺出版社
HUNAN LITERATURE AND ART PUBLISHING HOUSE

博集天卷
CS-BOOKY

图书在版编目（CIP）数据

不要挑战人性 / 潘楷文著 . -- 长沙：湖南文艺出版社 , 2021.11（2024.2 重印）
ISBN 978-7-5726-0356-3

Ⅰ.①不… Ⅱ.①潘… Ⅲ.①实验心理学—通俗读物 Ⅳ.① B841.4-49

中国版本图书馆 CIP 数据核字（2021）第 179307 号

上架建议：畅销·心理学

BUYAO TIAOZHAN RENXING
不要挑战人性

作　　者：潘楷文
出 版 人：陈新文
责任编辑：刘雪琳
监　　制：毛闽峰
特约监制：张　娴　魏　丹
策划编辑：郝　莹　周子琦
文案编辑：朱东冬
特约编辑：南名俊岳
营销编辑：李默晗　刘　珣　焦亚楠
封面设计：利　锐
版式设计：李新泉
出　　版：湖南文艺出版社
　　　　　（长沙市雨花区东二环一段 508 号　邮编：410014）
网　　址：www.hnwy.net
印　　刷：三河市兴博印务有限公司
经　　销：新华书店
开　　本：889mm×1194mm　1/16
字　　数：247 千字
印　　张：24
版　　次：2021 年 11 月第 1 版
印　　次：2024 年 2 月第 6 次印刷
书　　号：ISBN 978-7-5726-0356-3
定　　价：68.00 元

若有质量问题，请致电质量监督电话：010-59096394
团购电话：010-59320018

要不要挑战人性？

首先，你要知道什么是人性。

什么是人性呢？就是人之所以为人的特性，你是人，你就有这个特性。人性，既不是神性，也不是兽性，既不神圣，也不低贱，因为这就应该是人本来的样子。

人性可不可以挑战呢？当然可以。

存天理，灭人欲，理智战胜情感，这就是在挑战人性。

男女授受不亲、缠足、太监阉党，这就是在挑战人性。

而向死而生、取义成仁、最美逆行，也是在挑战人性。

舍己为人、见义勇为、功成身退，也是在挑战人性。

心理学，就是想把这些包裹在语言符号之后的心灵本色展现出来，让人们看见。

比如说，孩子哭了，要不要马上去抱？

什么样的激励手段对员工最有用？

"耳听为虚，眼见为实"对不对？

人所认为的世界是自己想象出来的吗？

望子成龙到底有没有用？

延迟满足就能成功吗？

站在吊桥上更容易收获爱情吗？

身体有自己的智慧吗？

…………

这些问题，真的有点挑战人性。所以，心理学家们设计了一系列的实验来做出回答。

有人觉得心理学是给人看病的，心埋有病，得治。错！

有人觉得心埋学是给人灌鸡汤的，喝了，上路。错！

有人觉得心理学是玄学，忽悠人的，闲了，聊 5 块钱的心理学。错！

其实，心理学是一门科学。无数心理学家做了很多精妙的心理学实验，在严格控制自变量、因变量、控制变量的条件下，设置情境，洞察人性。对！

但是，我敢保证，《实验心理学》是最难读的心理学书籍。

你知道那些心理学实验吗？心理学家做了那么多优秀的心理学实验，可惜，很少有人知道。为什么？因为看不懂。

这个时候需要有个人站出来，翻译一下那些神神秘秘的实验心理学家到底在实验室里拿白鼠、猴子和人做了什么。但是这样的翻译工作对这个人的要求很高，他既要懂专业的实验心理学家在干什么、说什么，又要会说人话。具备前一种能力的人本来就不多，具备后一种能力的人就更少，兼具两种能力的，也就那么寥寥几个人。"心理伽马刀"潘楷文就是其中的一位。

这把刀从北师大出炉，在军营里锻造，在商战中淬火，在新媒体里开刃，是一把不可多得的好刀！

这次，"心理伽马刀"带你还原 20 个经典心理学实验现场，切开实验中的每一个细节，找到洞察人性、震撼心灵的每一个瞬间，从心理学专业的角度抽丝剥茧地检视心理学实验的逻辑内核，提取其中温润心灵的每一个元素，看见心灵，照见自我。

《不要挑战人性》是一本硬核的心理学科普书。读了这本书，你才敢说："我终于知道什么是心理学了。"

我是那个见过刀、见过火、见过血的人。是为序。

贺岭峰

心理学博士，上海女性身心健康发展研究中心副主任

01

哈洛恒河猴实验：
生存，需要关系的存在

人间悲剧——罗马尼亚的孤儿 / 002
偶然的发现，铸就了与猴子的缘分 / 004
"铁丝网妈妈"与"绒布妈妈" / 007
纵使虐我千百遍，你依然是我的全世界 / 010
自闭、自残，完全丧失了爱的能力 / 012
与妈妈的亲密关系，是形成健全人格的基础 / 014

02

陌生人情景实验：
情感，需要找到爱的依恋

陌生环境：依恋最初的展现 / 019
三种情感联结类型 / 022
种瓜得瓜，种豆得豆 / 026

03

双生子爬梯实验：
成长，需要成熟的时机

双生子爬梯实验：学习是有前提条件的 / 034
基因是主角，环境是配角 / 037
人生的必修课：学会面对失败 / 040
建立"我能行"的感觉，需要切身的体验 / 042
人的成长，事业的发展，跟教育孩子是一样的 / 045

04

波波玩偶实验：
发展，需要寻找学习的榜样

著名的波波玩偶实验 / 050
"榜样"的惊人力量 / 053
身教，需要意义感和良好的关系 / 055
身教的关键在于家长先切身体验，这样孩子才能真正体验 / 057

05

车祸目击者实验：
谣言，可怕的记忆篡改与植入

轰动全美的阿米罗特性侵冤案 / 063
谁在篡改孩子们的记忆？ / 066
车祸目击者实验：成年人的记忆同样不靠谱 / 068
无处不在的虚假记忆植入 / 070
如何识破谣言？ / 072

06

电击实验：
服从，乖孩子的罪名

电击实验的由来：审判阿道夫·艾希曼 / 078
实验前的准备：两个演员，三个房间 / 080
实验进行时：逐渐升高的电压 / 082
实验结果：经不起考验的人性 / 084
服从的背后："看见"你的攻击性 / 086

07

霍桑实验：
效率来自尊重和认可

成本迷信：忽略人的价值 / 092
KPI 之恶：当人被物化成机器 / 094
梅奥教授的重大发现：影响员工积极性的到底是什么？ / 096
"996"制度对企业的危害：走上枯竭之路 / 099

08

认知失调实验：
你认为你能掌握命运吗？

你的每项决定，其实都是"事后诸葛亮" / 105
两种归因，两个世界 / 107
信念系统：为什么有些人的观点很难转变？ / 111
认知失调实验：信念系统背后的心理机制 / 113
究竟是谁在替你做决定？ / 116

09

罗森塔尔实验：
标签，影响命运走向的力量

皮格马利翁的故事：终极"宅男"梦的实现 / 123
揭秘神话：罗森塔尔实验 / 125
被标签封印的灵魂 / 129
认识你不曾了解的标签 / 135
揭下标签，活出你的生命本色 / 136

10

斯坦福监狱实验：
每个人心中都有一个恶魔

邪恶心理：好人也会作恶 / 143
斯坦福监狱实验：理解人性的里程碑 / 146
虐囚事件：斯坦福监狱实验的再现 / 152
没有觉知，是最大的作恶之源 / 155

11

习得性无助实验：
失控，为什么我们会悲观和失去信心

伟大的发现：习得性无助 / 160
狗的悲剧 / 162
解释风格："学会悲观"的关键 / 165
两种思维，两种世界 / 167
两种思维模式背后的脑机制 / 170
成功，是可以学习的 / 172

12

小艾伯特实验：
恐惧，你需要大胆地表达出来

可怜的小艾伯特 / 181
恐惧，让悲剧不断延续 / 185
杏仁核：恐惧情绪的源头 / 188
恐惧的神经通路 / 191
恐惧，让心智停止成长 / 192
治愈恐惧：你需要表达出来 / 196

13

棉花糖实验：
家庭，是我们最大的压力缓冲器

延迟满足的由来 / 203
斯坦福棉花糖实验 / 205
从被质疑到被推翻 / 207
心理上的稀缺状态 / 211
家庭，是孩子最大的压力缓冲器 / 214
重新看见，重新联结 / 217

14

旁观者效应实验：
善与恶，你的选择就在一瞬间

一起骇人听闻的杀人案 / 223
责任扩散与决策时间 / 228
行善背后的心理秘密 / 230
从神经机制的角度，弄清善恶的本质 / 235
激发大脑的行善功能 / 238

15

吊桥实验：
爱情，你所不知道的秘密

吊桥实验：人为制造出来的爱情 / 245
带有情感的语言：能被预测的恋爱与婚姻 / 249
爱情的反应闭环：催产素与多巴胺 / 253
爱情本无意义，只是为了生育和繁衍 / 255
爱情与婚姻的关键：彼此能够体验到情感联结 / 258
看见彼此的生命画卷，拥有共同的现象场 / 264

16

感觉剥夺实验：
身体，是我们丈量世界的尺度

身体动作正在重塑大脑 / 274
身体的表达 / 278
用身体表达被压抑的情绪情感 / 283
具身认知：身体与心理互为镜像 / 287
自己做主，学会说不 / 289

17

拖延实验：
拖延，与生俱来的自我保护机制

及时行乐，才是人性常态 / 294
猴子的赌博心理 / 296
拖延，是一场理性与情感的较量 / 298
拖延，也是在表达你的内心 / 301
拖延，其实不一定是坏事 / 306

18

罗森汉实验：
到底谁是精神病

鱼篓里的螃蟹：进来容易出去难 / 314
向精神病学界投下重磅炸弹 / 315
科学进步与人文关怀 / 317
真正的理解，来自看见对方的感受 / 320

19

电车难题实验：
良知，人性夜空中最亮的星

良知的运作：再现人类的道德形态 / 328
良知的发展：绽放出良知的花朵 / 331
良知的缺失：人性中的黑暗 / 336
良知的泯灭：童年种下恨的种子 / 341
施虐症与恋尸症 / 344
识别隐藏的定时炸弹 / 347

20

注意力瞬断实验：
正念，打开通往觉知的门

理解"当下"的智慧 / 350
天生的两种注意力 / 354
注意力瞬断实验：正念提升觉知力 / 356
正念改变大脑 / 360
四念住练习法：开启你的觉知之旅 / 363

01

哈洛恒河猴实验：
生存，需要关系的存在

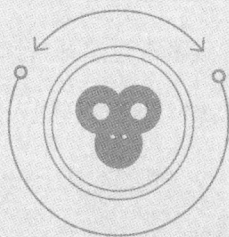

如果一个孩子，自打出生之后就离开父母，和其他孩子一起被集中式地"批量"培养，那么等这个孩子长大之后，会成为怎样的人呢？这是一个非常大胆的实验设想，却貌似无法实施，因为这种实验是反人类的，违反了基本的道德伦理。不过往往正是这样的实验才能反映出人性的本质与心理发展的规律。然而，历史上还真有一些莫名自信的政客干过这样荒谬的事情，冷战时期的罗马尼亚齐奥塞斯库政府就制造过这样的人间悲剧。

人间悲剧——罗马尼亚的孤儿

1966 年，为了提高人口数量，罗马尼亚齐奥塞斯库政府颁布了一项法案，禁止孩子少于 4 个的 40 岁以下妇女（1986 年改为 45 岁以下妇女）堕胎——这项法案持续了 23 年。在此期间，婴儿如同潮水般涌来，很多贫困家庭无法负担，以致大量的婴儿被送往孤儿院，而这就让孤儿院的护理人员非常头疼了，据说每个护理人员需要照顾 10 个到 20 个孩子，有的护理人员甚至要照顾 40 个孩子。

由于资源条件的限制，特别是孤儿院人手严重不足，护理人员只好用制度化的方式来管理婴儿：孩子们无论醒没醒，7 点钟都必须起床；无论想不想吃、爱不爱吃，7 点半都必须进食。每个护理人员只有 30 分钟的时间去喂 10 个到 20 个孩子，每个孩子都需要高效地完成进食。无论有没有大小便，8 点必须换尿布，如果孩子在 8 点之后又弄脏了尿布，那不好意思，就只能等上好几个小时才能再次换尿布。最残酷的是，孩子们每天只有在护理人员给他们喂食和换尿布的时间，才有机会跟人接触，其他时间里，他们只能看着天花板、墙面或是他们的小床的栅栏。

1989 年，齐奥塞斯库政权垮台，哈佛大学医学院的儿科学和神经科学教授查尔斯·纳尔逊领导的团队在 2000 年发起了"布加勒斯特早期治愈计划"，对这些在孤儿院长大的孩子进行了长达 13 年的追踪研究。研究人员发现，早年在孤儿院里长大的孩子，基本都患有严重的心理创伤。无论是大脑发育、身体发育，还是社会适应能力，他们都远远落后于同龄儿童的平均水平。最让研究人员揪心的是，这些孩子无一例外，都有一个特点，那就是安静。这种安静，是一种死寂：他们安静地坐着，面无表情，好像灵魂被抽空一样——素、淡、寡，仿佛只剩下躯壳。纳尔逊将团队的研究称为无法重复的"零父母养育实验"。

到底发生了什么？这些孩子为什么会如此悲惨？我想，抛弃孩子们的父母固然需要对他们的悲惨命运负责任，但孤儿院毫无人性的管理制度才是罪魁祸首。心理学中的客体关系理论认为：人从来到这个世界的第一刻起，就在寻找客体，也就是妈妈。如果缺少了与妈妈的关系，婴儿的大脑与心理发育就将停滞，甚至大脑会病变。当然，这只是一个理论假设，没有人敢用真实的实验来验证妈妈与孩子分离后，孩子会如何成长，因为这已突破了人类的道德底线。但历史上还真有人在猴子身上做了这项疯狂的实验，这个人就是著名心理学家哈里·哈洛。

偶然的发现，铸就了与猴子的缘分

哈利·哈洛，原名哈利·以色列，1905 年生于美国艾奥瓦州的一个犹太人家庭。大学时，哈洛师从斯坦福大学的著名智商大师刘易斯·特曼。1930 年，在特曼的帮助下，哈洛取得了威斯康星大学的教职。在威斯康星大学任教期间，哈洛与体形小巧、灵活敏捷的恒河猴结下了很深的缘分。刚开始，哈洛受导师特曼的影响，想以猴子为研究对象，主要开展以灵长类动物智商发展为主题的研究，并通过实验来界定恒河猴的智商的大致范围。恒河猴智商实验开展得很顺利，哈洛获得了大量实验数据，并发表了重磅文章，这让他在学校名声大噪，许多学生闻讯而来，陆续投入哈洛门下，校方也因此特别为他提供了实验场地。

考虑到实验设计，哈洛需要对恒河猴的幼猴单独进行实验，为此他将每只幼猴单独关在一个笼子里。而当幼猴们离开母猴并被单独关到笼子里时，它们往往会表现得极度害怕，并且非常具有攻击性，甚至会撕咬它们看见的一切东西。一天，一个实验助手在打扫笼子时，为了让幼猴在笼子里待得舒服些，随手在笼子底部铺上了一条毛巾。之后，一只幼猴被关进了这个笼子里。奇怪的事情发生了，那只孤零零的幼猴非常喜欢铺在笼子底部的毛巾，甚至直接躺在毛巾上，用两只前臂紧紧贴住毛巾。当实验助手试着拿走毛巾时，那只幼猴便开始大发脾气，就像幼小的孩子被抢走了心爱的玩具似的。实验助手用奶瓶给它喂奶时，它一吃完奶，便将奶瓶丢在一边，然后抱起毛巾，决不允许毛巾离开自己。

这一偶然现象引起了哈洛的极大兴趣。他心想：为什么幼猴在离开母亲之后，就会这么喜欢那条普通的毛巾呢？难道是触摸

毛巾时的感觉，跟触摸母猴毛发时的感觉很像，从而触发了幼猴
的依恋？哈洛准备用严谨的动物实验来解决这个疑问，但这一想
法遇到了当时的理论与观念上的阻力。

在 20 世纪上半叶，美国整个心理学界都笼罩在行为主义的
铁幕之下，心理学界普遍排斥和否认情感与认知，认为行为是可
以通过奖励或者惩罚来改变的。在 1930 年至 1950 年期间，全世
界都流行冷酷无情的育儿主张。著名儿科医生斯波克建议母亲们
定时喂奶。著名心理学家斯金纳用强化的观点来解释幼儿行为，
认为如果想让孩子不哭，就不应该去抱他们，这样才不会强化哭
泣这种行为。著名心理学家华生推崇这样的教养方式："不要溺
爱子女。睡前不用亲吻道晚安，如果非要道晚安，宁可向他们鞠躬，
握手致意，再熄灯就寝。"因此，对孩子依恋母亲的现象，心
理学界普遍以"满足欲望"的观点来解释。也就是说，我们喜爱
母亲，是因为母亲给我们奶喝。著名心理学家赫尔与斯彭斯均认
为，人类的一切行为都是为了满足欲望，食欲、性欲等，都是人
类想要满足的主要欲望。这种观点在当时就是人们所认为的普遍
"真理"。

就在今天的中国，许多家长在抱着同样的信念对待孩子：孩
子期待吃到自己想吃的东西，会被家长斥责为"贪吃"；孩子想

与小伙伴多相处，多玩耍一会儿，会被家长斥责为"贪玩"；孩子因为完成过于繁重的课业疲乏而想多睡一会儿，会被家长斥责为"贪睡"。在这些家长的眼中，孩子是永远都喂不饱且充满欲望的"怪兽"，是"怪兽"就一定会贪，就一定要用暴力去驯服。而恰恰是这种信念催生出了类似"棍棒底下出孝子"的变态教育理念，一批批孩子失去了童年的快乐，饱受家长的摧残，直到失去自我，失去创造力。

在这样的观念的统治之下，哈洛依然选择相信自己观察到的事实。尤其是幼猴在跟母猴分开之后那痛苦的嘶吼，以及对那条毛巾珍惜如生命般的守护，都给哈洛留下了极为深刻的印象。于是，哈洛对当时美国教育界与心理学界普遍认可的"真理"产生了怀疑，他认为自己观察到的绝不仅仅是欲望这么简单，幼猴的行为的背后，一定还有更为深刻和根本的力量在推动。而且，恒河猴和人类基因的相似程度高达 94%，如果我们能了解恒河猴的行为背后的动力，是不是就可以更加了解人类呢？

"铁丝网妈妈"与"绒布妈妈"

为了解释这一现象，并验证自己心中的假设，哈洛开始设计一项伟大而又残酷的实验。这项实验在心理学史上颇具争议，并经常被后人，尤其是动物保护主义者们所诟病。但毫不夸张地说，无论后人如何诟病，都不能否认该实验对后世的人性观念，尤其是对儿童心理发展理论的巨大影响。

实验是这样的：哈洛事先准备了铁丝、铁丝剪、厚纸圆筒、通电的线圈、钢钉、绒布等材料。他首先用铁丝缠绕出了一只成年母猴的外形轮廓，这只"铁丝网猴子"拥有四四方方的躯干，腹部上方有一对形似乳房的物体，尖端嵌着钢制的乳头，上头穿了小洞，可以将通往奶瓶的小导管放进来，并让奶水流出。作为对比，哈洛给厚纸圆筒套上绒布，做出另一只触感柔软的"绒布猴子"。受厚纸筒的形状所限，只能给"绒布猴子"设置一个"乳房"，位置在胸口中央。随后，哈洛把一群刚出生不久的幼年恒河猴与它们的妈妈分开，再逐个放进笼子里。每个笼子里放着两只代理"母猴"：一只是由铁丝缠绕而成的"铁丝网妈妈"，幼猴可以在"铁丝网妈妈"这里源源不断地获取奶水；另一只是用绒布做的"绒布妈妈"，在"绒布妈妈"的"乳房"处是吸不到奶的，但"绒布妈妈"笑容可掬。

实验助手的实验记录显示，那些母猴发现幼猴不见了，一边尖叫，一边以头撞击笼子，表现得极度愤怒焦虑；而那些幼猴在各自被丢进封闭的笼子之后，由于看不见妈妈和同伴，就不停发出"吱吱"的刺耳叫声。它们害怕极了，好几个小时都安静不下来，整个实验室笼罩在幼猴此起彼伏的恐怖叫声中。焦躁恐惧的幼猴蜷缩成一团，尾巴高高抬起，露出屁股，稀软的粪便不断从肛门流出，喷得笼子里到处都是。臭味弥漫，久久不散。[①]

几天之后，幼猴由于始终见不到妈妈，便非常自觉地爬到"绒布妈妈"的怀里，趴在它胸前，用纤细的爪子抚摩它的脸，轻咬它的身体，或者在它的腹部和背部蹭来蹭去，一蹭就是几个小时。由于在"绒布妈妈"的"乳房"处吸不到奶水，幼猴就小心翼翼地来到"铁丝网妈妈"的身边，试探性地去吸"铁丝网妈妈"的"乳房"，一吸，发现有奶水，便开始狼吞虎咽起来。但很有意思的是，幼猴一吃饱，便马上跳回"绒布妈妈"的怀抱，并一直待在"绒布妈妈"的怀抱里，不肯离开半步。

哈洛详细统计了幼猴花在吸奶和拥抱上的时间，并将结果绘成图表。看着这张图表，哈洛激动的心情难以言表，因为这意味着他的实验数据将彻底颠覆行为主义理论的人性观，这将是历史性的时刻。哈洛由此确认，爱源于接触，而非食物。母亲总有一天不再分泌乳汁，孩子依然爱着母亲，因为他们感受到爱，保有

---

① 劳伦·斯莱特：《20 世纪最伟大的心理学实验（纪念版）》，郑雅方译，北京联合出版公司，2017，第 124 页。

被爱的记忆，只是形态改变了。每一次亲子互动，都源自幼时感受到的温柔抚触。① 哈洛写道："只有奶水，人类绝对活不久。"他还写道："肢体接触是影响感情或爱的重要因素，这点并不让人意外。我们没想到的是肢体接触可以完全凌驾于吸奶的生理需求之上。两者之悬殊，让我们几乎可以断定，幼猴吸奶只是为了维持与母猴之间频繁的亲密接触。"

纵使虐我千百遍，你依然是我的全世界

为了进一步完善实验，哈洛与合作伙伴在做了"绒布妈妈"与"铁丝网妈妈"的实验之后，又做了一项实验，增加了面部特征这一重要变量。因为发展心理学的一系列实验研究表明，刚出生的婴儿对妈妈的面部有着强烈的关注。

一开始，哈洛打算用两个自行车车灯来充当假母猴的眼睛，但又觉得不够真实。后来，他干脆要求实验助手制作一副几乎可以以假乱真的猴子面具。哈洛把这些以假乱真的猴子面具给"绒布妈妈"们戴上，乍一看，这些"绒布妈妈"的确逼真了许多。

---

① 劳伦·斯莱特：《20 世纪最伟大的心理学实验（纪念版）》，郑雅方译，北京联合出版公司，2017，第 124 页。

但奇怪的事情发生了，幼猴们根本无法接受这些戴了面具的"绒布妈妈"。它们看见戴了面具的"绒布妈妈"时，会表现得相当害怕，不停尖叫，跑到笼子一角，身体剧烈抖动，紧抓裸露在外的生殖器。[①] 当研究人员把"绒布妈妈"的面具慢慢转到后面时，幼猴才肯再次接触"绒布妈妈"，并开始玩耍。而且，研究人员一把面具转过来，幼猴就马上把面具拨回去，甚至直接把面具扯掉，让"绒布妈妈"恢复原先无脸的模样。幼猴显然比较喜欢最初看到的"绒布妈妈"的模样，或许是"绒布妈妈"的形象已经深深刻在了幼猴的脑海里，永不可磨灭。

在做了增加面部特征这个变量的实验之后，哈洛和合作伙伴又进一步改造了"绒布妈妈"。这个改造相当残忍。哈洛在"绒布妈妈"的身上安装了机关，只要幼猴待在"绒布妈妈"的怀抱里，就会触发机关，"绒布妈妈"的怀里便会射出钉子，或喷出冰冷的水柱。而实验结果令在场所有人震惊：那些幼猴即使在"绒布妈妈"的怀抱里被突然射出来的钉子扎得吱哇乱叫，或者被冰冷的水柱冲得踉踉跄跄，瑟瑟发抖，也仍然会毫不犹豫地冲回"绒布妈妈"的怀抱。即使被"绒布妈妈"弄得遍体鳞伤，它们依然不离不弃，坚决要跟"绒布妈妈"在一起。

---

① 劳伦·斯莱特：《20世纪最伟大的心理学实验（纪念版）》，郑雅方译，北京联合出版公司，2017，第126页。

一幕幕惨不忍睹的景象，着实让在场的所有人心碎。这一现象让哈洛更加坚定了对当时的心理学理论，尤其是行为主义理论的局限性的认识，因为当现实和理论相矛盾时，那一定是理论错了。哈洛做的这一系列实验揭示了一个让人心酸的事实：对包括我们人类在内的灵长类动物而言，孩子对妈妈的爱与依恋是毫无条件的，即使是一个"十恶不赦"的妈妈，在孩子的眼中，也始终是自己最爱的人。

其实，就在我们的身边，也发生过这种让人揪心的案例。2018 年 12 月 22 日，一段虐童视频在网上流传。视频中记录，深圳的一个小女孩多次遭到一对成年男女扇耳光、棍打、摔打在地和撕扯头发等暴力行为。更令人心痛的是，娇弱的小女孩每次承受完狂风暴雨般的虐待后，都会安静地从地上爬起来，一遍遍被打倒，又一次次默默爬起来，自己整理好被扯乱的头发，不哭不闹。通过视频，我能感受到小女孩的心已经死了，虽然她已经完全将自己的情感隔离出来，但她不会离开这个家，因为这里还有她所爱的人——她的爸爸妈妈。

自闭、自残，完全丧失了爱的能力

随着被用于实验的幼猴逐渐长大，令人意想不到的情况发生了。哈洛发现，与"绒布妈妈"共同生活的幼猴，成长得很不顺利。如果将这些猴子移出笼子，让它们与其他猴子共处，这些猴子就会做出极度反群体的行为。例如，在"绒布妈妈"身边长大的母猴不仅会攻击正常的公猴，而且因为不知道正确的性交姿势而丧失生育能力。有些猴子甚至出现类似自闭的症状，如不停摇晃，做出啃咬等自残行为。那些有自残行为的猴子的手臂上到处都是溃烂的伤口，血流不止。有只猴子甚至咬掉了自己的整只手臂。总体来看，在"绒布妈妈"身边长大的猴子都极具攻击性，根本不合群，而且普遍有自残行为，无法适应猴群的生活，甚至无法完成交配行为，因而无法繁殖。尤其是那些被"绒布妈妈"伤害过的猴子，长大之后的情况更糟糕，它们做出攻击行为的频率更高，更凶残，对同伴或者自己下手更狠。

哈洛此时才发现，情况比预期的要糟糕。那么，为什么这些幼猴长大后会做出如此多的攻击性行为呢？这些攻击性行为会遗传下去吗？于是，哈洛脑中浮现出新的疑问与想法，他想让这些母猴生育后代，不知道这些幼时失去母亲的猴子，会成为怎样的母亲？[①] 但要得到这个问题的答案，就得做实验，而实验的前提条件是必须要先让这些在"绒布妈妈"身边长大的母猴怀孕。然而，

---

① 劳伦·斯莱特：《20 世纪最伟大的心理学实验（纪念版）》，郑雅方译，北京联合出版公司，2017，第 134 页。

这些母猴根本就无法完成交配行为，而且极具攻击性，公猴根本无法靠近它们。哈洛曾试着将交配经验丰富的公猴放进笼子中与母猴待在一起，结果母猴死命抵抗，还抓伤公猴的脸。

无奈之下，哈洛又一次突发奇想，他发明了在心理学史上臭名昭著的装置——"交配架"。这个架子可以将母猴的身体固定住，并将母猴的头往下压，这样公猴便能骑到母猴身上。当时的场面这里就不说了，可以说非常残暴，整个实验室都回荡着母猴撕心裂肺的号叫声。结果，在"交配架"的辅助下，有 20 只母猴受孕产下幼猴。然而，这些在"交配架"上受孕的母猴，有些直接将自己产下的幼猴杀死，有些则对幼猴漠不关心，只有少部分母猴表现得还算正常，但养育行为明显迟钝，算不上合格的妈妈。

与妈妈的亲密关系，是形成健全人格的基础

那么问题来了，在这些猴子身上究竟发生了什么？实际上，哈洛用实验说明了这样一个普遍真理：灵长类动物的成长需要妈妈的滋养。哪怕是"铁丝网妈妈"，也比什么都没有要强，因为什么都没有，就意味着不存在关系。虽然这项实验无法在人类身上重复，但它依然能说明这样的事实：我们每个人都需要关系，因为在关系中，我们才能敞开自己的心扉，并认识和淬炼自己的内心。

　　自打来到这个世界的第一天起，婴儿就在本能的推动下与妈妈的乳房建立关系。婴儿感到饥饿时，一哭，妈妈的乳房就会出现，然后婴儿就会向妈妈的乳房发起"攻击"，去嘬住乳房，去吮吸乳汁，有些婴儿甚至会把妈妈咬痛。这就是婴儿与世界建立的第一个关系，并且是用"攻击"的方式构建的。如果这时候妈妈能够以温情和接纳的态度欢迎婴儿的攻击性，婴儿的生命力就被妈妈点亮了，婴儿就会觉得这个世界对他来说是安全的，他就会进一步发展自己的生命力，走向更大的外部世界。但如果妈妈不接纳婴儿的攻击性，甚至反过来攻击婴儿，婴儿就会产生强烈的负疚感，会认为这个世界不欢迎他，他的生命力会就此消退。

　　大量的临床案例显示，许多患有精神疾病或严重的人格障碍的人，其患病原因都是在婴儿时期与妈妈的关系出了大问题。曾有一位女性来访者让我印象极为深刻。她非常怕黑，晚上必须开着灯睡觉，绝对不能关灯，否则她会觉得自己要死掉。在咨询的过程中我问她，怕黑，究竟怕的是什么？她说她怕鬼。我就请她安静下来，想象一下天黑了，把房间的灯关掉时的场景。想到一半，她说她害怕极了。我请她放松下来，慢慢地把灯关掉。随后，她汗如雨下，说她看见了鬼。我进一步让她放松，告诉她让这种恐惧的感觉在身体中流动，不要去对抗这种恐惧。后来她逐渐平静下来。我又让她去看看这个鬼到底是谁，长什么样？这个问题让她一下愣住了，她从来没有仔细看过这个鬼，只是很害怕，想躲起来。当她鼓起勇气，专注地去看她心中的鬼时，她一下瘫坐在椅子上，因为这个鬼，就长成她的妈妈的样子。

实际上，这位女性出生后不久，她的爸爸妈妈就外出打工了，基本上一年才能回一次家。自打她记事起，爸爸妈妈就不在她身边，她是爷爷奶奶带大的，而爷爷奶奶白天要忙农活，晚上又要做衣服贴补家用，根本没时间管她。一到晚上，她就自己一个人躺在小床上，害怕极了。因为没有妈妈的陪伴，她在潜意识中非常恨她的妈妈，于是她就把自己的恐惧与愤怒具象化成了鬼。我想，如果哈洛的实验中的猴子会说话，它们应该也会讲述类似的体验。

婴儿早期的心灵状态，都是混沌的、脆弱的、未分化的，婴儿需要在和妈妈等抚养者的互动中，逐渐发展出清晰的、坚韧的、复杂的心灵。在这个过程中，我们要切记心理学家哈洛残酷的恒河猴实验所得出的结论：情感互动胜于饮食照料。只关注后者而疏于前者的父母，和"铁丝网妈妈"没什么两样。这个结论可以不断引申，母子关系、夫妻关系、雇佣关系……任何关系，如果只有物质满足，而缺乏情感互动，那这种关系的质量就没有什么好称道的。

回到开头的问题：如果一个孩子，自打出生之后就离开父母，和其他孩子一起被集中式地"批量"培养，那么等这个孩子长大之后，他会成为怎样的人呢？答案就是，这个孩子大概率存活不下去；即使能够存活下去，也大概率会成为人格不健全、心理不健康的人，并且很难适应社会。因此，抚养者既不能离开孩子，也不能机械化地抚养孩子，还是要用爱跟孩子互动，去看见孩子，去倾听孩子，让孩子活在充满爱的关系中。

02

陌生人情景实验：
情感，需要找到爱的依恋

幼儿园陆续开学，初次入园的孩子有些好奇也有些忧伤，孩子的家长有些欣慰也有些焦虑，于是便催生了幼儿园门口各种"悲欢离合"的大戏。几乎每个幼儿园开学的前几天，一条街以外就能听到幼儿园内孩子们撕心裂肺的哭闹声。孩子都是家长的心肝宝贝，孩子一哭，家长看在眼里，就好像揪他们的心一样，家长手足无措，甚至不少妈妈都在偷偷掉眼泪。为什么会有不少孩子入园时以哇哇大哭的方式开场，你知道吗？

陌生环境：依恋最初的展现

"依恋"这个概念最早是英国著名精神分析学家、儿童精神病学家约翰·鲍尔比提出的，他因为在儿童发展心理学理论中的杰出贡献，被世人誉为"依恋理论之父"和"20 世纪最杰出的

100 名心理学家"之一。在鲍尔比看来,依恋是"个体与具有特殊意义的他人形成牢固的情感纽带的倾向,能为个体提供安全和安慰",也就是孩子与抚养者之间所形成的稳定牢固的情感联结。这种情感联结存在较大的个体差异。为了进一步探究依恋所存在的个体差异现象,美国著名发展心理学家,也是鲍尔比的同事玛丽·爱因斯沃斯曾经和她的学生一起设计了著名的陌生人情景实验,通过观察孩子对陌生人的反应,来评估妈妈与孩子间的依恋关系。

爱因斯沃斯选取了若干 12 个月至 14 个月大的小男孩和小女孩,让他们和他们的妈妈一起参加实验,并专门安排了工作人员来扮演实验中的陌生人。实验专门安排了一间游戏室,游戏室只有一扇门,室内铺有地毯,地毯上有许多玩具,包括玩偶、积木、汽车模型等。与此同时,游戏室内较为隐蔽的地方安装有摄像机,全程记录孩子的反应。

实验开始时,一位妈妈会带着孩子来到游戏室。妈妈会按照实验要求,先跟孩子在游戏室内一起玩耍互动,让孩子对这里逐渐熟悉起来。随后,妈妈会逐渐减少与孩子的互动,最后让孩子自己玩耍,自己只是在旁边看着,时不时回应一下孩子。正在孩子玩得开心时,由女性工作人员扮演的陌生人敲门进来了。她进来后，先是与妈妈和孩子打招呼，接着跟妈妈友好地交谈，拉拉家常，然后开始跟孩子套近乎，并开始用好玩的玩具诱惑孩子。参与实验的工作人员可都是儿童发展心理学界的高手，懂得相当多与孩子相处的套路。就这样，工作人员很快就跟孩子混熟了。而就在孩子开心地与工作人员玩耍时，孩子的妈妈则悄悄起身，轻轻地走向游戏室的大门，缓慢地打开门，并轻轻地将门关上，绝不发出一点声响，只是把孩子"残忍"地丢给了工作人员。

自打生下来就没怎么离开过妈妈的孩子，哪儿受得了这样被妈妈"抛弃"。于是，参加实验的孩子纷纷开始放飞真实的自我。有的是"戏精派"，上来就开始大哭大闹；有的是"行动派"，一言不发直接走到游戏室门前，准备开门自己去找妈妈了；还有的是"淡定派"，看似内心镇定，其实慌得不行；也有的是"高冷派"，用实际行动诠释了"妈妈，你在或者不在，我都在这里，不悲不喜"。此时还在游戏室内的工作人员则完全控制住场面，毕竟是心理学专业人士，这点场面还是可以搞定的。有意思的是，有些孩子，工作人员一哄，情绪就缓解了很多；有些孩子，则怎么哄都不行，大有要叫破喉咙的势头；而最难搞的就是"高冷派"的孩子，工作人员只能在旁边跟孩子"尬聊"或者"尬玩"，孩子完全不搭理。

过了一会儿，孩子的妈妈突然开门，大喊一声："宝贝，妈妈回来啦！"这时，游戏室内便开始上演"人间百态"：有的孩子马上站起来，向妈妈扑过去"求抱抱"，情绪很快就平复下来，然后接着玩去了；有的孩子则表现得非常愤怒，似乎在向妈妈抱怨"妈妈，你现在才回来啊！"，并且，这些孩子想让妈妈抱，却又表现出要把妈妈推开的架势，似乎心里在说"不能你想走就走，想回就回呀，这也太不给我面子了"；而有的孩子，则对妈妈的回来无动于衷，好像心里在说"妈妈，回来了，呵呵"，然后接着去玩了。

到这里，这实验还不算结束。当孩子跟工作人员玩得正投入时，妈妈再次悄无声息地离开了，这下"人间百态"再次在游戏室内上演，"戏精派""行动派""淡定派""高冷派"的孩子又一次充分展现了个性。然后，妈妈又突然开门，表示她回来了，孩子们则继续上演"人间百态"。就这样，几个回合下来，实验终于结束了。

三种情感联结类型

实验结果非常有意思。研究者根据孩子在发现妈妈不在时以及妈妈返回时对妈妈的态度和行为反应，将孩子与妈妈之间的情感联结分成了三类。

第一类是安全型依恋。这种类型的孩子在妈妈在场时玩得很开心，能够充分放飞自我，自由玩耍，情绪积极且平稳。并且，他们会经常和妈妈对视并微笑，就是那种"确认过眼神"的感觉。当陌生人靠近时，他们能够很快与陌生人相处融洽，对陌生人的反应也比较积极。妈妈离开时，这种类型的孩子是典型的"淡定派"，表面上没有大哭大闹，但内心会有明显的焦虑情绪，表现出苦恼、不安、焦急，并试着寻找妈妈。妈妈回来时，孩子会立即投入妈妈的怀抱，之前的焦虑情绪也一扫而光，接着就去玩游戏了，好像什么事情也没发生过。这种类型的孩子将妈妈视为"安全基地"和"避风港湾"，以妈妈为中心主动去探索环境。据统计，该类型孩子的人数占参与实验的全体孩子的人数的 65% 至 70%。如果仔细观察这种类型的孩子的妈妈，就会发现她们温情无比，眼中只有孩子，并且以欣赏与爱的目光来看孩子。她们不会主动干涉孩子的行动，只是在旁边认真地陪伴，认真地聆听。当孩子面临危险，遇到困难需要帮助，或者有情绪反应需要安抚时，她们能够迅速理解孩子的感受。注意，这种类型的孩子的妈妈是真的体会到了孩子的感受，并没有经过头脑的思考，完全是自动化理解，像是与孩子心心相印。

第二类是回避型依恋。这种类型的孩子对妈妈的态度始终是无所谓的，是典型的"高冷派"。妈妈离开时，他们并不表示抗拒，而是直接忽略，不予理会，自己玩自己的，即使陌生人在场，他们大多数情况下也不会感到紧张不安，权当陌生人不存在；妈妈回来时，他们也会迎接妈妈，但仅仅有过短暂接触后，就又回到初始状态，忽略妈妈的存在。据统计，该类型孩子的人数约占参与实验的全体孩子的人数的 20%。如果深入观察和了解回避型依恋的孩子的妈妈，就会发现她们大多对孩子缺乏耐心，对孩子的行为反应迟钝，特别是当孩子出现状况（例如打翻食物，闹情绪，突然打乱自己的计划等）时，她们常常会情绪失控，会下意识地责骂孩子或埋怨孩子，甚至会出现过激行为。而当孩子期待与妈妈互动时，她们经常表现出心不在焉的样子，消极反馈，甚至直接忽略。也就是说，孩子一次次对妈妈抱以最大的渴望与期待，却一次次得到冷漠的回应，最终，孩子启动了自己内心的自我保护机制，将自己对妈妈的期待完全隔离出去，躲在自己的幻想世界中，以免自己被一次次伤害。

第三类是焦虑矛盾型依恋。这种类型的孩子会非常在乎妈妈的一举一动，显得格外警惕，根本没有心思全身心投入玩耍中。他们会时不时地看向妈妈，目光中带着怨念。妈妈离开时，他们会表现得非常痛苦，极度抗拒，甚至会歇斯底里，大喊大叫，还会直接用实际行动去表达愤怒，"戏精派"和"行动派"的孩子都是这种类型的孩子的典型；而妈妈回来时，他们对妈妈的态度非常矛盾，既想与妈妈接触，又特别抗拒。如果妈妈想抱他们，他们会生气地拒绝并直接推开妈妈。陌生人更是无法靠近他们，他们会非常敌视陌生人，无法融入陌生环境。该类型的孩子的妈妈经常会误解孩子，她们自己的情绪也飘忽不定：时而兴高采烈，对孩子非常积极；时而消极抑郁，对孩子爱搭不理。她们照顾孩子的行为前后不一，经常不是按照孩子的需求去照顾，而是根据她们自己的所谓理念（她们自己都不清楚自己是怎么知道这些所谓理念的，却对其无比相信）去照顾孩子，强迫孩子跟她们保持一致。比如吃饭时，她们会强迫孩子吃她们认为正确的类型和分量的食物，而不会关心孩子喜不喜欢吃，想不想吃，要不要吃。据统计，该类型孩子的人数占参与实验的全体孩子的人数的 10% 至 15%。

我的一位女性来访者，在外企工作，既美丽又优秀。然而她在寻找伴侣这方面存在很严重的问题，因为她没有办法与男朋友步入婚姻关系。她谈过好几个男朋友，可一到谈婚论嫁的阶段，她就会焦虑得不行，吃不好睡不着，莫名其妙地跟男朋友发火闹别扭，用通俗的话说，就是她非常"作"。她的历任男朋友都受不了她这种"作"法，全都离她而去了。在咨询过程中，我发现她的内心像有一层铁甲般的硬壳，并且这层铁甲上还带着刺，只要我们的咨询关系一深入，她就想逃，并且会用她的刺来攻击我。原来，她的爸爸在军队工作，常年不在家，她一直跟妈妈一起生活。她的妈妈脾气很不好，在她小时候经常无缘无故地打她，有时候，只因为她吃饭时把饭掉在了地上，她的妈妈就会揍她。因此，她从小就下定决心，以后一定要离开这个残酷的家，离开妈妈。之后，她发奋努力，如愿以偿出国留学，然后进入外企。但她过得很不幸福，尤其是她没有办法再与异性建立亲密关系了，因为她很害怕，毫无安全感可言。

种瓜得瓜，种豆得豆

心理咨询的实践发现，依恋关系不仅存在于孩子与抚养者之间，即使在成年人中，特别是恋人、夫妻之间，依恋关系也是普遍存在的，并且儿童时期的依恋关系与成年之后的依恋关系存在某种关联。后来，鲍尔比和爱因斯沃斯等人，以及后续的研究者们，对依恋关系进行了持续深入的研究，并将研究对象的范围扩展到了成年人。进一步的研究发现：安全型依恋的孩子长大后会积极地与他人交往，很容易与他人发展出基于信任的人际关系；回避型依恋的孩子长大后会经常怀疑和迁怒他人，不容易形成信任和亲密的人际关系；焦虑矛盾型依恋的孩子长大后常会对与他人的关系过分紧张，表现出对他人的过分贪求与过分依赖。也就是说，依恋关系对孩子未来的成长与发展至关重要。这就意味着，孩子童年时与父母之间的依恋关系，会随着时间的推移，慢慢成为孩子心理与性格中不可分割的一部分。与父母之间的依恋关系像种子一样，在孩子的心中慢慢生根，发芽，开花，结果。

前面讲的案例也印证了这个论点。父母当年在孩子心里种下了怎样的种子，孩子长大后，心中大概率就会长出怎样的果实。如果种下的是爱的种子，孩子长大后，心中会长出安全与信任；而如果种下的是恨的种子，那么收获的将是恐惧与不安。形象地讲，依恋关系就像是亲子之间的情感信息交流通道，通过这个通道，妈妈能够准确地传递含意丰富的情感信息，这种情感信息的信息含量远远大于语言所传递的信息。当情感信息通过依恋关系传递到孩子那边时，孩子的内心就像一块海绵，快速吸收妈妈传递过来的感觉，并通过妈妈传递过来的感觉，建立对外部世界的初步认识。这也是人类在漫长进化过程中逐步形成的用于适应环境的心理机制。

　　如果妈妈通过情感信息交流通道把安全感信息传递给孩子，那么孩子会通过这种安全感，形成"外部世界是安全的""外面的人是可信的"这样的感觉。基于这些感觉，孩子才会鼓起勇气走向外部世界，勇敢地去探索，认知，学习，结交更多朋友，未来就会有广阔的发展空间。

　　而如果妈妈通过情感信息交流通道传递给孩子的全是焦虑、恐惧、不信任等让孩子感到不安全的情绪，那么孩子会通过这种情绪，形成"外部世界很危险""外面的人不可信"这样的感觉。在这些感觉的控制下，孩子就会难以鼓起勇气探索外部世界，更谈不上建立广泛的人际关系了。随着孩子进入青春期，步入成年，当年种下的那颗不安全的种子早已在他们心中生根发芽，开花结果。这时，他们会下意识地观察别人的情绪，对别人的情绪特别敏感。在他们的大脑里已经形成了一个牢固的认知模式，即"我要为别人的情绪负责，如果别人不高兴了，那就是我的错"。这种认知模式会给他们带来很大的心理负担，让他们压力极大，生活得很累。此外，他们由于曾深深体会过不安全感，所以特别害怕失去，并且会下意识地依赖他人，而越是刻意依赖，就越难与他人建立起良性的友情和爱情关系。越难建立稳定的关系，就越难发展出真正的自我。

　　英国著名精神分析学家温尼科特在其理论中提到一个非常重要的概念，即"足够好的妈妈"，并提出了具体的实现方式，即"抱持"。"足够好的妈妈"会给孩子提供他所需要的一切，时刻关注着他的需求，根据他的需求的变化而及时地适应和改变，随着他的依赖性的增加而逐渐减少为他提供的东西。一个孩子刚来到这个世界上，还不能清晰有力地表达时，他的妈妈就能给予他恰当的回应和及时的满足，这就给他建立起了最初的安全感，让他在内心形成了对世界的基本感觉，即"这个世界欢迎你"。"抱持"强调妈妈对孩子的及时回应，这种回应的及时程度就如同镜像一般。妈妈及时回应了孩子，就相当于孩子内心的呼唤被听到了，孩子便会获得满足感和存在感。当一位妈妈能够真正体会孩子的感受，并且让孩子知道自己能够体会他的感受，那么孩子会感到无比安全。

　　此外，温尼科特还认为父母、老师和其他权威人士，尤其是父母，应该鼓励孩子活出真正的自己，即活出生命的野性，因为生命的野性才是生命的本来面目。相比生命出现的时间，人类社会的道德、规则与文化出现的时间要晚太多，这些人类社会发展过程中出现的上层建筑本应与原初生命力和谐共存，而不应该成为压制生命力的沉重包袱。尤其对孩子来说，在他们的原初生命力还没有充分展开时，就让他们背上沉重的精神枷锁，这与生命发展的规律是背道而驰的。要想让孩子的生命之花绽放出来，就应该在孩子的生命之初种下安全的种子，提供安全的环境。

依恋不仅是反映亲子情感联结的关系，更是人性发展的基本需求与动力。每个孩子从来到人间的那一刻起，就在寻找妈妈，寻找与抚养者之间的依恋关系。好的依恋关系是安全的容器，是心灵成长的沃土，在这种关系的基础上，孩子的生命力会得以伸展，他不仅会有足够的信心去勇敢地探索未知世界，还会拥有爱别人的力量。相反，如果孩子最初的抚养者没有跟孩子建立起好的依恋关系，那么孩子为了适应环境，为了逃避痛苦的情感体验，为了让自己活下去，就不得不在心中筑起铜墙铁壁般的防御要塞，关闭与外界建立联系的通道。这样一来，虽然痛苦减轻了，但孩子也失去了活力，失去了发展的机会，失去了爱的能力，同时也失去了感受幸福的能力。

当然，你也不必过于悲观，觉得自己没有遇到好妈妈、好爸爸，就无法做出改变了。要知道，你之所以是现在的你，是因为你有独属于你的经历和体验，特别是你构建的独特关系，这些关系造就了现在的你。心理学本身并不是什么可以包治百病的灵丹妙药，但是在你的个人发展史中，有很多关键要素藏在你的潜意识里，你可以借助心理学这个工具去重新认识它们。

　　同时，心理学还可以帮助你面对当下，体验当下，活在当下。这些都有专门的方法，也不用着急，慢慢来。活在当下的前提，是你得先看见自己，领悟过去，这样你就有了活在当下的勇气与可能，也积累了做出改变的势能。如果你能领悟过去，体验当下，那么心理学还能帮你面对未来，帮助你认识到你究竟想要什么，想做什么，如何活出想要的自己。所以，不用着急，一切都是最好的安排，一步一步来，过你想要过的人生。

03

双生子爬梯实验：
成长，需要成熟的时机

曾经有位四年级的学生对我说过："老师，我真的很累，周一到周五要在学校学习，周末还要去各种辅导班，再加上家庭作业，周末比平时还要忙。而且学的内容太难了，尤其是奥数，让我很痛苦，我不想上辅导班！"这是当下许多学生的心声。很多家长也都在纠结这个问题：给孩子报班吧，孩子的压力太大了；不报吧，我家孩子在学校会不会被别人家的孩子拉开太大的差距？这就导致许多家长看到别人给孩子报班，就给自己的孩子也报班。而且，还经常有家长抱怨："凭什么他家孩子能拿第一名，我家孩子就不行？"许多家长甚至根本不能接受自己的孩子在某些方面不够优秀，不能接受不同的人之间是有差别的。这就形成一种畸形的状况：经常会有学习好的学生没有被提供更好的超前学习资源，而学习相对差一些的学生则被强行拉到同一个高度。许多家长并不知道孩子适合学习什么、缺乏什么能力，就盲目地给孩子报班，认为课外辅导班可以解决一切问题。

尽早给自己的孩子报各种辅导班，就能让孩子赢在起跑线上吗？人类的学习究竟是怎么产生的，有什么前提条件？诸如此类的问题，是发展心理学长期关注的。美国著名心理学家和儿科医生阿诺德·格塞尔博士就是儿童发展心理学研究领域的先驱之一，也是发展心理学中"遗传决定论"的代表人物。他和同事通过研究儿童的神经运动发展，提出了著名的"成熟势力说"，认为儿童发展是由先天的遗传因素决定的，成熟才是推动发展的主要动力。这句话是什么意思呢？我们可以从支持他这一观点的著名研究——双生子爬梯实验讲起。

双生子爬梯实验：学习是有前提条件的

在科学实验中，研究人员最常用的实验模式叫作"对照组实验"，也就是将环境中各种潜在的无关因素排除，并通过实验设计对需要研究的因素加以操控，观察实验结果。但在实际生活中，人和人的基因与成长环境千差万别，科学家没有办法像养小白鼠一样，把人养在实验室里控制和观察。而双生子研究，则是帮助我们了解基因和环境对人的影响的重要方式。

　　所谓双生子，就是俗称的双胞胎，而双生子研究又分为同卵双生子研究和异卵双生子研究。同卵双生子是由同一个受精卵分裂而来的，有几乎 100% 相同的遗传基因。如果以同卵双生子作为实验对象，观察到两个人在长大后有某种特征（比如智力、性格、情绪等）不同，就可以认为是环境（比如家庭、学校、社区、父母教育风格等）不同导致两个人经验不同，从而导致了两个人的差异。异卵双生子是由两个受精卵分别发育而来的，遗传基因存在差别。如果以异卵双生子作为实验对象，让两个人从小就在相同环境中成长，观察到两个人在长大后有某种特征不同，就可以认为是遗传基因的差别导致了两个人的差异。格塞尔采取了同卵双生子研究的方式，来研究生理成熟与学习，究竟哪一个是促进儿童心理发展的决定性因素。

　　格塞尔选取了一对未满 12 个月的同卵双生子兄弟作为实验对象，让这两个小家伙去学习爬梯。由于是同卵双生子，哥哥和弟弟的身高、体重、健康状况，以及家庭环境、母亲的身体情况等都是一模一样的。格塞尔先让哥哥在出生后的第 48 周开始学习爬梯。48 周大的孩子刚刚学会站立，并且站立时也是摇摇晃晃的，走路更是非常勉强。格赛尔按照实验设计，每天训练哥哥 15 分钟。哥哥训练得那叫一个苦，在训练过程中，他经历了多次跌倒、哭闹、爬起的过程。就这样，在格塞尔严厉的训练下，哥哥艰苦练习了 6 周时间，到了出生后第 54 周的时候，终于能够独立爬梯了。对弟弟的训练方式跟哥哥完全一样，只是弟弟开始学习爬梯的时间比哥哥晚，是在出生后的第 52 周才开始学习的，比哥哥晚了整整 4 周。此时，弟弟走路的姿势已经比较稳定了，腿部肌肉的力量也比哥哥刚开始学习爬梯的时候更加有力，并且他每天看着哥哥训练，自己也一直跃跃欲试。

实验结果非常有意思：哥哥从出生后第 48 周开始，练习了 6 周，到出生后第 54 周时才学会爬梯；弟弟从出生后第 52 周开始，练习了 2 周，也是在出生后第 54 周时学会了爬同样的梯子。弟弟不仅学习用时短，学习效果好，还具有更强的继续学习意愿。这一结果引起了格塞尔的思考：为什么先接受训练的哥哥在爬梯这件事上没有表现出优势呢？格塞尔以其他同卵双生子作为实验对象，又做了玩积木、玩球、学习词语、数字记忆等实验。他发现，无论学习什么，受训练的儿童虽然在一段时间内表现得超过未受训练的儿童，但当未受训练的儿童达到某个年龄后，一旦让未受训练的儿童做同样的训练，后受训练的儿童马上就会赶上或超过先受训练的儿童。据此，格塞尔指出，儿童的学习取决于生理上的成熟，没有足够的生理成熟度，就谈不上真正的心理与能力发展，而学习在这当中只起到促进作用。

正如前文提到的现象，当下许多教育培训机构都非常火爆，有些机构动辄收费三五万元，课程价格昂贵。然而就算价格如此昂贵，也依然有很多家长抱着望子成龙、望女成凤的期待，交钱让孩子去参加培训，甚至让孩子学习那些远超过他们认知能力的课程，比如难度极高的奥数课，以及给幼儿园孩子开设的幼升小课程。实际上，根据格塞尔的实验研究，那些所谓能提高孩子智商和认知能力的培训内容，基本上都没什么用。不仅如此，那些超出孩子认知能力的课程还会极大地打击孩子的学习积极性，消磨孩子的学习动力，甚至会打击孩子的自尊心与自信心。家长应该好好反思一下，花这么多钱让孩子去培训机构学那些超出他们能力范围的内容，究竟是为了孩子好，还是在缓解自己的焦虑，或者满足自己内心曾经的缺失呢？

基因是主角，环境是配角

格塞尔根据自己一系列的研究成果，提出了"成熟势力理论"，认为孩子的成熟与发展有其自身的规律，这个规律就像刻度表一样，生理结构成熟到什么程度，孩子就具备了发展出什么样能力的可能性，而环境和教育仅起到促进的作用，无法改变刻度表上的数值。也就是说，儿童在生理成熟之前，一直处于准备学习的状态，这种准备状态实际上就是生理结构由不成熟转为成熟的过渡阶段。这时，家长应该耐心等待孩子达到能够接受未来的学习内容的水平。从实际效果来看，超前学习没有意义。

由于格塞尔受当时的研究技术与条件的限制，特别是当时还没有基因科学研究成果的支持，因此，格塞尔只是认为在儿童的成长过程中，其生物学结构的成熟起到决定性作用，但这个生物学结构与后天教育环境究竟是什么关系，其实他并没有回答清楚。而随着现代基因科学的发展，特别是基因检测技术的诞生，关于先天遗传与后天学习孰为决定性因素的争论终于有了明确的答案——基因与环境共同决定论。正如中国科学院神经科学研究所高级研究员仇子龙教授所说："基因是生命大戏的绝对主角，环境是配角。"这句话可以从两个方面来理解。一方面，基因给生命的发展提供了基本蓝图。我们从还是受精卵的时候起，就会按照基因所蕴含的庞大信息不断生长发育，身体中的每一个细胞，每一个细胞中的每一种蛋白质，都会按照基因有序进行活动，该开始生长发育时，开关就会开启，成熟后该停止生长发育时，开关就会关闭。对人类来说最重要的心智同样依赖于大脑的生长发育，也按照基因所提供的蓝图在不断发展。另一方面，基因虽然给我们的生命大戏提供了人生剧本，但并没有告诉我们具体要怎样演出，这就要求我们每个人根据自己所处的环境即兴发挥了，而这种即兴发挥的能力，就是我们认知和学习的能力。

不过很可惜的是，基因所给的人生剧本中能够让你即兴发挥的部分比较有限。2018 年 10 月的《自然》杂志上刊登了英国伦敦国王学院心理学与神经科学学院精神病学研究所齐亚达·阿约雷希及其同事的一篇研究报告，他们分析了来自 3000 个个体和 3000 对双生子的遗传信息，通过比较同卵双生子和异卵双生子的遗传信息，发现基因可以解释英国大学入学考试成绩中 57% 的差异、大学择校中 51% 的差异、报考大学的质量（根据学术声誉和就业前景等因素评估）中 57% 的差异，以及在校成绩中 46% 的差异。也就是说，你将来能考上什么大学，大学成绩怎样，以及未来发展如何，有一半以上的可能性，基因都帮你定好了。来自精神病学、心理学和神经科学研究所的研究联合负责人埃米莉·史密斯－伍利博士说："年轻人是否会选择继续接受高等教育，其实在较大程度上，是受到了他们的基因的影响。"此外，同样在 2018 年，美国和英国的科学家还发现基因能预测一个人能不能上大学，那些携带更加优秀的学习基因的人，能够上大学的概率比一般人大了整整五倍。这充分说明孩子能不能上大学，跟父母有没有钱、重不重视教育关系不大，或许在孩子还是受精卵时就注定了。

人生的必修课：学会面对失败

基因科学的研究成果会给许多家长当头泼一盆冷水。肯定有人会问："如果孩子的未来都是基因决定好的，那教育还有什么意义呢？"那么我要反问一句，难道教育的意义就是让孩子取得好成绩、考上好学校吗？这是许多家长在教育理念上出现的偏差。

哲学家詹姆斯·卡斯在其著作《有限和无限的游戏》中提出人类有两种游戏方式。一种是有限游戏，比如下棋、考试、做项目，甚至外交谈判和战争。这些事情都有明确的边界，存在明确的开始与结束。但是，世界上还有另外一种游戏，没有边界，只要开始就必须一直玩下去，直到玩游戏的玩家消亡为止，这就是无限游戏。人的一生实际上就是一场无限游戏，没有最终目标，只要人还活着，这场游戏就必须玩下去。但要玩下去，就只能面对不确定性，接受游戏的结果可能会跟自己的预期不一样，否则很难玩下去。一个人只有从小就坦然面对游戏的结果，允许自己失败，允许自己付出的努力没有结果，才有不断玩下去的可能，而只有不断玩下去，才有可能翻盘，并最后品味到这场游戏的乐趣。因此，对家长来说，教育孩子的关键绝对不是逼他们去学习书本上的知识，逼他们考出好成绩，而是引导出孩子的自我效能感，锤炼出孩子的心理韧性。具备自我效能感与心理韧性的孩子，无论今后从事怎样的事业，无论世界如何变化，都可以借助时间的力量不断积累与前行，最终实现人生的价值。

那么，玩好人生这场无限游戏的最重要的条件是什么呢？格雷格·塞门扎教授在谈起科研路上的痛苦经历时回忆说："失败不是悲剧，是要克服的挑战。要接受事情不会一帆风顺。"他还强调道："失败了，就从头开始！"也就是说，塞门扎教授能够获得诺贝尔奖，不仅因为他具备卓越的科研能力，还因为他具备超强的心理韧性，这种韧性不仅帮助他一次又一次地克服困难，而且帮助他度过了漫长的等待期。

要知道，在毫无确定结果的情况下经历漫长的等待，要比接受失败或者克服困难艰难得多。也就是说，心理韧性是玩好人生这场无限游戏的最重要的条件。那么，什么是心理韧性呢？用通俗的话来讲，就是"我知道自己一定能行"的感觉，注意，这里用的词是"感觉"，这是一种自然而然的心理过程，而不是用理性说服自己从而得出的结论；用术语来讲，就是自我效能感，最早提出这个概念的是美国社会心理学家班杜拉，他对这个概念给出的定义是"人们对自身能否利用所拥有的技能去完成某项工作行为的自信程度"。

建立"我能行"的感觉，需要切身的体验

我们每个人的基因中都带着"我能行"的基因。如果孩子所处的环境是安全的、积极的、自由的、支持性的，"我能行"的基因就会表达出来。比如，一个 1 岁多的幼儿第一次想自己吃香蕉，要吃香蕉就得剥去香蕉皮。此时，对家长来说有两种选择：一种是直接帮孩子剥开香蕉皮，把香蕉弄成小段，塞进孩子嘴里，这对成年人来说太简单了；另一种是鼓励孩子自己摸索着去剥香蕉皮，经过努力自己吃到香蕉。

单从结果来看，两种情况下，孩子都吃到了香蕉。但如果从心理过程来看，家长的这两种应对方式却在孩子心中建立了两种完全不同的感觉：前一种是"妈妈行，我不行"，后一种则是"我能行"。也就是说，最好让孩子通过自己的努力实现愿望，这样可以增强孩子的自我效能感。父母如果强行帮助孩子，就会破坏孩子的自我效能感。

　　然而，要让孩子建立"我能行"的感觉，不是家长嘴巴上说说就行了，而是需要家长创造条件，让孩子自己体验到这种感觉。当孩子做一件事遇到挫折时，要给予支持，而不能直接替孩子做这件事，更不能打击孩子。

　　我曾经见过一位让我印象深刻的爸爸。他和他的儿子一起参加一个亲子活动，这个活动让家长与孩子配合，先给长条形的气球充气，然后用最快的速度把气球编成小动物的形状。这位爸爸跟他的儿子配合得不错，爸爸负责充气，儿子负责编气球。不一会儿，他们就完成了。儿子看着自己完成的气球作品，非常自豪，紧紧地抱住爸爸，并高兴地跟爸爸说："爸爸，我是世界上最厉害的！"

　　有意思的是，儿子的话音刚落，可能是因为气球里的气充得太满，儿子的作品突然"砰"的一声炸了。儿子被吓得抱着爸爸大哭。这时，这位爸爸却说："你刚才不是说你是世界上最厉害的吗？气球炸了就把你吓哭了啊，别哭啦，男儿有泪不轻弹！"我听完这位爸爸的话，很替这位爸爸感到惋惜。他本来有一次千载难逢的好机会，能够让儿子感到"我能行"，可惜的是，当儿子遇到挫折时，他的一番话不但没让儿子建立起"我能行"的感觉，还把儿子原来的自信也弄没了。

实际上，这位爸爸的这番话让自己的儿子感受到的并不是爸爸让他坚强，而是爸爸说他不行。孩子年龄越小，建立自我效能感越容易，建立起的"我能行"的感觉就越持久；相反，随着孩子年龄增大，建立自我效能感就会变得困难，甚至孩子还会建立起"我不行"的感觉，这种感觉将会伴随孩子很长时间，甚至终生。

如果这位爸爸在儿子说"我是世界上最厉害的！"时，能够用非常真诚的态度对他说"儿子，你就是世界上最厉害的！"，而在儿子被爆炸的气球吓哭时，能够马上将他搂在怀里，用非常关心的态度告诉他"别怕，爸爸在这里"，那么这位爸爸跟儿子之间的情感联结就建立起来了。当儿子再次面对困难时，他既能想起爸爸对他的充分认可与肯定，又能想到，即使失败了，爸爸也愿意接纳自己。这样一来，孩子的心理韧性就增强了。

那么为什么要让孩子从小就建立"我能行"的感觉呢？原因很简单：年龄越大，面临的人生使命就越大。成年人面临的是恋爱、结婚、生子、工作、理财和交际等重大使命，要完成好很不容易，而一旦失败，代价会很大。相反，越小的孩子，面临的人生使命就越小，成败得失一般只有心理上的意义，而没有那么大的现实意义。例如孩子上小学、中学时，那些小考试的成败没有太大的现实意义，把这些考试当作练习就好了。但很多家长却像打了鸡血一样强迫孩子学习，搞得孩子从幼儿园起就像在打一场场生死大战似的，在这种高压之下，孩子的心理将会发育成什么样子呢？

教育的目的不仅是让孩子考出好成绩，教育的重点不在于"教"，而在于"育"。美国著名精神分析学家科胡特曾说过："父母是什么人比父母做什么更重要。"中国著名精神分析学家曾奇峰老师在著作中写道："很多父母问的与育儿有关的问题，都与怎么做有关。假如有一本包含所有'怎么做'的书，你全部按照书上说的做，还是有可能会制造出一个有问题的孩子。而人格健康的父母，根本不知道这本书的存在，却可能培养出一个健康的孩子。"

人的成长，事业的发展，跟教育孩子是一样的

前文所说的教育理念，实际上也是成长与发展的理念，它们的内核是相同的。与其说父母在教育孩子，倒不如说父母在跟孩子一起成长。即使你还没有孩子，这个理念也同样适用，因为你的事业、你做出的成果、你的人生阅历、你所构建的社会关系网络以及你所获取的资源，都是你所生的"孩子"。我们每个人来到这个世界，都应该生一个"孩子"，这个"孩子"指的是你创

造的东西，它可以是你写的一本书、你运营的一个自媒体、你发明的一项技术专利，也可以是你运营的一个 QQ 群、你搭建的一个社交平台。与其说你在做事业，不如说你在养事业这个"孩子"的同时，跟着它一起成长。那么，你准备怎样来养这个"孩子"呢？

如果你只想着你的"孩子"如何能值更多钱，如何身价更高，天天想着要尽快将自己的"孩子"变现，自己尽快年薪百万，迎娶"白富美"，那你把你的"孩子"当成什么了？你跟那些天天只想着让孩子考上好学校，甚至像打了鸡血一样不顾教育规律地逼迫孩子学习的家长又有什么区别呢？我们个人成长的意义，我们事业的成果，并不在于是否能够马上升职加薪、马上赚更多的钱，因为有钱只是职业发展道路上一场战役的胜利，而不意味着整场战争的胜利。人生的战争，尤其职业发展道路上的战争，是由无数场大小战役组成的，整场战争的胜负，是由实力、眼界和胸怀决定的。那种根本不在乎自己的事业这个"孩子"成长得怎么样，只以金钱多少论英雄的急功近利的行为逻辑，完全是出于一种赌徒心态，拿自己的前途和命运当筹码去赌博，终究会遇到发展瓶颈，对自己是很不负责的。

你能否赢得整场人生战争的胜利，关键在于你有没有勇气，有没有胆识，有没有战略，有没有韧性，关键在于你是否真心热爱现在从事的事业，是否全身心投入其中，有没有在养育这个"孩子"的过程中体验到归属感和意义感，这份事业有没有让你的生命变得充实，有没有让你的人生更加精彩。

04

波波玩偶实验：

发展，需要寻找学习的榜样

教育类节目《圆桌派》的一段视频曾上过热搜。视频中，嘉宾窦文涛提到一个现象：有些孩子过早有了攀比心，比如经常说别的小朋友家有什么样的房子，有多好的车……话题一出，长期研究青少年心理问题的李玫瑾教授一针见血地指出："这话不是小孩的，这话一定是孩子听了大人的。"紧接着，李玫瑾教授提出一个发人深省的观点：孩子的表现，反映出父母的水准。这无疑给了家长一个重磅提醒：家庭教育是一场模仿游戏，父母是孩子的一面镜子。身教大于言传，比起一味对孩子进行口头教育，父母自己做了什么更加重要。

教育孩子时，身教真的比言传管用吗？实际上，早在 20 世纪 60 年代，就有心理学家用经典的实验证明了这一观点。

著名的波波玩偶实验

美国著名社会心理学家、社会学习理论创始人艾伯特·班杜拉教授曾于 1961 年至 1965 年做了一系列实验，其中最著名的就是波波玩偶实验，这项实验用事实告诉世人，孩子是会通过观察和模仿来学习攻击行为的。

1961 年，班杜拉在斯坦福大学幼儿园启动了该项实验。他选取了 36 名男孩和 36 名女孩作为受试者，这些孩子的年龄在 3 岁至 6 岁之间，平均年龄为 4 岁零 4 个月。班杜拉将这 72 名孩子按照一定的性别与年龄比例平均分成三组，包括一个对照组和两个实验组，每组各 24 名孩子。其中，两个实验组分别为 A 组和 B 组。

A 组被称为"攻击性组"，该组的孩子会在实验过程中看到实验助手的攻击性行为，当然这种攻击性行为是班杜拉安排实验助手故意表演出来的。

B 组则被称为"非攻击性组"，该组的孩子会在实验过程中看到实验助手的正常行为，即非攻击性行为。

在实验开始前，班杜拉还对孩子们的攻击性做了评估，平均来看，每个组的孩子的攻击性是大体相同的。

实验开始了。为了确保实验过程中孩子们不会相互干扰，班杜拉让实验助手将参加实验的孩子逐一带进实验用的游戏室。进入游戏室的孩子会被安排在房间的一角，在他们面前摆着许多有趣的玩具。实验助手告诉孩子们，他们可以随意玩这些玩具，不受外界干扰。另外，在两个实验组里分别会出现一个由实验人员扮演的"成年人榜样"。

为了保证实验过程的真实性和流畅性，特别是要让孩子觉得这些都是"真的"，在孩子去往活动室的路上，班杜拉还特意安排了"实验助手假装偶遇熟人"的桥段，这位"熟人"其实就是实验里的"成年人榜样"，是由实验人员假扮。实验助手会顺势跟孩子介绍这位"熟人"，并邀请这位"熟人"和孩子们一起玩玩具，让孩子们和他熟悉起来。在 A 组中，这位"熟人"坐在活动室的另一角，他的面前摆着拼图、木棍，还有一个 1.5 米高的"波波玩偶"。实验助手会告诉孩子，这些玩具是专门给成年人准备的。

接下来，这位"熟人"会先玩一会儿拼图，一分钟后，他开始拿木棍用力打波波玩偶。具体过程是这样的：先把波波玩偶放在地上，然后坐在它的身上，反复拽它的鼻子，再把它提起来，用木棍打它的头，最后用力把它抛向空中，等它落在地上时再拳打脚踢。这位"熟人"会把这些动作重复三次，并且一边打一边说攻击性的话，如"踢死它""尿包软蛋""拽它的鼻子""用棍子打它"等。10 分钟后，攻击结束。

而 B 组的"成年人榜样"则一直安静地坐在角落里玩拼图，直到实验结束。

随后，所有孩子被依次带进一个更大的游戏室里，这里有更多玩具，包括飞机、火车、汽车等，还有波波玩偶。实验助手首先会引导孩子们玩玩具，等孩子们玩得进入状态了，实验助手会突然让孩子们停下来，并告诉他们要把这些玩具给其他小朋友玩，所以他们不能再玩了。此时，大部分孩子都会感到不高兴。

接着，实验助手会带孩子去第三个游戏室。这里的玩具被分为两类：一类是没有攻击性的玩具，比如蜡笔、纸张、洋娃娃、塑料动物和卡车模型等；另一类是有攻击性的玩具，包括一把锤子、一把标枪、一个用链子吊起来的球面涂成脸庞形状的球，当然还有波波玩偶。孩子们被允许在这个房间玩 20 分钟，班杜拉则隔着单向玻璃观察孩子们的举动，并评估每个孩子攻击性行为的等级。

"榜样"的惊人力量

波波玩偶实验的结果正如班杜拉的预测。实验组 A 组的孩子在第三个游戏室中表现出非常明显的攻击性行为，男孩平均有 38.2 人次模仿"成年人榜样"的动作进行了身体攻击，女孩则平均有 12.7 人次；至于语言攻击，男孩平均有 17 人次进行了模仿，女孩则平均有 15.7 人次。而作为对比的对照组和实验组 B 组的孩子则没有表现出任何攻击性行为。实验结果充分说明，攻击性行为是可以通过观察和模仿习得的。

随后，班杜拉又做了一系列补充实验，其中有两项实验值得一提。在一项实验中，班杜拉将波波玩偶实验中的"成年人榜样"换成了电影、电视剧或者动画片，让孩子在游戏室里玩耍时观看具有攻击性的镜头，结果发现，电影、电视剧或者动画片比真人"榜样"的影响力要小，但同样能够起到"榜样"的作用；在另一项实验中，班杜拉对做出攻击性行为的"成年人榜样"进行了惩罚，并展示给孩子们看，结果孩子们出现攻击性行为的次数显著下降，并且有的孩子还会尽力避免做出攻击性行为。

　　除此之外，班杜拉还设计了一个"狗狗实验"。他选取了一些怕狗的孩子，并将他们随机分成四组。与此同时，他专门挑选出 1 名非常喜欢狗的 4 岁男孩，将他作为"榜样"。在第一组中，班杜拉让"榜样"小男孩在孩子们面前和小狗亲近，抚摩小狗的身体和头，帮它挠背，拥抱它，而其他孩子则在旁边全程观看，了解亲近小狗并不会造成任何伤害，随后班杜拉让孩子们围成一圈互相交流，慢慢形成良好的互动氛围；在第二组中，孩子同样全程观看了"榜样"小男孩与小狗亲近，但仅仅是观看，并没有互动；第三组的孩子会被组织起来观看小狗，但是并没有与小狗亲近的"榜样"出现；第四组的孩子则被组织起来玩耍，"榜样"和小狗都不会出现，孩子们只是单纯玩耍。

　　这项实验持续进行了一个月的时间，实验结束的那天，班杜拉让各组孩子分别接触经常见到的"实验狗"和从未见过的"陌生狗"，观察各组孩子对狗的恐惧表现，并评估恐惧的程度。实验结果显示，第一组和第二组的孩子可以亲近"实验狗"和"陌生狗"，而且两组孩子的表现并没有明显差别，有 67% 的孩子可以单独和狗待在一起，也就是说，有超过一半的孩子不再惧怕狗了；而第三组和第四组的孩子仍然会害怕狗，无法与狗单独待在一起。这就充分说明，孩子不仅能够通过模仿"榜样"习得有攻击性的暴力行为，也能够通过模仿"榜样"改变不良习惯，甚至战胜自己的恐惧。这就是"榜样"的惊人力量。

身教，需要意义感和良好的关系

加利福尼亚大学伯克利分校的发展心理学家艾莉森·高普尼克进一步对孩子的模仿行为进行了深入的研究，并将实验结果写成了学术专著《园丁与木匠》。高普尼克提出了非常重要的观点："当孩子模仿他们的照顾者时，他们已经可以非常深刻地理解这些行为的目的和意义了。"孩子的模仿非常高级，他不是什么动作都模仿，只有能通过模仿你的动作达成某一目的时，他才会模仿你。通过模仿，孩子就能够理解事物之间的因果关系，这就赋予了模仿意义感。当然，模仿的意义感跟你和孩子之间的关系密切相关。

上述结论也是通过一系列实验得出的。实验的具体过程如下。实验人员在一个平台的中间放置一辆玩具小汽车，并在小汽车的左右各放置一个障碍物。如果撞到左边的障碍物上，小汽车就会发光；如果撞到右边的障碍物上，小汽车就什么反应都没有。实验人员邀请不同年龄段的孩子来到实验室，孩子们需要做的事非常简单，就是观看实验人员玩"撞车游戏"。实验人员当着孩子们的面操作小汽车，一会儿让它撞到左边的障碍物上，一会儿让它撞到右边的障碍物上。孩子们观看实验人员操作几遍后，实验人员会把小汽车交给孩子们，让孩子们来操作。

结果非常有意思，所有的孩子都不会单纯地模仿实验人员操作小汽车一会儿撞左边，一会儿撞右边，哪怕是两岁的孩子都会专门撞左边那个障碍物，因为这样能让小汽车发光。孩子们不会模仿你所有的动作，而只会模仿你"成功"的动作，也就是能让他们看到事物之间的因果关系的动作，这能带给他们意义感。

然后，实验人员把需要人工操作的小汽车换成了能自动运行的小汽车，让小汽车撞上障碍物的短片，全程没有实验人员参与。结果，孩子们就不模仿了。孩子们更愿意模仿的是人，而不是机器。

接下来，实验人员又做了一项实验。他们把自己的手绑起来，走到一个电灯开关前面，用头去撞电灯开关，把灯打开。实验人员让参加实验的 1 岁半到 2 岁左右的孩子观看这整个过程，并让孩子们也去开那盏灯。结果显示，孩子们开灯的时候，并不会像实验人员一样用头去撞开关，而会用手打开开关，因为孩子们知道实验人员之所以用头去撞开关，是因为手被捆住了，不能动。

而在另一项实验中，实验人员没有把自己的手绑起来，但故意不用手而用头去撞开关来把灯打开。结果在这个场景下，孩子们开灯的时候就不用手了，而是用头去撞开关。这是因为孩子们看到实验人员在能用手打开开关的情况下却故意不用手，而是用头去撞，觉得这其中一定有什么特殊意义，就像某种宗教仪式一样。因此，孩子们心中与生俱来的对神秘仪式的模仿服从就被启动了。

到这里，实验还没有结束。实验人员又做了另一项模仿实验，在这项实验中，两个实验人员在若干个母语为英语的美国孩子面前做了一系列动作。两个实验人员做的动作不同，但都很有意思，其中一个人在做动作时全程讲英语，另一个人全程讲法语。他们做完动作之后，让孩子们模仿他们的动作。结果，这群美国孩子中的绝大部分人都去模仿那个讲英语的实验人员的动作。这是因为，和孩子们一样讲英语的实验人员，会让孩子们感到熟悉而亲切，觉得这个人和自己关系比较近。和自己关系越近的人，孩子们就越愿意去模仿。

身教的关键在于家长先切身体验，这样孩子才能真正体验

到这里，你应该对身教的威力有所感觉了。模仿成年人，尤

其是跟自己关系亲密的抚养者，比如自己的父母，是孩子的天性。孩子不仅会主动观察抚养者的行为举止，还会观察抚养者的行为举止导致了哪些结果，并判断这些结果与抚养者的行为之间有什么联系。当孩子觉得抚养者的行为与其导致的结果之间存在某种必然联系时，他就会模仿这种行为，因为必然联系就意味着意义感。

然而，你可能要问了：孩子模仿家长的简单动作没问题，家长可以有意识地塑造孩子的行为，但如果是抽象的道德品质，比如尊重他人，怎样才能让孩子学会呢？实际上，这就涉及身教的一个关键环节——要想让孩子模仿复杂而抽象的道德品质，需要给予孩子充分自由的空间，并创造条件，让孩子能拥有切身的体验。而让孩子切身体验的前提，是家长自己先体验。

举个例子，怎样才能让孩子学会尊重他人呢？如果你只是一味地跟孩子强调"要尊重他人""尊重是美德"，等等，这种理性说教一般情况下效果会很差，不信的话，你不妨这样试试。

首先，要跟孩子建立起平等的关系，让孩子明白尊重的前提是彼此人格上的平等。在中国，由于受到传统礼教的影响，我们从小就被教育要孝敬父母，尊重长辈，尤其被强调要服从权威，以致很多人从小到大在家里就没有真正感受过平等的关系。许多孩子尊重长辈，是出于对权威者的恐惧，也就是害怕如果自己的行为举止显得没礼貌，就会被父母或者其他权威者责罚，于是他们在长辈等权威者面前做出尊重的样子，而这里面有很多成分是对权威的恐惧。家长们可以扪心自问，在要求孩子尊重长辈的时候，是真心想让孩子学会尊重他人，还是在享受对孩子的"绝对统治权"？现在时代改变了，家长们必须重设目标，建立平等人格基础上的尊重，不掺杂恐惧和疏离成分的尊重。如果家长的教育掺杂了控制的欲望，就很难让孩子心服口服。

其次，想让孩子学会尊重他人，就要先尊重孩子。没有被尊重过的孩子，难以真正学会尊重。现在的孩子和过去相比，受家长控制和影响的程度更大，在人生的每个大小决定上，几乎都能看到家长"不能放开的手"，孩子缺少自己做决定的权利。家长习惯包揽一切，忽略了如何甄别哪些事情应该让孩子自己做主，哪些事情应该给孩子时间学习怎么做决定，哪些事情应该放手。我曾经听上海蒲公英儿童图书馆、绿种子童园创始人讲过一个她创办幼儿园的故事。她的幼儿园所倡导的教育理念，正是大名鼎鼎的蒙台梭利教育法，也就是给孩子爱与自由，并且每时每刻都尊重孩子的自发选择。在这家幼儿园里，孩子们做任何稀奇古怪的事情，都会被老师所接纳与尊重。一次，有一位老师到这家幼儿园教英语绘本，她用很夸张的语气和姿势调动气氛，结果孩子们不为所动，都冷静地看着她，她被孩子们看得紧张不已。她说，其他幼儿园的孩子们不是这样的，会和她互动，她说什么孩子们就会做什么，而这家幼儿园的孩子们不一样。事后，这家幼儿园的孩子们对老师们说，他们觉得那位教英语的老师就像一只猴子。蒙台梭利教育法会破坏抚养者们的自恋感，完全打破大人们的幻想。许多家长总是抱有这样的执念："我懂得多，你懂什么？所以我要指导你，管教你，约束你，总之，你得听我的。"如果孩子连自己做选择的权利都没有，那么他就不可能体验到被尊重的感觉，也就不可能发自内心地尊重他人。

再次，要理解孩子。得不到理解的孩子，难以真正学会尊重。尊重意味着在意别人的感受，并愿意给予积极、正面的对待。要在意别人的感受，需要对别人的感受有同理心。同理心也就是我们通常所说的换位思考，重点在于能够理解他人的立场和感受，能够体会他人的情绪和想法。当一个孩子总是粗暴地打断别人的谈话，丝毫不懂得什么是尊重的时候，如果家长说"要学会尊重别人，不要任意插嘴"，或者"再插嘴，再不尊重别人，就要挨罚了"，那么家长也并不是真正尊重孩子。

　　总之，孩子们学习像尊重他人这样的抽象的道德品质时，绝不会从家长的言辞说教中学会，而是要真正体验到被尊重的感觉，意识到尊重他人的意义，并在现实场景中一遍遍有意无意地练习，才能真正学会尊重他人。这其中，家长的身教就非常重要，而身教的关键，就是家长们自己先切身体验，再让孩子去体验。如果家长能够发自内心地体验到被尊重了，那么孩子也会模仿家长的，不要小看孩子的学习能力。

05

车祸目击者实验：
谣言，可怕的记忆篡改与植入

人的记忆可靠吗，可以被篡改吗？科学研究表明，记忆真的可以被篡改，甚至被植入。那些从来没有发生过的事情，可以被植入当事人的记忆，而当事人会感到这件事情就像真的发生过一样。历史上，还真有人仔细研究过虚假记忆，下面我们来一起看一看。

轰动全美的阿米罗特性侵冤案

记忆是人脑对体验过的事物的识记、保持、再现或再认，是进行思维、想象等高级心理活动的基础。记忆作为一种基本的心理过程，和其他心理活动密切相关，是人类一起学习、工作和生活的基础，也是用于形成概念和价值观的基本元素。而虚假记忆是人类大脑中的记忆信息自动组合而成的不真实的记忆。许多心理学研究表明，几乎所有人都会产生虚假记忆，具体表现是歪曲事物的真实情况，对自己的记忆坚信不疑，甚至对大脑编造的谎言信以为真。如果虚假记忆是人类天生就有的一种"心理漏洞"，那么是否存在一种方法，能通过人工干预向人类大脑植入特定的虚假记忆，并让人对此深信不疑？答案是肯定的，并且这样的事情在历史上就真实发生过。

著名犯罪心理学与记忆科学专家茱莉娅·肖在其著作《记忆错觉》中就详细记录了一起轰动全美的案件，展示了记忆被篡改给案件侦查与司法审判带来的严重后果。

该案件发生在 1984 年的美国马萨诸塞州，主人公是 4 岁半的小男孩穆瑞·凯斯。那年夏天，凯斯的妈妈发现凯斯突然开始频繁尿床，并开始模仿他 16 个月大的弟弟牙牙学语。凯斯的妈妈怀疑凯斯遇到了事情，担心他受到了性侵伤害，于是让她的哥哥，也就是凯斯的舅舅去和凯斯谈心。舅舅告诉凯斯自己小时候去露营时曾经被猥亵过，并告诉凯斯，如果有人曾经脱下他的衣服，或者强迫他做不愿意做的事情，就一定要说出来。在舅舅的"开导"之下，凯斯说一个叫"特叔叔"的人曾把他带到一个房间里，并脱掉了他的裤子。这位"特叔叔"就是凯斯所在的费斯·阿肯托儿所的工作人员，名叫格拉德·阿米罗特，托儿所的孩子都称他为"特叔叔"。这句话在凯斯的母亲听来犹如晴天霹雳，她迅速向警察报案。第二天，阿米罗特就被逮捕，并被指控犯下了强奸罪。

案发 10 天后，警察把托儿所里所有孩子的家长召集起来进行了案情通报。社工向家长们分发清单，清单上列出了孩子遭受性侵后可能出现的行为及症状。家长们并非专业人士，对清单上列出的症状理解有误，并且对症状背后的原因知之甚少，很多孩子的家长便产生了恐慌情绪。接下来，负责该案件的警察又告诉家长们："袒护被告的人会遭到上帝的惩罚，你们的孩子可能永远都不会原谅你们。"由于马萨诸塞州的宗教观念非常浓厚，家长们的态度慢慢坚定起来。很快，有多达 40 个孩子被家长认定遭到了猥亵。

随后，以儿童性侵案件研究而闻名的专家苏珊·凯莉向孩子们了解情况。绝大多数孩子一开始否认这些指控，但凯莉为了撬开孩子们的嘴，就用动画片《芝麻街》中的角色毕特和恩尼的布偶，配合动画中的声音，来和这些孩子交流，与孩子们建立信任关系，并反复鼓励孩子们说出自己的恐惧。在凯莉的鼓励下，孩子们陆续开始详细地描述自己的"遭遇"。根据法院的档案，这些孩子对"侵犯"细节的描述非常生动，甚至达到了匪夷所思的程度，证词中出现了"裸泳派对""小丑""神奇房间"等词语。有些孩子说，有个"坏小丑"会一边侵犯他们，一边"在房间周围丢火"，还用他的魔法棒威胁他们；有些孩子说，如果他们不遵守"性要求"，会有像《星球大战》里的机器人一样可怕的机器人伤害他们；还有些孩子说自己被龙虾猥亵过；甚至有个 4 岁的小女孩说曾有人把一把 30 厘米的菜刀插入她的阴道。

法院最终根据众多孩子的证词，判定阿米罗特的虐待罪成立，并对他判处数十年的监禁。阿米罗特的母亲薇拉特和妹妹雪儿同样在那家托儿所工作，她们被指控为从犯，也被投入监狱。然而，对这起案件的质疑一直都没有停止过。专业人士发现，案件的审理过程充满疑点，因为从始至终，法院给阿米罗特定罪的依据竟然只是孩子们的一面之词，警察居然没有提供其他任何切实的证据。直到 1998 年，才有位法官根据案件的诸多疑点推翻了对阿米罗特的母亲和妹妹的指控，又过了几年，阿米罗特才被假释出狱。

谁在篡改孩子们的记忆？

纵观案件的审理过程，可以说警察和心理专家凯莉扮演着至关重要的角色，他们在不经意间篡改了孩子们的原有记忆，并给孩子们植入了新的记忆。

首先是警察的有罪推论和带有高度诱导性的询问，给孩子们的家长制造了极大的恐慌情绪。家长在恐慌情绪的支配下，会带着预设千方百计地询问自己的孩子。而孩子们由于年龄太小，并不理解家长在说什么，他们只能感受并被传染恐慌情绪。

紧接着，专家凯莉登场。她先用共情策略博取孩子们的信任，然后鼓励孩子们和自己一起恢复"被压抑"的记忆。为此，凯莉在轻松的氛围中不断抠细节，让孩子们把具体的细节想象出来。

最后，凯莉再把这些细节按照一定的逻辑编织起来，让这种记忆看起来非常真实。实际上，这种被鼓励出来的记忆很不可靠。研究表明，人可以轻松记住信息的内容，却很容易忘掉信息的来源，因此人们几乎不可能判断那些从脑海里冒出来的细节到底是自己的亲身经历，还是来源于以前看过的文学、影视作品。此外，想象的过程伴随着强烈的大脑联想活动，特别是在情绪的作用下，这种联想活动会导致大量记忆片段拼接重构，也就是俗称的"脑补"，这些"脑补"出来的事情，很有可能根本就不曾发生。

这也就不难解释，为什么越是关乎国计民生的重大事件，越容易引发大量的坊间谣言了。当人们普遍陷入极大的恐慌与焦虑时，这些情绪深深地压抑在每个人的心里，就像即将爆发的火山。

在互联网的催化之下，这些恐慌与焦虑凝聚成巨大的情绪旋涡，裹挟了每一个参与其中的人。上述案例中的那些被鼓励的孩子，就正是被他人的情绪裹挟了。当人们在巨大的情绪旋涡中受到他人的影响时，他们记忆中的那些碎片，就被这种情绪旋涡搅动了出来，这些被搅动出来的记忆碎片开始与网上的话题结合，进行重构，也就是"脑补"。接着，你就会看到各种各样从来没有发生过的所谓"亲身经历"和"亲眼所见"，就这样被制造了出来。

那么你可能又要问了，阿米罗特的案例中，产生虚假记忆的都是孩子，孩子的想象天马行空，产生虚假记忆也不是什么新鲜事，因为他们都是孩子，但这种情况应该不会发生在成年人身上吧？我只能很遗憾地说，成年人的记忆也不靠谱，并且成年人还会用理性来论证自己不靠谱的记忆，也就是给自己的记忆偏差找借口，比孩子更麻烦。而且，成年人都有自尊心，很多人接受不了别人认为自己是错的，因此即使的确是自己错了，他们也不会认错。下面，我们来看一个经典的心理学实验。

车祸目击者实验：成年人的记忆同样不靠谱

美国著名的认知心理学家和人类记忆专家伊丽莎白·洛夫

特斯做过一系列经典的虚假记忆实验研究，并揭示了导致虚假记忆产生的一个重要机制：提问时的语言暗示对记忆有极为深远的影响。

在实验中，洛夫特斯先让受试者观看一部完整的车祸短片，然后向不同的受试者提一系列问题，让他们回答。她在向一部分受试者提问时说："当轿车彼此碰撞的时候，车速有多快？"而在向另一部分受试者提问时，她将"碰撞"一词换成了"撞毁""互撞""冲撞""顶"等词。实验结果显示，受试者估算出的数值受提问者措辞的影响很大。被以"顶"这个词提问的一组受试者估算出的车速的平均值为 31.8 千米每小时，而被以"撞毁"这个词提问的一组受试者估算出的车速的平均值为 40.8 千米每小时，两组受试者估算出的车速的平均值相差近 9 千米每小时。

洛夫特斯在一周以后又做了进一步的研究。她将上次的受试者重新带回实验室，并向他们提出更多问题。其中一个苛刻的问题为"是否看到了破碎的玻璃"。尽管短片中实际上并没有这样的镜头，但洛夫特斯预设，把车祸的情况记忆得比实际情况更严重的受试者，其记忆中可能也会有"与高速驾车形成的事故相匹配"这一细节。

不出她所料，30% 以上的之前被以"撞毁"这个词提问的受试者声称自己看到了并不存在的碎玻璃，而被以"碰撞"这个词提问的受试者中只有 16% 的人声称自己看到了碎玻璃，二者相差近一倍。这充分说明人类的记忆很容易受到语言暗示的影响而被篡改，虚假记忆同样可以通过语言暗示植入。

无处不在的虚假记忆植入

提到植入虚假记忆，大多数人马上会联想到洗脑，即精神控制。"洗脑"一词最早出现在 20 世纪 50 年代，那时人类刚刚走出第二次世界大战的阴霾，许多人，尤其是大屠杀和惨烈战争的亲历者们都在反思，为什么平时善良淳朴的德国普通民众会被纳粹德国的宣传机器所控制，犯下种族屠杀的滔天罪行？由于当时认知心理学还处于萌芽时期，对记忆的认识还不够深刻，因此当时普遍的观点认为，纳粹德国通过控制信息的自由传播，借助大规模的政治宣传和强制再教育，成功地在大部分人的头脑里植入了他们想要的观点。

随着科学的进步，特别是认知心理学的发展，人类大脑中的启动效应被发现。"启动效应"是认知心理学中比较专业的术语，对非专业的人来说不太好理解，但如果你拔过花生，那就很好理解了。

想象一下你站在一片花生地里，当你抓住花生的某段茎秆，使劲一拔，一连串花生都会被你从地里拔出来。启动效应跟拔花生的过程很像。花生就像你的记忆内容，比如某个词、某个人或者某个场景。当你看见某个花生露在外面时，你用力一拔，一连串花生都会被拔出来。也就是说，当你看见某个记忆内容时，你的大脑会自动联想一连串记忆内容，就像拔出一连串花生一样，只不过你根本意识不到这个过程。

举个例子，现在的人每天都被各类广告包围，这些广告的用词往往非常简单粗暴，比如"怕上火喝×××"。你可能根本就不信一罐甜凉茶能预防上火，但实际上，不管你信不信，"怕上火喝×××"这句广告语已经影响了你的潜意识，让你将嘴巴上长泡的疼痛感与甜凉茶联系在了一起，而这种联系是在你意识不到的时候自动完成的。所以说，广告不需要你主动关注它们，只需要你的一点注意力，它们就会转化为一种深层次的感觉，如果这种感觉长年累月地出现，你就会慢慢形成一种印象或者观念，比如看到火锅就想起那种甜凉茶。

其实，广告就是最为常见的洗脑术，其核心在于绕开你的心理防线，通过在潜意识层面长年累月地灌输，在你的脑海里制造出某种印象，从而影响甚至改变你对某样事物的观念。除了无处不在的广告，虚假记忆的另一个源头是互联网。尤其是社交网络，它不仅改变了信息的传播模式，还彻底地改变了我们每一个人的记忆。在社交网络时代，人们可以随时在互联网上与别人分享自己拍摄的影像，讲述自己的经历、印象和看法，也随时都能看到互联网上有关公共事件的描述和评论。

因此，我们不再完全拥有记忆的自主权。正如哈佛大学心理学系社会心理学家丹尼尔·韦格纳所说，人类正生活在一个激烈的交互记忆时代。我们拥有的不是属于自己的独特记忆，而是通过与无数网民的互动制造出的一种共同产生、共同更新、共同储存的群体性记忆。在这个过程中，我们会自动把从互联网上得到的记忆融合进来，并把自己原有的那份独特记忆覆盖掉，而且可能根本意识不到这个过程。华盛顿大学路易斯分校心理系教授亨利·罗迪格在其著作《认知天性》中给这一现象起了个非常形象的名字，叫"记忆社会传染"。

如何识破谣言？

社交网络在给广大人民群众的信息获取与信息交流带来极大

便捷的同时，也打开了谣言传播的潘多拉魔盒。在某些利益或目的的驱使下，造谣者为了增强说服力，往往会在保证事件主体真实性的同时，加入大量充满恶意的虚假细节，通过语言暗示这种隐蔽的下三烂手段，在不知不觉中给你植入虚假记忆。这些细节通常听起来像真的一样，让整起事件显得十分生动。对那些经历过类似事件的网民来说，当他们看到这些自己不太了解，但又跟自己的经历比较相似的细节时，大多数人会倾向于相信这只是被自己遗漏掉的信息。如果你心中还积压着情绪，那么这些被编造的内容就很容易被植入你的记忆，从而让你被造谣者成功洗脑。这也正是疫情期间有那么多人被谣言蛊惑的原因。

既然我们的记忆这么不靠谱，那么我们该如何识破谣言呢？主要有以下几种方法。

第一，深度觉知情绪。无论听到、看到什么样的信息，此时此刻，一定要先觉知一下自己有没有情绪。要知道，谣言并不可怕，可怕的是被调动的"愤怒""恐惧""同情""悲伤"等情绪。你一旦生气，就很可能会失去理性判断的能力，掉进造谣者的陷阱。那么怎样觉知自己有没有情绪呢？有些情绪是显性的，比如你被人骂了，你很愤怒，这种情绪很容易觉知。但是还有很多情绪是很难察觉到的，那怎么办呢？方法不难。你可以放松地坐着或者站着，闭上眼睛，感受一下你闭上眼睛之后，大脑里是否在快速地放幻灯片，然后你可以试着冥想，让这些幻灯片消失。如果你的脑海里快速地闪过很多画面，你根本就控制不住，那么此时此刻你的内心就正积压着情绪。当你觉知到自己有情绪时，先放下手机，停止接触信息，做点其他的事情，比如冥想，冥想是一种很好的调节情绪的方式。

第二，保持批判性思维。批判性思维说白了就是判断真伪的能力，是熟练、公正地评估论据的可信度，找出错误、虚假、篡改、伪装和偏见的能力。它能帮你获得尽可能准确的认知，接近真相。对那些跟你没什么直接关系的谣言，你需要找出它的基础假设并质疑，尤其是那些关于健康或者保健品的谣言，要分析一下其结论是基于什么假设，这个假设靠不靠谱。有时候，只要你能往基础假设的方向想一想，谣言就不攻自破了。接下来，你需要试着根据假设推导结论，看看能不能推出这个谣言给出的结论，中间的环节能不能站住脚，有没有坚实的论据。然而，对那些跟你有关系的谣言，比如内容与你的经历类似的谣言，你需要格外小心，你很有可能在不知不觉中掉入虚假记忆的陷阱，因为造谣者和你之间有某种联系与共鸣。

第三，先观望一会儿。对社交网络上的信息，没有必要马上做出反应。事不关己，就先高高挂起。要知道，当你看到这条信息的时候，它已经不算新鲜了，不要被转发时的满足感左右。尤其是有突发事件时，在公布的资料很少的情况下，如果非要仅凭那些零零星星的信息做判断，就会得到错误的结论。不知道一件事，比对错误信息信以为真要强得多。有时候，先观望一会儿，是一种智慧。

第四，用事实说话，蹭谣言的热度。这是一种很好的破解谣言的办法。谣言是怎么说的，你就怎么去做，然后把结果展示出来。这样一来，你不仅在实践过程中识破了谣言，还顺便蹭了谣言的热度，制造出一个新话题，把大家的注意力引到了你对谣言的实践上。

俗话说："造谣一张嘴，辟谣跑断腿。"辟谣的难度的确比造谣高得多。不过，辟谣能够揭露真相，对社会的正面影响是不可估量的。人与人之间的信任，是重要而宝贵的无形社会资产。

06

电击实验：

服从，乖孩子的罪名

1961 年初春，一场轰动全世界的审判正在耶路撒冷举行，受审者是纳粹刽子手阿道夫·艾希曼，二战中臭名昭著的"最终解决方案"的主要负责人。很多集中营的幸存者都出庭做证，各国媒体也纷纷报道，然而当庭审画面出现在众人面前时，人们发现这个纳粹刽子手看上去完全不像想象中的那样凶神恶煞，反而显得十分亲和。面对指控，艾希曼认为自己无罪，并以"一切都是服从命令"为由为自己辩护。当然，最后他还是被判处了绞刑。

　　艾希曼为什么会以"服从命令"为由杀害那么多人？他能心安吗？他不受良心谴责吗？好人与坏人之间只有一步之遥吗？

电击实验的由来：审判阿道夫·艾希曼

对艾希曼的审判引发了一场学术界的大讨论，这场讨论引起了美国社会心理学家斯坦利·米尔格拉姆的注意。

米尔格拉姆曾先后在耶鲁大学、哈佛大学和纽约市立大学工作，在社会心理学领域做出了突出的贡献。他主张通过实验发现和总结人类的社会心理模式，推动了社会心理学的量化研究的进程。而米尔格拉姆之所以为世人所知，是因为其著名的电击实验。

当时，28 岁的米尔格拉姆密切关注着这场审判。艾希曼为自己做的无罪辩护引发了他的思考：面对如此伤天害理的事，他为什么会选择服从命令呢？这是纳粹德国的个别行为，还是人类社会中普遍存在的行为呢？

其实米尔格拉姆也是犹太人，但是他没有占据道德的制高点，站在犹太受害者的角度谴责刽子手，而是大胆地提出问题，并对问题进行反思，这是非常可贵的。

通常情况下，绝大多数人既无法做到自己的一切都由自己说了算，也无法完全掌控周围的环境。我们最擅长的就是不断找理由，让我们的行为和决定看起来合理。当我们犯错时，这种心理机制尤为突出。

我们在尚且年幼，还没有独立思考能力的时候，大脑里被父母、老师、媒体、文化环境等塞进了各种各样的"字条"，上面写满了各种决策意见和规则禁忌，告诉我们什么是对的，什么是错的。这些"字条"在某种意义上帮助我们之中的绝大部分人快速适应了当下的生活，毕竟生存才是第一位的。但与此同时，这些"字条"也限制了我们的独立思考。假如你生活中的所有决策都是你的父母、领导、老师等人帮你做的，那你还能学会独立思考，还会质疑他们的决策的合理性吗？如果再碰上强势的父母或师长，他们不允许你有不同的思想，并会因为你有不同的思想而惩罚甚至打压你，那你还会尝试独立思考，还会听见深藏在自己内心的声音吗？

有些人之所以能够改变世界，推动人类文明的发展进程，不仅因为他们学识与能力超群，更因为他们敢于直面自己，直面事实，听从自己内心的声音，相信自己的直觉，并且还有足够的心理韧性，敢于克服种种困难，通过科学的方法检验自己的直觉判断。不论是在哪个行业，要想成就一番事业，要想在这个世界上留下自己思想的火花，听从自己内心的声音是格外重要的。

当年 28 岁的米尔格拉姆也是这样的人。作为犹太裔学者，他的身后有 600 多万个在第二次世界大战中惨遭纳粹德国屠杀的同胞。这场大屠杀给整个犹太民族带来了巨大的心理创伤，但米尔格拉姆在面对曾经伤害过自己的同胞的刽子手时，仍然能站在科学的立场，保持中立，听从自己内心的声音，相信自己的直觉判断。不仅如此，米尔格拉姆还决定用实验的方法研究普通人在权威的指示下到底能变成什么样，从而从根本上反思人类的暴行。

实验前的准备：两个演员，三个房间

米尔格拉姆设计这项实验，是想了解普通人在打着科学实验的名义的权威指令下，到底能下多大的狠手电击一个跟自己无冤无仇的陌生人。

实验前的准备分为三部分。

第一部分是招募受试者。为了招募到合适的受试者，米尔格拉姆专门设计了广告词和电话邀请语，宣称该实验的目的是研究如何通过惩罚来提高学习效率，并承诺受试者可以领取 4.5 美元的酬劳。由于这笔酬劳在当时算是较为丰厚的，广告打出之后，有许多人前来报名。为了让受试者的职业和年龄更加均衡，米尔格拉姆定下了这样的筛选标准：受试者必须是精神和心理都正常的人；工人占 40%，白领占 40%，专业人士占 20%；21 岁至 30 岁的人占 20%，31 岁至 40 岁的人占 40%，41 岁至 50 岁的人占 40%。

第二部分是安排实验中的关键要素——假扮者。米尔格拉姆专门邀请了两个人参与实验：一个是看起来温和亲切的 47 岁老会计，另一个是看起来冷酷无情的 31 岁高中生物老师。前者假扮成受试者，跟招募到的受试者一起抽签；后者假扮成大学老师，负责指挥实验。

第三部分是准备实验设备。米尔格拉姆为这项实验设计了一套极具创意的电击操纵设备。这套设备一共有 30 个挡位，分别对应不同等级的电压，最低挡标注着 15 伏电压，最高挡标注着 450 伏电压，每个挡位的开关上还有标记，上面有"轻微""强烈""危险"等说明。

实验场地分为三个房间。真实受试者在电击设备所在的房间进行操纵，假扮成受试者的老会计则来到一个独立的测试房间。测试房间里放置着一把椅子，假扮受试者的双手将被绑住并固定在椅子上，并且手腕将会被贴上电极。电极其实是假的，但真实受试者并不知道。两个房间互相隔离，真实受试者与假扮受试者可以通过麦克风和扩音器交流，真实受试者能清楚地听到假扮受试者发出的声音，比如呻吟、惨叫、敲墙的声音等，还能透过玻璃窗看到假扮受试者被电击时的痛苦反应，比如抽搐、求饶等。而那个冷酷严厉的高中生物老师则假扮大学老师给真实受试者和假扮受试者布置实验任务，并告知真实受试者，有任何问题可以通过麦克风询问，他会通过扩音器回答，之后他就前往第三个房间。

一切准备就绪，实验即将开始。

实验进行时：逐渐升高的电压

按照米尔格拉姆的安排，第一次实验一共选取了 40 名受试者，他们逐一来到实验室进行测试。根据事先的计划，假扮受试者与真实受试者一起抽签，以此决定谁来提问，谁来回答问题并接受惩罚。当然，签是动过手脚的，真实受试者一定会抽到提问的角色。假扮受试者进入测试房间，被绑在椅子上，手腕被贴上假电极。然后，冷酷严厉的假大学老师给真实受试者布置任务，要求真实受试者通过麦克风，按照事先准备好的问题来提问。每一个问题有四个选项，假扮受试者会用手边的按键器作答。如果回答正确，真实受试者就继续问下一题；如果回答错误，真实受试者就要通过电击惩罚他。假扮受试者每答错一题，真实受试者就要提高一次电击的电压，直到最高电压 450 伏。

与此同时，真实受试者还被假大学老师告知，要统计电击的电压和假扮受试者作答的正确率，这样专家就可以更具体地研究惩罚对提高学习效率的作用。当然，这也是谎言。而且真实受试者拿到的问题和答案也都是瞎编的，例如，真实受试者问"美丽的？"时，假扮受试者选"小姑娘"就算对，选"小伙子"就算错。假大学老师还会告诉真实受试者，电击只会让人感到有些疼，不会造成永久性组织损伤，没有什么危险。

就这样，真实受试者开始按照事先准备好的问题来提问。根据事先的约定，假扮受试者会在被提问前几个问题时回答正确，之后就故意不断答错。假大学老师会指示真实受试者按动开关电击假扮受试者，并不断提高电击的电压。

假扮受试者不断答错问题，真实受试者就得按要求不断提高电压去电击他。随着电压不断提高，假扮受试者的表演越来越夸张：从开始时一副无所谓的样子，到轻微抽搐，再到痛苦呻吟，直到最后高声求饶，说自己有心脏病，已经扛不住了，要昏过去了，等等。当电压提高到一定程度时，真实受试者明显能看出旁边房间里的假扮受试者越来越痛苦，有些真实受试者会要求停止电击，而假大学老师就会通过扩音器说"没关系，请继续""实验需要继续进行""他没事，你接着做下去"，等等。

按照米尔格拉姆事先确定的实验原则，如果真实受试者连续三次明确要求停止实验，实验就会终止，实验结果会被标记为"受试者反抗了权威指令"；反之，如果真实受试者在假大学老师的反复敦促下继续进行实验，直到连续三次用最高挡的 450 伏电压电击假扮受试者，实验就会正常结束，实验结果会被标记为"受试者服从了权威指令"。

实验结果：经不起考验的人性

实验开始前，米尔格拉姆曾对身边的心理学系同事和学生进行了小范围调查，让大家预测一下有多少人会在实验中服从权威，用 450 伏的电压"杀死"一个陌生人。大部分人认为会这样做的人占全体受试者的比例不会超过 10%，还有人认为可能只有 1%。然而实验结果令人震惊：在 40 名受试者中，有 26 人连续三次用最高挡的 450 伏电压电击了假扮受试者。在实验过程中，虽然假扮受试者夸张地发出惨叫声、敲击声、跺脚声、求饶声等各种声音，甚至装出抽搐的样子，到最后悄无声息，全身瘫软，但还是有 65% 的受试者坚持一直电下去，直到被假大学老师告知实验完成才罢手。

后来，米尔格拉姆不断改变实验场景和条件，例如调整真实受试者和假扮受试者之间的距离，改变真实受试者、假扮受试者和假大学老师所处的位置，让多个真实受试者一起参与实验，安排两个假大学老师一起指挥，安排女性真实受试者参与，等等，力图做出更加全面的实验。他前后一共进行了 19 次实验，随着实验场景和条件的变化，实验结果的数据的确会有所不同，但总体的实验结论却是一致的：多数人会在权威的指示下伤害陌生人。

在这些实验中，米尔格拉姆和他的同事们还观察到了许多值得深入研究的有趣现象：比如，随着假扮受试者痛苦反应的加剧，真实受试者越来越紧张，越来越不自在，这或许说明在真实受试者的内心，伤害他人导致的良心不安与服从权威完成任务的理念正在激烈交锋；又比如，随着真实受试者和假扮受试者的接触程度增加，要求停止实验的真实受试者的占比也会明显增加，当真实受试者完全看不见假扮受试者，且只能透过墙壁听到假扮受试者的声音时，要求停止实验的真实受试者只占全体受试者的 35%，而当真实受试者和假扮受试者坐在一起，可以近距离看到假扮受试者所表演的痛苦反应时，要求停止实验的真实受试者的占比增至 70%；再比如，降低假大学老师的权威性，安排两个假大学老师和真实受试者待在一起，在实验过程中两个假大学老师对要不要停止实验产生分歧时，要求停止实验的真实受试者的占比也会增加。

服从的背后："看见"你的攻击性

实际上，作为群居动物，人类天生就有服从权威的倾向。在权威者的命令下，一个日常生活中的好人也可能会对跟他毫无关系的人作恶。不过，在同样的状况下，面对同样的命令，为什么有的人就能反抗，有的人就选择服从呢？什么样的人更倾向于服从呢？

服从其实是一种讨好，是无条件地顺从，而这种顺从的背后其实是恐惧。倾向于服从的人在恐惧什么呢？

曾经有位女性来访者给我留下了深刻的印象。她仿佛把"好人"两个字写在了脸上，做什么事都轻手轻脚，在任何情况下都会首先考虑别人的感受。这样一个做什么都小心翼翼的人，在恋爱方面却有着严重的问题——没有一个男人愿意跟她结婚。她谈过几次恋爱，对每个男朋友都无微不至地关怀，几乎做到了极致，男朋友每天刷牙时用的牙膏她都会给挤好。

接受她的咨询的过程中，我总会感觉到莫名其妙的愤怒，但我可以确定这种感觉不是我自己的，而是她甩给我的。我问她是不是在生我的气，她马上否认并连连道歉，像是觉得冒犯了我一样。但我还是觉得她在生气，就让她谈谈跟男朋友相处时的细节。谈着谈着，她突然暴怒，那真是一种极为恐怖的愤怒，她的双眼好像要喷火一般，她冲我咆哮时，我仿佛看到一张马上会吞掉我的血盆大口。紧接着，她也被自己的暴怒吓到了。后来我们一起探讨，她说这是她有记忆以来第一次发怒，但心里却极为畅快。

原来，她从小就被爸爸妈妈严格要求，不管什么事情，爸爸妈妈都不会考虑她的感受，她的所有心情和想法都仿佛被自动屏蔽了。如果她坚持自己的想法，轻则招致漠视或责骂，重则招来暴打。于是，她渐渐被训练成一个极为听话乖巧、温柔体贴的好孩子，因为只有这样，她才能获得爸爸妈妈的关注与爱。但在听话乖巧的表象背后，她人性中的攻击性被深深压抑，内心充满怨气与愤怒。我想，她的历任男朋友都离她而去，可能也是被她潜意识中的怨气与愤怒吓跑了。

精神分析学认为，攻击性是根本人性之一，是我们与他人形成联结的根本动力之一。英国著名精神分析学家温尼科特认为攻击性等同于活力或动力，也就是生命力。用客体关系的理论来理解，就是自体从诞生之日起，就时时刻刻都在寻找客体。举个例子，妈妈的乳房是婴儿来到这个世界后见到的第一个客体，婴儿在见到妈妈的乳房后，会第一次表现出攻击性，向妈妈的乳房发起"攻击"，去嘬住乳房，去吮吸乳汁，有些婴儿甚至会把妈妈咬痛。如果这时候妈妈能够以温情和接纳的态度欢迎婴儿的攻击性，婴儿的生命力就被妈妈点亮了，婴儿就会觉得这个世界对他来说是安全的，他就会进一步发展自己的生命力，走向更大的外部世界。但如果妈妈不接纳婴儿的攻击性，甚至反过来攻击婴儿，婴儿就会产生强烈的负疚感，会认为这个世界不欢迎他，他的生命力会就此消退。

不仅婴儿，这个世界上的每个人都希望能被其他人"看见"，希望有一面镜子能如实地映出自己。也就是说，"看见"是两个生命体之间的深度触碰与感受。寻求"被看见"是人性中最根本的动力之一，"看见"能将人性中的攻击性转化为滋养生命的动力。在日常生活中，最有可能"看见"我们的就是我们的抚养者，也就是我们生命中的权威者，因此从某种意义上讲，服从权威是人的本能。但当我们不被"看见"时，攻击性就会转化为破坏性，向外释放就会导致对他人的攻击与杀戮，向内释放则会导致对自己的攻击，直到把自己逼上绝路。

其实在米尔格拉姆的实验里，人性已经展现得淋漓尽致。人的本性就在那里，我们没必要回避它，越回避就越压抑，越压抑就越不健康，迟早有一天，被压抑的情绪会决堤。

人性是丰富多彩的，既有光明也有黑暗，而所谓光明和黑暗都是我们人为赋予的意义，人性本身并没有什么意义。但我们的人生是有意义的，尤其是当我们被其他生命"看见"并理解的时候，这种"看见"和理解本身就是意义。

从今天起，请坦然接纳自己，拥抱自己之后就能无所畏惧。

07

霍桑实验:

效率来自尊重和认可

什么样的管理才是好管理？为什么"996"^①会备受争议？
为什么有人明明拥有令人艳羡的高薪工作，却依然要辞职？

　　2019 年 5 月 6 日，一场迟到了 10 年的审判在法国巴黎拉开
序幕，被告是法国电信业巨头 Orange 公司（橘子电信公司）的
前身法国电信公司及其 7 名前任高管，他们被指控对该公司 10
年前的员工"自杀潮"负有不可推卸的责任。

　　对此案的调查持续数年，积攒了 100 多万页卷宗，文件中的
数字令人触目惊心：仅在 2008 年和 2009 年，法国电信公司就有
35 名员工自杀身亡，另有 13 名员工自杀未遂。一个全新的名词
就此诞生："职场精神骚扰"，又被称为"心理骚扰"。

_____

① 996 工作制，指在部分互联网企业流行的工作制度，早上 9 点到岗，晚上 9 点
　下班，一周工作 6 天。——编者注

据法国《世界报》报道，这起法国迄今最大的"精神骚扰案"的庭审上，法国电信公司前首席执行官、前人力资源总监和前执行副董事等人均出现在被告席上。检察官相信，这几个人制造了令人焦虑的工作氛围，践踏员工的自尊，破坏员工的心理健康，让员工感受到无所不在的压力且无处可逃，是这种畸形的工作氛围最终酿成了悲剧。

成本迷信：忽略人的价值

20 世纪 90 年代之前，法国电信公司还是一家国有企业，占据垄断地位。1990 年，欧盟颁布《电信服务指令》和《开放网络条款指令》，要求电信服务全面自由化。从 1997 年起，法国电信开始了漫长的私有化进程，于 2013 年改名为 Orange，不过其最大股东仍是法国政府。[①]

隆巴德担任首席执行官时，法国电信公司有 10 万名员工。为了进一步提高股价，获取更大的利益，隆巴德打算降低企业运营成本，声称要削减 150 亿欧元的成本。他没有采用组织变革、生产流程革命、技术创新或者管理创新等方式来提高生产效率，

---

① 胡文利编译：《工作让这些自杀者"无助"和"愤怒"》，《青年参考》2019年 5 月 16 日。

而是选择了大裁员这一简单粗暴的方式。经过核算，隆巴德计划裁员 2.2 万人，并对至少 1 万名员工进行"上岗再培训"。

法国电信的大多数员工是公务员，签订的是无固定期限劳动合同。在法国，解除这类劳动关系的过程十分漫长，且解雇一名以上的此类员工必须向政府汇报。[①] 为了达成裁员目标，公司执行副董事瓦内斯出面了。瓦内斯头脑聪明，却出了名地没有人情味。他发明了一种叫"恐惧管理"的方法，即不断刺激员工分泌肾上腺素，给他们制定无法实现的长期目标，以此逼迫他们离职。一名工会官员说："公司大量裁员，部门不断重组，人员被迫调动。工作条件不断恶化，员工身心饱受摧残，绝望情绪四处蔓延。"员工的处境越来越艰难。

为了进一步削减劳动力成本，针对员工的"精神骚扰"愈演愈烈。据美国《纽约时报》报道，法国电信频繁调动员工的岗位，让公司"不想要"的员工去干"下等差事"，以孤立、威胁、减薪等手段逼他们提出辞职。根据法庭文件，隆巴德 2007 年在公司高层会议上说："那些以为能像过去一样高枕无忧的人大错特错。在海边晒太阳、捡贝壳的日子一去不复返了。"[②]

---

① 胡文利编译：《工作让这些自杀者"无助"和"愤怒"》，《青年参考》2019
年 5 月 16 日。
② 胡文利编译：《工作让这些自杀者"无助"和"愤怒"》，《青年参考》2019
年 5 月 16 日。

"日子越来越不好过。各部门都面临调整甚至关闭，每次变动都非常难熬，因为你必须重新学习一切。"一名在法国电信公司工作了 30 年的员工匿名告诉杂志《反击》的记者，"8 年里，我搬了 4 次家，换了 3 个工种。当你还是 25 岁或者 30 岁时，这不算太难，但 50 岁以后就完全不同了……"重重压力之下，员工"自杀潮"爆发了。

讽刺的是，在"自杀潮"的巅峰期，法国电信的利润创下历史新高。公司股票分红节节攀升，2008 年达到每股分红 1.4 欧元。[①]

KPI 之恶：当人被物化成机器

法国电信公司的悲剧其实早就在历史中上演过，特别是在电气时代，企业主同样面临着需要降低成本、提高劳动生产率的问题。当时，美国在福特工业的引领下，率先开始了流水线革命，大工业化生产成为现实。那时的企业主普遍认为，能最有效地激励员工的因素就是工资报酬。他们认为人是机器的一部分，应该想办法让人和机器完美结合，甚至让人成为机器。这种完全忽略人的价值把人当成机器的观点，与 21 世纪的法国电信公司如出一辙。

---

① 胡文利编译：《工作让这些自杀者"无助"和"愤怒"》，《青年参考》2019 年 5 月 16 日。

这种管理思想自然而然地催生出强调指标和利益的观念。指标和利益指的就是大众熟知的 KPI，即关键绩效指标。如果一名员工无法完成 KPI，无法给企业带来利润增长，那么就应该把他裁掉，就像换掉机器上已经陈旧的零部件一样。这正是隆巴德的观念：人不重要，当下的利益更重要。

法国电信公司、电气时代的美国企业乃至当下的许多企业的企业主心中都存在对人性的假设，即员工都是自私懒惰的。工厂流水线把工作拆分得越来越细，工人变成了流水线机器上的一部分，每个人都在从事固定、枯燥的工作。电影大师卓别林的电影《摩登时代》就充分展现了这一场面。在这种管理思想与人性假设的指导下，企业主们设计出计件工资制，并用 KPI 进行精细化管理。

在这种管理思想的影响下，电气时代美国工业生产的效率的确大幅提升。但怠工、罢工、劳资关系紧张等问题随之而来，游行与冲突时而爆发，流血事件频频发生。从短期来看，企业主确实赚了更多钱，但从社会发展和企业成长的长远角度来看，企业的财富总量是缩水的，因为人力成本不但没有下降，反而还上升了。许多企业主为了安抚工人，给工人提高工资待遇，但效果并不好，工人们继续闹。法国电信公司的员工"自杀潮"就是一个很好的例子，虽然短时间内企业的股价上升，隆巴德和大股东们都赚得盆满钵满，但员工"自杀潮"成了一个永久的污点，深深刻在大众心中，这种印象在短时间内是无法根除的。

从表面上看，隆巴德确实降低了法国电信公司的人力成本，但他却给这家企业筑起了高高的围墙，增加了今后引进和保留优秀人才的难度。法国电信公司要付出比省下的成本多成百上千倍的代价去洗掉污点，洗不掉污点的话，这家企业的信用成本就永远降不下来。

梅奥教授的重大发现：影响员工积极性的到底是什么？

上述问题也出现在 20 世纪 30 年代的美国。霍桑工厂隶属于美国西部电器公司，这是一家拥有超过 150 年历史的公司，专门为美国电报电话公司生产和供应电信设备。

霍桑工厂位于美国芝加哥西部，雇用的各类工人总数高达 2.5 万多名。这家企业红火了 100 年，几乎称霸整个电气时代，生产过电报、电话、扩音器、最早的音响、最早的无线电话，甚至还生产过火箭设备，是 20 世纪 60 年代美国国家航空航天局的火箭发射设备的主要供应商之一。

当时的霍桑工厂不仅设备精良，福利优越，还配备有良好的娱乐设施，医疗制度和养老金制度也很完善。虽然有这么好的条件，工人们却依然愤愤不平，工厂的生产效率也不理想。

为了找出原因，霍桑工厂董事会花重金从哈佛大学聘请专家团队进驻工厂，开展了一项为期 8 年的实验研究。霍桑工厂董事会希望找出影响工人生产效率的因素，于是研究人员设计了一系列实验，分别研究厂房光照强度、工资报酬、福利待遇、工作时间与休息时间的比例等因素对工人生产效率的影响。

研究人员先做了关于光照强度的实验。他们以负责装配电话线的女工为受试者，把她们分为实验组和对照组，让她们分别在光照情况不同的两个房间里做相同的工作。对照组女工所在房间的光照强度始终不变，实验组女工所在房间的照明条件则不断变化。结果显示，无论实验组的光照强度增强还是减弱，抑或像对照组那样保持不变，实验组女工的生产效率都比对照组女工要高。

接下来，研究人员研究了工资报酬、工作时间与休息时间的比例等因素对生产效率的影响。他们做出种种尝试，比如将原本的集体工资制改为个人计件工资制，上午和下午各增加一次时长为 5 分钟的休息，提供茶点，等等。经过一系列的改变，工人的生产效率又提高了。

似乎不管研究人员做什么，工人的生产效率都会提高。研究人员干脆废除了这些优厚条件，但工人的生产效率依旧在提高。1924 年至 1927 年期间，这项实验陷入了僵局，无论研究人员怎么改变环境条件，工人的生产效率都在提高，这让研究人员百思不得其解。

1927 年冬天，著名心理学家、哈佛大学教授埃尔顿·梅奥正式进入霍桑工厂，接管了这项实验。梅奥一改之前的实证研究方法，把关注点放在了当事人身上。他发现实证研究方法固然好，但有些深层次问题，比如社会关系、动机或价值观等，是不太容易通过实验验证的。

1928 年至 1930 年，梅奥及其团队采访了数千名工人，这些工人在接受采访之后，工资报酬、福利待遇等并没有发生变化，但工作积极性和生产效率都提高了。梅奥认为，虽然外部环境没有改变，但工人在采访中发泄了情绪，内心感受不同了，内心感受的变化直接导致了行为的变化。

原来影响工人的生产效率的并不是工作环境、工资报酬、休息时间这些外在因素，而是心理状态这一内在因素。那些被挑选出来接受实验的工人都觉得自己受到了管理层的重视，而且他们还得到了工厂里其他工人的关注，他们因此觉得自己与其他工人不同，产生了自豪感，在实验中就有了更高的工作积极性，生产效率也就提高了。

在西方心理学界，梅奥是公认的工业心理学和管理心理学先驱。他让人们知道，人不应该只是机器的延伸，每一个劳动者都应该被看见，被尊重。

"996" 制度对企业的危害：走上枯竭之路

曾经有位知名互联网公司的高管找我咨询，他说感觉自己像枯树一般，马上就要枯死了，生活和工作都没有意思，担心自己要抑郁了。

按理说，他所在的互联网公司发展势头迅猛，一轮又一轮的融资后，企业市值也水涨船高，他在其他人眼里应该算是标准的"人生赢家"，可他现在怎么就枯竭了呢？

在咨询过程中，我请他跟我说说这几年的工作中让他印象最深刻的三件事。起初他一直在说自己如何带领公司快速成长，如何有成就感，并且越说越兴奋。说着说着，他说到公司最后一轮融资时，来了一位大股东。这位大股东不仅带来了大笔资金，还带来了公司的新掌门人和一整套标准化管理流程。

这位新掌门人以前是一家世界 500 强公司的高管，在管理方面很有手腕。他来到公司之后，认为公司业绩增长速度不理想，员工工作随意性太大，公司步调不统一，产品标准不统一。于是他定下了一整套标准化管理流程，大到产品上线审核，小到员工每天上班打卡，都规定得非常细致，连上班着装都有要求。他还制定了很细致的奖惩措施，是典型的"胡萝卜加大棒"。

我请这位互联网公司高管闭上眼睛，想象一个他工作时的场景。他闭上眼睛后，说他看见了公司大楼。我请他进入公司大楼，慢慢走到自己公司的大门前，并问他看见了什么。他说他感觉公司里面很黑，好像没有开灯，他不敢进去，有点怕。我请他放松，深呼吸，走到公司里面看看。

他进去之后，发现公司里面非常昏暗，但有一些"小灯"悬在空中，发出微弱的亮光。我请他走近那些"小灯"，看看它们究竟是什么。按照我的引导，他走近了那些亮着的"小灯"，这时他突然显得特别害怕，整个身子瘫软下来。

我问他看见什么了，他回答说，他发现眼前那盏"小灯"是一名员工的眼睛，而那名员工却是一个铁皮机器人，公司里有一大群铁皮机器人。我再次引导他放松下来，让他保持住铁皮机器人的画面，看着铁皮机器人的眼睛。我问他想对这些铁皮机器人说些什么，他说他很想抱抱这些铁皮机器人。

我请他尊重自己的感觉，去抱抱铁皮机器人。这位高管一下就哭了出来，情绪排山倒海般涌出。他说他觉得那名员工好像很冷，很需要温暖，很想被他拥抱。

之后，他突然明白自己的问题出在哪里了。以前公司虽然不实行"996"制度，管理也很混乱，员工随意性很大，但大家的目标感很强，每个人都会给团队贡献创意和方案。最关键的是，员工的创意和方案能被老板看见，能被大家看见，这样大家就觉得自己有价值，觉得自己被团队认可了。所以，即使管理上没有层次，大家做项目时毫无条理，但效率很高，灵感很多。

现在不一样了，公司建立起明确的层级，员工就像大机器上的零件，只需要完成公司给自己的任务，完成眼前的工作，而不需要主动做贡献。整个公司就像一部大机器一样飞快转动，员工的价值不再被老板看见，也不再被团队看见。大家心中曾经燃烧着的火焰熄灭了，整个公司变成了冰冷的"机器世界"。

时至今日，霍桑实验依然是众多商学院课堂上必讲的经典案例。这项实验不仅证明了人不是机器，还找出了员工的动力来源——自己的工作和价值被他人看见，被社会认可。这同时也说明，渴望被看见、被关注是人的天性。

无论是法国电信公司的案例，还是那位高管的案例，从心理学的角度可以这样解释：工业时代的制度安排，比如强制实行的"996"制度，会消耗员工的自我驱动力，使员工失去前进的动力，员工在这种没有动力的状态下工作，时间一久就容易引发职业枯竭。这才是"996"制度对企业的真正危害。

美国心理学家贝弗利·波特说过："典型的职业枯竭是，你有工作能力，但丧失了工作动力。"职业枯竭的常见表现有：觉得工作索然无味，毫无意义；觉得自己已经筋疲力尽；厌倦工作，缺乏去上班的动力。

波特认为职业枯竭的原因有两种，一种是无助感，另一种是习惯化。无助感是指一个人觉得自己丧失了对工作的掌控感，觉得老板、对手或其他外界因素控制了自己的工作进程和收益，因而失去了工作动力。因此，他又将职业枯竭称为职业抑郁，因为深陷职业枯竭的人和抑郁症患者一样，会有深深的无助感。习惯化是指一个人日复一日地重复同样的工作,最终彻底厌倦。当一个人彻底失去发挥自己能力的空间,不再被企业看见,沦为其他人意志的执行者时,他就会彻底失去热情和创造力。

说回法国电信公司的案例。那些自杀的员工或许各有各的理由,但有一点是毫无疑问的:他们都是在这家企业工作时间较长的员工,已经与这家企业建立了牢固的情感纽带,而隆巴德的做法无异于将他们置于"无回应之地",完全忽视了他们被企业看见、认可的需求。这种需求不是简单的利益需求,而是一种情感需求。

精神分析学派有一句名言:"无回应之地,即是绝境。"西班牙则有诗歌说:"死亡,即是无回应之地。"也就是说,故意无视一个人,不给予他情感回应,就相当于把这个人置于绝境甚至死地。

霍桑实验和恒河猴实验充分表明,企业与员工之间的情感互动远比利益重要。如果企业主只关注利益而忽视员工的情感需求,把员工当机器,那企业主就与"铁丝网猴子"没什么两样。如果企业与员工之间只有物质利益关系,而缺乏基本的情感互动,这种关系就是虚假的。如果企业与员工之间只存在虚假的关系,那么这家企业将会失去最大的财富——人才。

08

认知失调实验：
你认为你能掌握命运吗？

为什么人越老越信命？为什么很多人都喜欢算命？

其实，"我命由我不由天"可能是个伪命题，我们不仅无法完全掌控自己的命运，甚至无法决定日常生活中的很多小事。这听起来好像有点悲观。那从心理学的角度来讲，我们究竟能不能掌控自己的命运呢？答案是：能，但这是有前提条件的。

接下来，我会介绍一些实验，帮助大家进一步认识人性，并学会分析什么是能改变的，什么是改变不了的，如何改变能改变的事，接受不能改变的事。

你的每项决定，其实都是"事后诸葛亮"

20 世纪 80 年代，加利福尼亚大学旧金山分校心理系教授本杰明·李贝特和哈佛大学心理系教授丹尼尔·韦格纳做了个比较令人郁闷的实验。

在实验中，他们要求受试者在做出任意动作前进行报告，并使用脑电技术，通过收集和记录大脑的电信号来监测受试者做报告前大脑的活动情况。

实验结果显示，在受试者报告自己要做出动作的几百毫秒之前，大脑就已经产生相应动作的脑电信号了。也就是说，这些受试者并非有意识地做出这些动作，而是在毫无意识的情况下就已经做出了做动作的决定，然后大脑再对这个决定做出解释。

这个研究结果震惊了整个心理学界，引发了许多后续研究。2013 年，德国著名神经科学家、柏林高级神经影像中心教授约翰 – 迪伦·海恩斯利用功能性核磁共振成像技术做了一项实验。他让受试者看一块屏幕，屏幕上会显示两个数字，受试者来决定把它们相加还是相减，然后给出答案。结果，受试者的大脑神经活动图谱显示，在受试者做出决定的 4 秒之前，其大脑就已经决定好到底要相加还是相减了。

从这项实验可以看出，我们的行为不一定是我们自己决定的，我们只不过是在执行大脑已经提前决定好的事。具体来说，无论是做简单的按键动作时，还是做相对复杂的数学运算时，我们的大脑都会先悄悄地做出一个决定，再把这个决定"用信封密封好"，交给大脑的理性决策系统，然后理性决策系统会根据这个决定从记忆中调取相关素材，再用逻辑这个工具把跟这个决定有关的素材组织起来，最后让语言系统把"信封里的内容"念给我们听，并让我们感觉像是自己做出了决定。但实际上，这种"我的一切我说了算"的感觉只是一种错觉。

决定不是我们自己做出来的，我们最擅长的就是为这些决定找理由，即合理化自己做出的决定，这种合理化的机制叫作"归因"。当我们做出错误的决定或者遇到挫折时，如何归因就显得尤为重要。

两种归因，两个世界

在人类漫长的进化过程中，很多时候人们只能凭借经验做决定，有时甚至只能碰运气，做出错误的决定在所难免。但做出错误的决定后，轻则饿肚子，重则丧命。为了生存，进化的力量就赋予了人类在犯错之后吸取教训、积累经验的能力，并让人类通过强烈的情感体验记住错误。这种情感体验包括许多复杂的情绪，如懊悔、内疚、自责、失望等。这种负面的情感体验极为强烈，所以人们再次遇到类似的情况时，就会马上调取当时的负面情感记忆，启动强烈的情感体验，从而避免又掉到同一个坑里。

但凡事都有两面性，如果负面的情感体验太多，人不但会退缩逃避，还会失去自信，严重时会出现焦虑、抑郁等心理与精神问题，甚至可能威胁生存。所以，人类还必须进化出一套补救措施，以便在做出的决定出现偏差时调整心态，让自己感觉好受一些，不至于因为这件事影响接下来的生活。毕竟无论发生什么，只要生命还没结束，人就还得继续前行。因此，为了避免或减轻负面的情感体验带来的痛苦，人类又进化出了一种用来应对自己行为的后果的心理机制——归因。人们在得知自己的决定错了，尤其是看到自己的行为酿成严重后果的时候，就会在内心给自己编一套理由和说辞，来应对自己行为的后果。

大量心理学研究表明，人们在面对自己行为的后果时，存在两种截然不同的归因倾向。

一种是外部归因。具有这种归因倾向的人会将不好的结果归咎于他人、环境等外部因素，认为自己没有一点责任。我曾经给一个女孩做过咨询，她工作很不顺利，一年被辞退了好几回，因为她在工作中经常严重拖延，还会犯一些低级错误。有一次她去甲方单位签合同，居然把合同带错了，惹得老板非常生气，随后就被辞退。在咨询过程中，我发现她总是将自己工作上的种种不顺都归咎于老板或者同事，觉得自己换一家公司就会好起来，但结果她还是一直在重复同样的命运，她对自己的问题毫不自知。实际上，不管是拖延还是犯低级错误，都是她在表达愤怒。她从小就不断地被父母教育要听长辈的话，听兄长的话，听领导和老师的话，不能反抗，所以即使在工作时感到不开心，她也不敢表达，只是忍气吞声，把心中的愤怒压下去。心中积压着愤怒，她的大脑便悄悄做出拖延、不合作、故意犯错的决定，以此来表达她的愤怒，只不过她的理性并不知道这是怎么回事，只是用"都是别人的错"来解释自己的行为。

另一种是内部归因。具有这种归因倾向的人会主动承担责任，无论什么情况下都倾向于认为自己应该为错误负责，同时他们相信自己一定能改善局面，并积极采取行动来弥补错误，从错误中吸取教训。但是也有一些人，他们同样认为自己应该对错误负责，但他们并不是就事论事，而是自责和自我惩罚，认为自己怎么这么没用，为什么会犯如此低级的错误，等等，将自己贬得很低。

我曾经见过这种极端的内部归因的案例。有一位高二的男生每次考完试后都会把自己锁在房间里，无论父母怎么叫他，他都不肯出来。他是真的很难过，连饭都不吃，他说因为自己考得太差了，没脸出去见人。我看了他的成绩单，他的成绩根本没有他说的那么糟糕，反而可以说很不错。但他不断在我面前说自己考得如何如何差，还认为自己智商有问题，说着说着，甚至觉得自己都不应该活在这个世界上。

我问他："你要考出怎样的分数才满意呢？"

他不假思索地说："考到第一名，至少语文、数学和英语得是满分。"

他这个回答让我感到震惊。我又问他："你觉得考出这样的分数，你就完美了吗？"他却反问了我一句："老师，难道我不该是完美的吗？"可以说，这位男生是比较典型的极端内部归因者，甚至已经到了自我归罪与自我贬低的程度。

可见不管是外部归因还是内部归因，走到极端就会产生问题。而如果我们每次遇到错误和挫折后都要进行思考与归因，那么这既会让我们的大脑耗费大量能量，还会浪费大量的时间，让我们错失生存下去的机会。因此，出于"以活着为第一要务"这一生存法则，我们的大脑又进化出一项功能，那就是将归因进行抽象简化，这样我们每次遇到类似状况时，大脑就会朝着同一方向自动化归因，以避免大量思考，节约能量，这就是我们的信念系统。比如那位经常被解雇的女孩，她的信念系统就可以概括为"都是你们的错"，只要再遇到相似场景，她的大脑就会自动调取出这个信念系统并执行，可悲的是，她自己都不清楚这整个过程。

信念系统是一种用来解释外部世界的系统，我们的大脑在做出任何决定之前，都要先由信念系统进行解释。所以，你理解的世界可能并不是客观世界，而是你的信念系统解释过的世界。

信念系统：为什么有些人的观点很难转变？

那么问题来了，如果我们的现实经验与信念系统产生了矛盾，该怎么办？实际上，当你做出错误的决定，并因此遭遇挫折与打击时，你不但会产生强烈的情绪反应，还会感到自己大脑里原有的观念和思维方式与实际经验产生了剧烈的冲突。这种冲突会强化你内心的焦虑与不安，继而引发懊悔、内疚、自责、失望等复杂的情感体验。这种状态在心理学上叫作"认知失调"。

在心理学界，首先发现并系统研究认知失调的心理机制的是美国著名社会心理学家利昂·费斯廷格，他在1959年开展了著名的认知失调实验。

这项实验的设想最初形成于 1954 年。当时在明尼苏达大学工作的费斯廷格在报纸上看到一条不寻常的新闻,新闻标题是"号角星球向城市发出预言:快逃离大洪水"。新闻的主人公叫玛丽昂·基奇,是一名家庭主妇,她声称自己曾经与外星人接触过,外星人将会在 1954 年 12 月 21 日黎明前毁灭地球。这条新闻在当地引发了恐慌,许多人不顾家人反对辞掉工作,投奔到基奇家中,视基奇为精神领袖。基奇则以"末日救世主"自居,宣称自己能够与外星人交流,会让外星人开宇宙飞船来接走他们。

这件事激发了费斯廷格的极大兴趣,他觉得这是一次难得的研究机会。于是他谎称自己是信徒,打入内部,近距离观察人们在"世界末日降临前"的种种行为。他特别想知道那些信徒在发现预言不准后会做何反应。1954 年 11 月,费斯廷格在取得基奇的信任后,获准进入基奇的邪教组织,在她家里住了下来。毫无悬念,外星人没来摧毁地球,世界末日的期限也悄无声息地过去了,宇宙飞船更是连影都没有。信徒们起初频繁出门去看飞船是否降临,随后变得闷闷不乐,满脸困惑,甚至焦虑不安,显得很痛苦。突然,有一部分信徒开始欢呼:"基奇是对的,我们拯救了世界!"这种欢乐的情绪迅速感染了在场的每一个信徒，大家都欢呼起来。

原来，这些信徒认为他们的虔诚祈祷感动了神明，所以外星人才不准备毁灭地球了。结果，这些信徒不但没有退出邪教，一些核心成员反而出去招募更多信徒了。

费斯廷格恍然大悟，原来有这样一些人，当事实与他们深信不疑的信仰产生冲突时，他们更倾向于为自己找借口、辩护和解释，而不是改变自己的信念系统。

认知失调实验：信念系统背后的心理机制

为了研究这一现象，费斯廷格和卡尔·史密斯于 1959 年在美国斯坦福大学进行了认知失调实验。受试者是 71 名正在学习心理学的大学低年级男生，他们不知道实验的真正目的，只被告知这项实验叫"行为测量"。

在实验的第一阶段，费斯廷格让所有受试者从托盘里拿出线轴放在桌子上，然后再将线轴放回原处，如此循环往复，而他和同事则在旁边拿着秒表观看并假装做记录。受试者完成这个步骤后，费斯廷格又在受试者面前放置一块板，上面钉有 48 个方栓。

113

他让受试者按顺时针方向将 48 个方栓旋转 90 度，循环往复做 30 分钟。不得不说，这项实验实在是太无聊了，许多受试者看起来都非常郁闷。

第二阶段是实验的核心阶段。费斯廷格将受试者随机分成三组：对照组、A 组和 B 组。对照组的受试者完成上述任务后，立刻被带进一个房间接受访谈，聊聊完成这些实验任务时是什么感觉。至于 A 组和 B 组的受试者，费斯廷格要求他们对即将参加实验的新受试者撒谎说"这项实验非常有趣"，A 组的受试者撒完谎后会获得 1 美元作为报酬，B 组的受试者撒完谎后会获得 20 美元作为报酬。之后，费斯廷格将 A 组和 B 组的受试者逐一带入访谈室，让他们谈谈对实验任务的真实想法。

实验结果非常有意思。对照组的受试者和获得 20 美元报酬的 B 组受试者认为任务很无聊，并明确表示不愿意再参加类似的实验；而获得 1 美元报酬的 A 组受试者则表示任务很有趣，并明确表示愿意再次参加类似的实验。也就是说，对照组的受试者认为实验很无聊，且这种态度是始终如一的；获得 20 美元报酬的 B 组受试者虽然对其他受试者撒谎说实验很有趣，但在事后的访谈中还是明确表达了认为实验无聊的态度；只有获得 1 美元报酬的 A 组受试者在事后的访谈中否认了实验的无聊，不仅改变了自

己的态度，还表示愿意再次参加实验。到底是什么让 A 组受试者
的态度发生了改变？

　　获得 20 美元报酬的 B 组受试者之所以认为实验无聊，是因
为他们认为自己是为了获取报酬才撒谎的，实验的确很无聊；获
得 1 美元报酬的 A 组受试者不但撒了谎，还改变了态度，认同了
自己的谎言，是因为 1 美元的报酬不足以让他们为自己撒谎的行
为辩护，但行为已经做出，无法改变，他们就只能改变自己的态度。
也就是说，A 组和 B 组的受试者都经历了态度和行为不一致的认
知失调状态，但是 B 组的受试者有充足的理由为自己辩护，所以
坚持了原有的态度，而 A 组的受试者没有理由为自己辩护，只好
改变自己原有的态度，认可自己的谎言，让自己言行一致。

　　可以说，费斯廷格用认知失调实验再现了当年玛丽昂·基奇
的邪教组织里发生的情况：人们在发现自己做出了错误的决定时，
不会改正自己的错误，反而会更加坚持自己的错误判断，在错误
的道路上一条道走到黑。实验中那些只拿到 1 美元报酬的受试者
的心态和基奇的信徒的心态是一样的，这些受试者明明感受到了
不公平，感受到了焦虑，感受到内心深处有个声音在说"你得诚
实点"，却不愿意诚实，因为诚实需要付出代价，这个代价就是
承认自己很愚蠢，这是很多人都接受不了的事实，大部分人都认

为自己比别人强，对自己的评价自己总是比对别人的要好。

实际上，大到国家，小到个人，我们每天都在做决定，并承担其结果。我们的决定通常不完全由理性说了算，大多数情况下是由潜意识快速做出的，更多是在碰运气，其导致的结果也是概率事件。为此，我们就需要给事情的结果一个解释，这就是归因。然而，我们更倾向于简化思考，于是创造了一套解释模式，并将之固定下来，这套解释模式就是信念系统。接下来，我们会把符合这个信念系统的信息收集进来，把不符合这个信念系统的信息排除出去，以此让我们的整个认知系统稳定下来。

这套稳定的认知系统在环境没什么大变化时非常好用，且十分高效，可一旦环境发生巨大变化，这套系统就不好用了。

究竟是谁在替你做决定？

所谓命运，一般由三部分构成：一是决定，二是行为的结果，三是对行为的结果的解释。通过实验，我们知道了"我命由我不由天"可能是个伪命题。首先，我们自己可能都不知道自己的决定是怎么做出来的；其次，行为的结果是概率事件，我们的行为最终导致什么结果，有时候是环境决定的；最后，对结果的解释才是我们人类最擅长的，也是我们最能掌握的。

接下来，让我们回到命运的源头：当你自动地做决定时，究竟是谁在替你做决定？或者换个问法：你脑子里的那些想法，真的是你自己的吗？

在我主持的一次自我成长工作坊上，有位 26 岁的女学员分享了她在职业成长方面的困惑。她在武汉上大学，名校毕业，学的是热门的计算机专业。本科毕业后，其他同学要么出国，要么去了杭州、深圳的互联网大公司，她则回到老家所在的地级市当公务员，工作、收入都比较稳定。当时她还是比较满意的，但工作了几年之后，她越来越痛苦，甚至一度不想去上班，只想待在家里。她跟父母的关系也越来越紧张，她不肯找对象结婚，总感觉自己的工作和生活出了问题，她觉得这里不属于她，却也不知道自己将要去往何方，非常痛苦。

我问她："你大学毕业后决定回老家当公务员时，是怎么考虑的？"

她脱口而出："女孩子嘛，工作还是要稳定一点，这样有安全感。"

我又问她："这是你的想法？"

她对我的这种问法感到惊讶，反问了一句："难道不是吗？"

于是我请她做了一组自由联想，这是精神分析中常用的一种探究潜意识的方法。我先让她安静下来，闭上眼睛，感受一下自己的身体，体会自己双脚踩在地面上的感觉，感受双腿、腹部、胸部、头部，感受呼吸。然后，我请她回忆一下她所说的"安全"的感觉，并说出自己在想到"安全"之后，脑海中闪现出的第一个画面是什么。她按照我说的去做，从"安全"这个词出发，联想到很多奇怪的词和画面。

突然，她想到了一个让她有点害怕的画面，她想到自己掉进一个浴缸里，到处都是黏糊糊的像胶水一样的东西，将她粘住了。我让她放松，慢慢去体验这个画面，并问她："这个浴缸周围是什么样的环境？"

她闭着眼睛，说这是她家的浴缸，而她的妈妈就在旁边，正拿着一桶黏糊糊的胶水往浴缸里倒，还告诉她："女儿，这个地方最安全。"想到这里，她一下哭了出来。"老师，我似乎明白了，是我妈妈不想让我离开这里，她需要我！"

原来，她的父母感情并不好，她的妈妈把几乎所有精力都倾注在了她的身上。她的妈妈总是向她传达"女儿，妈妈离不开你"这个信息。从小到大，她所有的事情妈妈都要管，都要过问，插手。她的妈妈甚至不允许她有自己的想法，也不允许她离家太远。

她意识到，原来在她的大脑里替她做决定的人是她的妈妈。比如回老家当公务员这件事，这并不是她真正喜欢的，只是她的妈妈还住在她的大脑里，替她做了这个决定，"公务员工作稳定，有安全感"只是她用来说服自己的理由。

或许你已经感觉到了，在我们的大脑里替我们做决定的，是我们过往的经历和体验，而这些经历和体验都离不开我们生命中重要的人和事，尤其离不开我们的父母。我们真正的声音，可能早已淹没在他人的意见中。

既然我们连自己的命运都决定不了，那活着还有什么意义呢？先别急，谁说命运无法改变？虽然我们不能完全掌控命运，但我们可以影响命运的走向。

回到命运的三要素：决定、行为的结果、对行为的结果的解释。在这三要素中，行为的结果我们掌控不了，但其他两个要素是我们可以在一定程度上掌控的。一方面，对自己下意识做出的决定，我们需要觉知，需要看见，需要在深度的自我分析和细致的觉知中逐渐领悟；另一方面，解释行为的结果时，我们首先要有勇气直面结果，并做出详细的复盘，尽量排除信念系统对我们的影响，通过行为的结果学习、成长和进步。

当然，在实际操作中，这并不是件容易的事。如果无法只凭借自己的力量领悟，我们还可以寻求心理咨询的帮助，在专业人士的陪伴下逐渐看清自己。

愿我们每个人，都能与命运做朋友。

09

罗森塔尔实验：
标签，影响命运走向的力量

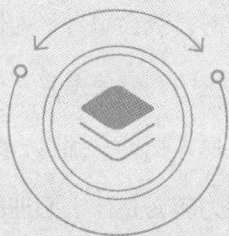

第一次看《士兵突击》时，我才上大学一年级，正是这部电视剧影响了我之后的人生选择。剧中的主角许三多从一个"孬兵"一跃变成"兵王"的经历，让我看见了一个勇敢的人在与命运的搏击中脱颖而出的过程，这让当时的我感到酣畅淋漓。

多年之后，当我再看许三多的故事时，我会思考，为什么许三多能从一个"孬兵"变成"兵王"，这中间到底发生了什么？可能你会说，这是因为许三多命好，有贵人相助。那么，为什么他遇到的这些贵人就能激发他的内在潜力呢，是什么心理因素在起作用？

皮格马利翁的故事：终极"宅男"梦的实现

我估计许多"宅男"都曾幻想过能与梦中的女神为伴，其中的典型当属皮格马利翁。"皮格马利翁效应"一词来源于古希腊著名的神话。传说古希腊塞浦路斯有一位年轻的王子，名叫皮格马利翁。他性格孤僻，很喜欢雕刻石像。

皮格马利翁对女性有很深的厌恶和偏见，他认为女性缺点太多，符合他心意的女性根本不存在，所以他决定永不结婚。不过，皮格马利翁心中其实是存在一个完美女性形象的，他非常想把自己心中的形象表现出来。于是他精心选材，用神妙的技艺精雕细刻，用一块象牙雕刻出一座完美的女性雕像，让人完全看不出斧凿痕迹。在皮格马利翁的眼里，这座女性雕像是如此美丽，以至没有一个活着的女人可以和它相比。皮格马利翁甚至认为，只有这座雕像才是真正女性的再现，它应该是活的，有生命力的，只是由于太谦逊才没有动起来罢了。

皮格马利翁如此欣赏自己的作品，以至最后竟然爱上了雕像。他时常把手放在雕像上，爱抚它，轻轻对它说话，声音非常温柔，生怕惊扰到它。皮格马利翁还满怀爱意地把一些年轻女性喜爱的饰物，比如光亮的贝壳、磨光的石头、念珠、琥珀、各种颜色的花卉等作为礼物送给雕像。后来，皮格马利翁还找来漂亮的衣服给雕像穿上，给雕像戴上宝石戒指、美丽的项链、耳环，给雕像的胸前佩戴珍珠串。

他做了一张躺椅，在上面铺了一块紫色绒布，把雕像轻轻放在躺椅上，亲切地称它为妻子，还给它放上绒毛做的枕头。皮格马利翁特别期待有朝一日雕像能够回应他的爱慕与追求，接纳他的心意，他始终不肯相信它只是一座象牙雕像。

过了一段时间，塞浦路斯最盛大的节日维纳斯节到了。在节日中，人们恭恭敬敬地给女神维纳斯献上祭品，点燃祭坛上的香火，烟气氤氲，弥漫在空中。皮格马利翁献上祭品，虔诚地做完祈祷后，站在祭坛前面，战战兢兢地祈求道："无所不能的神啊！我求你把她给我做妻子吧。"

维纳斯听见了皮格马利翁的祈求。她被他对雕像的真切的爱感动，于是恩准了他。皮格马利翁回到家之后，顾不上别的，第一时间去看他的雕像，像热恋中的情侣在短暂的分离后重逢一般。他小心翼翼地将雕像放到躺椅上，深情地吻了一下它的嘴唇。奇怪的事情发生了，这一次，皮格马利翁惊奇地感受到，雕像的嘴唇有了温度，而且呼出了温暖的气息。他又深情地吻了一次，并把手搭在雕像的肢体上，发现雕像的象牙材质好像变柔软了。他用手指轻轻地按压了雕像一下，被按压的部位像蜜蜡一般凹了下去。皮格马利翁又吃惊又高兴，同时也有些疑惑，生怕这是自己的错觉。他一次又一次像一个情人般热情地抚摸着雕像，将所有的希望寄托于此，激动地祈祷着。他的祈祷应验了，雕像真的活了！

皮格马利翁兴奋不已，爱情如火焰一般在他的内心燃烧。他再次深深亲吻雕像的嘴唇，就在这时，雕像睁开了眼睛，脸颊绯红，害羞地注视着将她唤醒的皮格马利翁。

这个古希腊的神话就是"皮格马利翁效应"一词的由来。皮格马利翁效应是指如果你对某人赋予强烈的期待，并且以最真诚的态度对待，这份期待就会变成现实。

揭秘神话：罗森塔尔实验

在现实生活中，这种情况会发生吗？美国哈佛大学心理学教授罗伯特·罗森塔尔尝试用实验来验证这种情况。最初的实验对象是小白鼠，罗森塔尔选取了一批体形和年龄差不多的小白鼠，将它们随机分成两组，分别交给 A、B 两组人来训练它们走迷宫。

在训练之前，罗森塔尔特意分别召集 A、B 两组的组员开会。他告诉 A 组组员："交给你们组的这群小白鼠都是我特意挑选出来的，智商非常高，你们要好好训练它们走迷宫，肯定能成功的。"之后，他对 B 组组员说："交给你们组的这群小白鼠智商不太高，你们试着训练它们走迷宫吧！"随后，两组人就分别开始训练交给自己小组的小白鼠。训练方式由小组组员自行决定。

过了一段时间，罗森塔尔将两组小白鼠集中起来，让它们分别去走相同的迷宫。实验结果显示：A 组组员训练的小白鼠只用很短的时间就走出了迷宫，而 B 组组员训练的小白鼠虽然也走出了迷宫，但耗费的时间远远超过 A 组组员训练的小白鼠。

罗森塔尔根本不知道如何测试小白鼠的智商，也就不可能知道哪组小白鼠的智商更高。前面提到过，罗森塔尔选取的这批小白鼠体形和年龄都差不多，它们是被随机分成两组的。他在两组人训练小白鼠之前说的一番话，竟然能让两组小白鼠的成绩出现这么大的差距？莫非关于皮格马利翁的神话真有其事？不行，得在人类身上试一试。

罗森塔尔教授马上联系了好友雅各布教授，与他一起设计了著名的罗森塔尔实验。1968 年的某一天，罗森塔尔和雅各布来到一所小学。他们从一年级到六年级的每个年级中各选了 3 个班，在这 18 个班的学生中进行了一次号称是"测试学生未来发展趋势"的测验。其实，所谓测验完全是在装模作样，学生们答完的试卷他们俩看都没看，测验成绩也是瞎编的。

测验结束后，罗森塔尔和雅各布给每个班的教师发了一份学生名单，并告诉教师，他们根据测验的结果，把班上"最有发展潜力"的学生列到了名单上。出乎很多教师意料的是，名单中的学生有些确实很优秀，有些却表现平平，甚至有些表现比较差。教师们感到很惊讶：为什么名单上的人选跟他们心目中的好学生人选差别这么大？

对此，罗森塔尔解释说："我预测的是他们的发展空间，而非现在的情况。"鉴于罗森塔尔是一位著名的心理学专家，教师们从内心接受了这份名单。随后，罗森塔尔又叮嘱教师，不要把名单外传，只准他们自己知道，否则就会影响实验结果的可靠性。

其实，罗森塔尔提供给教师的名单是随意挑选的。他根本不了解那些学生，而且也没有考察他们的知识水平和智力水平。①名单上的学生的成绩都是他随便给的。也就是说，罗森塔尔撒了

① 王明姬、姚兵：《用得上的心理学》，上海社会科学院出版社，2018，第 282 页。

个权威性的谎言。8 个月后，罗森塔尔和雅各布又来到这所学校，惊奇地发现这 18 个班的学生之中，凡是被列入名单的学生，考试成绩都有了显著的提高，而且性格变得更外向，自信心、求知欲都更强了。

罗森塔尔自己也觉得很吃惊。他认为可能是他的谎言对教师产生了暗示，影响了教师对名单上学生的能力的评价。当教师发自内心地相信这些孩子未来不凡，孩子们也会强烈地感受到来自教师的喜爱和期望，变得更加自尊、自信和自强，从而在各方面有了异乎寻常的进步。[1] 罗森塔尔用实验证明了皮格马利翁的神话中的现象在现实生活中也是存在的，而且广泛影响着人们。后来，这种现象被称为"期望效应"，也叫"罗森塔尔效应"。

后来，某个较真的德国研究人员又做了一次罗森塔尔实验。他在德国的某所学校随机抽取 20 名学生组成一个班级，并且对老师和学生暗示这个班是"精英班"，班里的学生都是经过智商测试后精心挑选出来的优秀学生，将来都是能"干大事"的。或许是西方人比较耿直，他们还真就信了。这项实验持续的时间比罗森塔尔实验要长很多，研究人员追踪了这批学生 20 年之久。

---

[1] 王明姬、姚兵：《用得上的心理学》，上海社会科学院出版社，2018，第 282 页。

20 年后，研究人员去了解这 20 名学生成年后的成就。结果令他们感到不可思议：这 20 名学生的确都非常优秀，在工作岗位上表现出色，成了名副其实的精英。当年研究人员随口说出的谎言居然成真了，这些学生的确都在"干大事"。

被标签封印的灵魂

很多书是这样解释罗森塔尔效应的：权威所给予的心理暗示对当事人造成了影响，引导了当事人的行为表现，从而逐渐改变了当事人的人生走向。罗森塔尔本人也是这么理解的。

我自己在课堂上也是这么给学生讲的，直到一次亲身经历后，我对罗森塔尔效应有了进一步的理解。那一年，我离开学校，前往一线作战部队代职锻炼，并在连队担任基层干部，每天和连队战士们一起吃一起住。由于我是心理学专业的，又是从院校来的教员，连队战士们都亲切地称我为老专家。

后来，连队来了几个新兵，其中一个叫小张（化名）的新兵跟我结下了缘分。我记得很清楚，小张刚来连队时，给我的印象是看起来特别木讷，无法交流。每次跟他交代事情都要反复确认，而且他经常办砸事情。小张的训练成绩也很差，总是垫底，但他并不是不刻苦，训练时他总是非常认真，每个动作都做得一丝不苟，但就是学不会。每一个战术分解动作他都能做出来，但一连起来做就不行了。

更让人崩溃的是，小张沉默寡言，连队指导员以及他的班长都曾不厌其烦地找他谈心，做他的思想工作，想帮助他进步，但他的回复永远都是"好！"或者"是！"，让人感觉在跟"木头人"说话。因此，连队干部都不怎么待见他，都想找个机会把他弄走。

有一次，连队将小张的情况反映到了团里，团里派人下来了解情况。后来团里听说连队里有个心理学专业的代职干部，他们就提议让我给小张做个心理测验，如果有问题，他们就向上汇报，再决定小张的去留。连长和指导员一听，马上表示赞同，因为用心理学的方法决定小张的去留最科学，也能避免很多问题。连队干部把这个决定告诉了我，我一听，感到这是个非常棘手的问题，陷入了进退两难的境地。任何心理测验的结果都只能作为参考，绝对不能用来下结论。但如果我这样跟他们解释，他们这些心理学外行只会认为是我专业水平不够。而且最关键的是，让我来决定小张的去留，这对我来说压力实在太大了。

思前想后，我决定还是接招，但我提出要跟小张一对一地进行心理测验，并且在测验结束后，我需要跟小张好好聊一聊。于是，某天上午，小张来到了我的办公室。当时，我能看出小张非常紧张，他像是觉得有什么坏事马上就要发生似的，甚至紧张到说话都开始结巴了。我一边让他坐下，一边给他倒水。我先跟他拉家常，聊聊他家的情况、他的爱好。慢慢地，他放松下来，我开始跟他说心理学方面的知识，他听着感觉很有意思，我就顺势问他："你想不想了解一下你自己？"他当即表示同意。随后，我拿出一张 A4 纸和一支铅笔，让他画一幅画，告诉他想怎么画都行，但画里必须含有三个要素：房子、树和人。

我想给小张做的正是著名的心理测验——房树人测验。该测验由美国心理学家约翰·巴克于 1948 年首次提出，并在后来的临床心理学实践中被广泛使用。房树人测验属于心理投射测验，测验者在做测验时并不知道自己描绘的房子、树和人具有何种意义，专业人员会根据图画来分析和解释，以此了解测验者的心理状态。

小张慢慢安静下来，开始用纸笔作画。过了一会儿，他跟我说，他的画完成了。看到小张的画作时，我深感震撼。从画面上，我能感受到小张有着非常丰富且细腻的情感。他的画作布局非常饱满，从中能看出他对生活充满热情与向往。小张的画作给人的感觉与现实中的小张给人的感觉差别实在太大了。在大家的印象里，小张就是个"木头人"，不但笨拙，而且没有情感，无法交流。

我发现了小张的画作中一个值得关注的部分，那就是他画的人。这个人好像被锁在了房子里，头露在窗户外面，而且房子没有门，这个人似乎非常委屈，但又无可奈何。于是，我以这幅画为话题跟小张聊了起来。我问他："你画的这个人让你想到了谁？"刚开始，他回答得很慢，但渐渐地，他打开了话匣子。

原来，小张家在农村，有个哥哥。他的哥哥从小学习成绩就名列前茅，他的父母都喜欢哥哥。他学习成绩不如哥哥，尤其不擅长数学，怎么都学不会。但他很喜欢文学、绘画和音乐，小时候还特别喜欢看演讲，曾经幻想过自己能成为演讲家。然而，由于他的学习成绩始终不如哥哥，而且家里经济条件有限，父母就决定让他的哥哥上大学，让他去当兵。因为他数学成绩不好，父母总是叫他"笨蛋"，每次哥哥给他讲数学题时他都听不懂，哥哥便也叫他"笨蛋"。渐渐地，他好像真的变笨了，感觉什么都学不会，也不想跟别人交流。参军到部队后，他感觉更糟糕了，每天都很紧张，放松不下来，觉得自己什么都不行，什么都学不会，总是给班级和连队拖后腿。

　　说着说着，小张流下了眼泪。聊了许久，我发现小张是个很孝顺的孩子，因为他现在的所作所为，都是在下意识地"配合"父母给他的称呼。也就是说，他在潜意识中不断要求自己"忠诚"于父母。如果扮演不好"笨蛋"这个角色，不就证明父母错了吗，不就冒犯父母了吗，不就"背叛"父母了吗？这是多么大逆不道啊！当然，这些话我并没有对小张说，我担心他接受不了，而且这样做还会破坏我们之间的信任关系。于是，我决定用其他方式给小张创造全新的体验，让他亲手揭掉父母给他贴的标签。

　　给小张做完心理测验后，按照工作流程，我需要向连长说明情况。我把我的判断告诉了连长，说小张是个情感极为丰富细腻的人，潜力很大。连长听我说完，觉得不可能，他认为小张不仅反应慢，而且学习能力很差，还不爱交流，怎么可能情感丰富呢？

　　于是，我解释了一下我用的房树人测验这个方法。连长觉得太玄了，理解不了。我就让连长也画一幅，连长半信半疑地画了。随后，我拿着连长画好的画，问了他几个问题。我问他"你是不是一直盼着有一个人能走进你的内心"时，他一下愣住了，应该是我的问题触动了他的内心，因为他从来没有对任何人讲过自己内心深处的渴望。

连长因此改变了态度，对房树人测验深信不疑，也相信了我的判断。但他向我提了一个很现实的问题："该如何激发出小张的潜力呢？"我对连长说："咱们得让他有新的体验，因为所有的改变都开始于新的体验。"之后，我们还真就找到了给小张创造新体验的机会——演讲比赛。

我们先跟小张说，听说他喜欢文学，想让他帮别人写份演讲稿。之后我们又谎称原本准备参加演讲比赛的人有了其他任务，让小张自己去参加比赛。我们在连队办了一次演讲比赛预演，让小张先给连队的人做一次演讲。结果，小张的演讲棒极了，语言充满情感，表情也把握得恰到好处，跟大家印象中的"木头人"简直判若两人。后来，连队推荐小张去参加团里的演讲比赛，小张不负众望，一举夺得所有评委的好评。

这次成功的体验彻底粉碎了原来贴在小张身上的"笨蛋""木头人"等标签。小张开始了蜕变之旅，训练成绩逐渐达标，而且性格越来越阳光，愿意主动跟身边的战友交流了。他终于找回了自信，工作做得十分出色。后来，我代职结束，回到了学校，跟小张的联系也少了。听说后来他因为工作成绩突出，立了三等功。

一晃就几年过去了。有一天，突然有人加我微信，说认识我。

我跟对方聊了几句，才知道原来是小张。他已经退伍了，现在在老家的省会城市做房产销售，因为业绩突出，光是佣金提成，每年就能拿到上百万元。他说他非常感谢我，是我改变了他的命运。我跟他说，他需要感谢的其实是他自己，因为是他亲手揭掉了原来贴在自己身上的标签，一鸣惊人，就像如来佛的封条被唐僧揭掉后，被压在五指山下五百年之久的孙悟空一飞冲天。

认识你不曾了解的标签

罗森塔尔效应中真正起作用的是标签化的力量。那什么是标签化呢？实际上，这是我们的大脑在漫长的进化过程中逐渐形成的一种妥协策略。人类面临的外部环境太过复杂，需要注意的信息太多，而且存储与调取记忆需要消耗大量的能量。

从进化心理学的角度来看，人类只需要快速注意、存储、调取和分辨出四种基本信息就够了，这四种基本信息分别是生存信息、繁衍信息、家庭与亲子信息以及跟自己密切相关的社群信息，而对生存信息的处理是最优先的。除此以外，无论是认知自己，还是认知外部环境，标签化一定是最省力的方式。比如我们常见的各种"地图炮"，比如认为某某就是"小气鬼"，再比如小张认为自己就是"笨蛋"，这些都是标签化的认知。没办法，我们的大脑中的认知资源有限，要想快速把握世界，只能用这种快捷的认知方式。这种认知方式即使不准确，也不失为有效的手段。

这套认知策略在我们的祖先生活的那个时代是完全适用的，但进入工业时代后就越来越不适用，而进入信息时代后，就必须更换策略了。在现代社会，如果我们还用标签化的方式来认知世界和自己，就会非常麻烦。比如小张给自己贴上了"笨蛋"的标签，那么他就会下意识地维护这个标签，他会不断去做符合他身上的标签的事情，比如什么都学不会，考核不及格，像"木头人"一样不会交流，这种自我标签化会使他的命运局限在标签划定的边界里。一旦划定了边界，我们的命运就停滞了，而在这个飞速发展的时代，停滞就意味着倒退，也就意味着被淘汰，这是很可怕的。

揭下标签，活出你的生命本色

由于在漫长的进化过程中形成的认知策略，人们特别倾向于给别人和自己贴标签，但在飞速发展的现代社会，标签化的认知方式又不再适用。那么该如何解决这个矛盾呢？

其实，你需要做的，就是揭掉原有的标签。这并不是指你要不断地鼓励自己，说服自己，那是没有用的。要想揭掉标签，就要改变自己的认知，而要想改变自己的认知，新体验的产生是必要的。你需要先迈出行动的第一步，在行动带来不一样的结果后，你会产生新的情绪体验，进而改变认知，揭掉标签，这就是走出心理舒适区的步骤。心理舒适区实际上就是你原有的标签划定的边界内的区域。

心理舒适区最特别的地方，就是它会根据标签，而非事实，去建构你的应对方式。心理舒适区其实是一个很形象的比喻，指我们每个人内心深处那一块最令我们感到舒适的区域。如果我们做出超出这个区域的范围的行为，我们就会感到不安。

舒适区的本质就是标签化，它是一块人为构想出来的区域，就像孙悟空给唐僧画的圈一样，待在圈内，你就会有安全感和控制感。控制感是我们最基本的心理需要，也是安全感的来源。控制感最初是用来应对焦虑情绪的。当我们认为自己受到威胁，感到焦虑时，就需要感受到自己能掌控外面的环境，就像落水后紧紧抓住救命稻草一样。而走出心理舒适区则意味着放下救命稻草，放下原来经常使用的应对焦虑的武器，重新面对焦虑，寻找新的适应办法。

有些人对标签不敏感，标签划定的边界也很模糊，可大可小，这样的人灵活性就很强，容易适应环境，心理舒适区的面积也很大。但有些人，尤其是那些自我非常弱小，尚处于"未分化"状态的人，对标签非常敏感，心理舒适区的面积也很小，一旦环境发生改变，他们就会适应不了。最极端的例子就是自闭症儿童，他们天生就只能活在一个很小的区域里，这个区域内的任何东西都不能变动，一有变动，他们就会不安，失控，甚至歇斯底里地喊叫，大闹。

绝大多数的孩子，自我都是很弱小的。但随着年龄增长，阅历增加，再加上家庭的支持与关怀，他们的自我会不断成长，心理舒适区也会不断扩大。他们会将原有的标签一个个揭掉，换成最能适应当下环境的标签。这就是成长的过程。

很多人可能要问了：如何才能揭掉禁锢着自己的标签呢？在此我提四点建议，供大家参考。

第一，你需要不断地觉知。对自己当下状态的觉知是做出改变的前提条件。如果你只是每天浑浑噩噩地生活，停留在标签所划定的边界内，那么改变也许就与你无缘。其实很多人都是这样浑浑噩噩、碌碌无为地度过一生的，过得也算是不错，但他们的生命苍白无力，缺乏意义感。如果连为什么活着都没弄清楚，那人生这条路就算是白走了。面临衰老以及即将到来的死亡时，人会陷入深深的死亡焦虑，死亡焦虑会激发人内心的恐惧情绪，在这种恐惧情绪之下，人会拼命回忆过去，想从过往经历中找出点意义来。但一切都太晚了，苍白无力的生命不但不会减轻死亡焦虑，还会强化恐惧，并带来悔恨与不甘。

第二，别把希望寄托于别人。罗森塔尔实验中的那些被列入名单的学生是幸运的，他们偶然参与了罗森塔尔教授做的这个实验，莫名其妙地被自己的老师贴上了"精英"的标签。但这种事在现实生活中绝对是小概率事件，不要期待它会发生在你身上。现实生活中，你身边的人，包括你的父母、老师、老板和同事，都更倾向于用标签去评价你，而且负面评价总是多于正面评价。因此，任何时候都要保持清醒，要知道一切都只能靠自己。当然，你也可以向心理咨询师等专业人士求助，但任何心理咨询师都无法替你做出改变，要想有所改变，还是得靠自己。

第三，改变源于体验。绝大部分的标签化其实都是对过往体验的提炼和总结，所以不管是觉知标签，还是改变标签，都需要从体验入手。如果你想要更积极的标签，就要寻找机会、创造机会来体验那个更积极的标签。体验绝对不是想出来的，出现新的行为结果后，才能体验到新的感觉。这种感觉难以言说，但体验者自己很清楚。只有在体验到这种感觉之后，才可能做出改变。
当然，你也可以静下心来，尝试用冥想的方式问自己两个问题：
我现在是什么样子？我想成为什么样子？记住，别用理性去分析，
人在理性分析时是存在认知盲维的，你永远不可能穷尽所有可能
的条件。当你真的静下心来，进入冥想状态，你大脑中的记忆碎
片就会奇迹般地重组，体验会随着这些记忆碎片一起到来。这也
是产生体验的好办法。

第四，慢慢来。很多人非常心急，有不少来找我咨询的人都
抱着"一次就能解决问题"的执念，想一劳永逸，然后马上过上
幸福人生。但现实是，改变绝对不可能一蹴而就。以后再看到那
种以"几天就能让你怎样怎样"为标题的文章和课程，我建议你
直接忽略，因为那根本不可能。简单来说，改变开始于体验，而
产生新体验也只是在改变的道路上迈出的小小一步。你需要做的
是在下一次继续寻找上次的体验，并一次次地重复这种体验。当
然，我们有时候会觉得，只有一点点进步不够过瘾。不过没关系，
即使只是每天有一点点觉知，也是很好的，觉知即是改变。坚持
冥想，提高自己的觉知力，一段时间后，你会发现自己已经有了
明显的变化。

愿你能揭掉原有的标签，释放出生命的本色。

10

斯坦福监狱实验：
每个人心中都有一个恶魔

2018 年 11 月，法国巴黎爆发了"黄背心"运动。年轻人们身穿黄背心，头戴黄色安全帽，蒙着面，手持铁棒、石头和汽油瓶，冲破警方防线，打砸商店，掀翻并点燃汽车，焚毁建筑物，纵火抢劫。更有人在著名的巴黎地标凯旋门上涂鸦，与防暴警察爆发激烈冲突。这是法国自 2005 年以来最严重的城市骚乱。

这场暴乱是由少数极端暴力分子挑起的，这些极端暴力分子怀有明确的政治目的和犯罪动机。许多年轻人紧跟其后，他们没有明确的目的，也不知道为什么要这样做，但就是很愤怒。他们有明确、统一的标志，参与暴乱的人都穿着黄背心。此外，他们还用口罩遮住面部，用墨镜或者防风眼镜遮住眼睛，以免被识别。

实际上，这些参与暴乱的年轻人绝大部分都是学生，其中甚至还有中学生。他们中的很多人都曾经是老师、同学和家长眼中的优秀人才。

邪恶心理：好人也会作恶

英国现代作家、诺贝尔文学奖获得者威廉·戈尔丁写过一部叫《蝇王》的小说。故事发生在未来，第三次世界大战中的一场核战争后，一群 6 岁至 12 岁的儿童在撤退途中因飞机失事被困在一座荒岛上。起先他们尚能和睦相处，后来由于恶的本性不断膨胀，他们互相残杀，酿成悲剧。小说中的杰克是个关键人物，他原本是教会唱诗班的少年，但自从他脱光了衣服，把浆果汁涂抹在脸上，并且杀死了猪之后，他就变了一个人。后来他杀死了一个男孩，心中的恶魔被彻底释放了出来。

戈尔丁的小说中的情节源于现实。第二次世界大战中，600多万名犹太人被屠杀，法西斯杀害了不计其数的平民百姓。这些杀人者难道天生就是冷酷无情的坏人吗？事情并没有我们想象的那么简单。

最早关注"好人为什么会作恶"这个问题，并用心理学实验的方法研究这一问题的，是美国著名心理学家菲利普·津巴多。

143

他还将对这一问题的研究戏称为"邪恶心理学"。

他发现，在第二次世界大战时期，纳粹德国的很多官兵并没有被长官逼迫，只是经历了残酷的战争，就完全变了一个人似的，会去杀害手无寸铁的犹太人甚至敌国平民。

一定存在环境因素，并且在环境中还存在着某条界线，人们如果跨越那条界线，就会从好人变成坏人。根据上述假设，津巴多开启了对邪恶心理的研究。

1969 年，津巴多做了一项著名的实验——蒙面电击实验。他找来一批相互不认识的女大学生，把她们随机分成两组。

第一组女大学生被带到一个昏暗的房间。她们被要求戴上头套，穿上白大褂，每个人都只露出两只眼睛。津巴多请一名"全副武装"的女大学生对另一名同样"全副武装"的女大学生实施电击。当然，那名被电击的"女大学生"其实是津巴多的助手，而且电击装置没有真的通电。

第二组女大学生则被带到一个明亮的房间。她们穿着平常的衣服，每个人胸前都有一张名片，上面写着自己的名字，彼此都看得很清楚。在实验时，津巴多很有礼貌地叫着每个人的名字，请她们实施电击。电击者可以通过单面镜看到被自己电击的另一名"女大学生"——其实也是助手扮演的。当电击者按下电钮时，助手大喊大叫，流泪求饶，以此让电击者相信她真的非常痛苦。

实验结果让津巴多很惊讶。第一组女大学生按电钮的次数比第二组女大学生多了近两倍，并且每一次按下电钮的持续时间也更长。蒙面会诱发恶的行为，因为即使作恶也没人知道。

之后，津巴多发现自己所在的纽约大学附近的街道上经常发生蓄意破坏汽车的案件，当地警察说这都是住在下水道里的黑人小孩或波多黎各的小孩干的。津巴多突发奇想，设计了一项偷车实验。他买来两辆二手车，将其中一辆车摘掉车牌，掀起引擎盖，打开车门后，停在纽约繁华的街道边，并在车的不远处放置了录像设备。10分钟内，第一辆路过这里的车的司机用千斤顶把车顶起来，卸走了一个轮胎；10分钟后，一家三口经过，爸爸拿走了水箱，妈妈搬空了后备厢，孩子扫荡了储物箱。在48小时里，这辆车一共被破坏了23次，其中只有1次是孩子干的，另外22次都是美国白人中产阶级干的。

津巴多对另一辆二手车进行了同样的操作，把它停在了一个社区的街道上。这一次，这辆车放了整整一周，根本无人理会，直到实验最后一天下雨了，有人将车的引擎盖放了下来，因为他担心发动机受潮。

在匿名的环境中，只要稍加诱导，人就会越过界线，开始作恶。这两次实验虽然结果惊人，但还是没有很好地解释"好人为什么会作恶"这个问题。两年后，年轻有为的津巴多准备"玩个大的"。他做了一个在心理学史上争议非常大的实验——斯坦福监狱实验。

斯坦福监狱实验：理解人性的里程碑

津巴多在斯坦福大学着手准备实验。他在当地报纸上刊登广告，招募男性志愿者来参加一次为期两周的关于监禁的心理学研究，承诺每人每天可以得到 15 美元的报酬。这在当时是一笔不菲的报酬，对没有收入的大学生来说很有诱惑力。接着，他对应征者进行了各类心理测验和面试，最终从应征者里筛选出 24 个人作为受试者。这 24 名受试者均为 20 岁左右的大学生，身心健康，精神正常，人格健全，没有经历过会对成长造成影响的重大事件，有良好的教育背景，并且都没有犯罪史。津巴多和这 24 名受试者签订了协议，然后将他们随机分成两组，让一组人扮演监狱看守，另一组人扮演囚犯。

为了增加实验的真实性，津巴多特意请当地警察局协助，让真正的警察来"逮捕"扮演囚犯的受试者。这些"囚犯"被蒙住双眼，被警察从自己家中送到模拟监狱——斯坦福大学心理学大楼的地下室。囚犯们被带到模拟监狱后，会被要求脱光衣服，面向墙壁站着，"看守"们会向他们发放囚衣与塑胶拖鞋，并用痱子粉给他们的囚衣喷上号码。囚犯们被剥夺了名字，只能以囚衣上的编号称呼。他们的脚踝上都扣着锁链，头上还戴着用丝袜做的囚帽。相较之下，看守们的待遇却大不一样，他们穿着统一的制服，配有警棍，还戴着银色反光太阳镜，可以在模拟监狱内自由行动。看守叫囚犯时必须叫编号，囚犯则必须称呼看守为"长官"。

实验的第 1 天，所有受试者都对模拟监狱里的生活不太适应。囚犯们自由散漫，嬉笑打闹，甚至不服从看守的命令。但看守们则很快进入状态，他们无师自通地学会了一整套惩罚体制，具体的惩罚方式有：大半夜强行把囚犯叫起来，让他们报数；要求表现不好或者反抗看守的囚犯做俯卧撑和蛙跳；让不服气的囚犯去打扫厕所；不给干不好活的囚犯吃饭，甚至没收他们的衣服和床垫；如果囚犯还敢反抗，就用喷灭火器或者关小黑屋的方式惩罚他们。总之，看守们用尽一切办法让囚犯们服从，当看守们发现自己手上的权力能够直接影响到囚犯们时，他们的惩罚方式就越来越肆无忌惮。

一开始，会有个别囚犯站出来反抗权威，拒绝服从命令，甚至煽动叛乱。于是看守们学会了挑拨离间，比如让表现好的囚犯享受特权，然后把叛乱分子分成两部分，给其中一部分人好吃好喝，让另一部分人怀疑这些同伴是在卖友求荣。结果，囚犯们之间的信任被摧毁了，看守们进一步巩固了自己的权威。就这样，实验仅进行了 36 小时，就有 1 名囚犯精神崩溃，津巴多不得不将他提前释放。

在之后的几天里，又有好几名囚犯出现了严重的应激反应，比如身体不适、极度抑郁、哭叫、愤怒、强烈焦虑等，一共有 5 名囚犯被提前释放。而剩下的囚犯都变得麻木不仁，逆来顺受，完全接受了自己的囚犯身份。

这段时间里，津巴多曾经问过这些囚犯是否愿意放弃报酬提前离开，大部分人都表示愿意，只有两个人表示不愿意。然而诡异的是，当津巴多告知这些愿意放弃报酬离开模拟监狱的囚犯，他们能否离开需要由实验人员讨论后再决定时，这些囚犯居然乖乖服从指示回到了囚室。他们已经完全入戏了，忘了自己只是在参加一项实验，只要自己说不愿意继续下去，就随时可以离开。看守们同样入戏太深，惩罚方式也越发残酷，比如在囚犯做俯卧撑的时候把脚踩到他的背上，甚至让囚犯们模仿同性恋的性行为。

到了这个阶段，整项实验已经走向失控。津巴多也意识到了事态的严重性，并在实验的第 6 天提前结束了这个原本计划持续两周的实验。听到实验结束的消息，囚犯们如释重负，甚至因重获自由而抱头痛哭，但看守们好像还有点意犹未尽，表现得很不舍。

2018 年，美国作家本·布卢姆在 Medium 网站发表了一篇评论文章，声称斯坦福监狱实验是一场骗局，引起了广泛的讨论。很快，津巴多做出回应，认为布卢姆并没有充分的能否定该实验结论的证据。津巴多认为，人类的行为在很大程度上取决于社会角色和所处的环境，任何人都可能因为所处的环境而变成施虐狂或者受虐狂。

我非常认同津巴多的观点。斯坦福监狱实验是将近半个世纪前的实验，如果严格按照科学实验的标准来看，并且死抠实验细节的话，受当时的社会条件、技术条件以及人们的认知水平所限，斯坦福监狱实验肯定是有瑕疵的。但是，这并不妨碍斯坦福监狱实验成为心理学史上伟大的实验，也不妨碍它成为研究人性的里程碑。这是因为，斯坦福监狱实验第一次人为塑造了一个社会环境，并用事实揭示了环境的巨大力量。

原本并无差别的两组大学生，在短短 6 天后，一组人变成了茫然无助的囚犯，另一组人变成了以惩罚、羞辱囚犯为乐的残暴看守。要知道，实验之前的心理测验显示，这两组大学生都十分正常。是什么让这些原本阳光善良的大学生发生了如此大的变化？

从外部条件来看，有三点原因。

第一，扮演看守的受试者获得了绝对权力。实验人员查看监控视频时发现，看守们发现自己拥有绝对权力后，就逐渐傲慢起来，对囚犯们很不耐烦，稍有不满就对囚犯们拳脚相加。更关键的是，之后的回访记录显示，这些扮演看守的受试者还会通过各种方式合理化自己的过激行为。他们认为自己只是奉命行事，察觉不到自己对囚犯们的明显的暴力倾向。在能赋予人绝对权力的环境下，人的意志力无法和环境的力量抗衡。

第二，去个性化，或者说"非人化"。一方面，看守们穿统一的制服，戴墨镜，掩盖自己的面目，被统称为"长官"，这就给他们一种感觉——没人知道我的真实身份，我也不用为我做的坏事负责。另一方面，囚犯们一开始就被剥夺了个体人格，比如他们被剥夺了名字，只能以编号称呼。这种情况下，看守们就会觉得囚犯们不那么值得尊重，所以很容易对囚犯们使用暴力。

第三，从众心理与服从权威的心理。人总是希望被群体接纳，从而获得安全感和归属感。当身边有个别看守在作恶，并且越来越多的看守跟着作恶时，即使是好心的看守，也很难出头制止，只能沉默。这样的沉默在无形中纵容了暴力。另外，囚犯们会服从看守们的权威，通过这种方式维持安全感与控制感，以此对抗焦虑与恐惧。

从受试者的心理层面来看，也有三点原因。

第一，角色认同。在实验过程中，不论看守还是囚犯，都随着时间流逝慢慢入了戏，行为越来越贴近自己所扮演的角色。看守们虽然刚开始还不太习惯指使别人，但很快就变得强势起来，越来越暴躁，爱指挥，爱找碴。后来暴力升级，看守们不仅把打人当成家常便饭，还把惩罚当成娱乐活动，故意强迫囚犯们做一些令人难堪的动作。囚犯们在实验的第 2 天有过一次反叛，但以失败告终，后来他们就越来越沉默麻木，逐渐接受了权力只属于看守们的现实。囚犯们彻底变成了极端环境下的弱势者，认为自己没有决定权，甚至忘记了这一切根本只是实验。

第二，通过自我辩护合理化自己的行为。看守们为了避免内疚，想出了一个招数，就是把囚犯变成一个抽象的概念。比如，实验中囚犯们没有名字，只用编号来称呼，看守们甚至称他们为害虫。这样一来，囚犯们不再是看守们的朋友、邻居、同胞，而成了完全陌生的群体。惩罚乃至消灭陌生群体是可以被接受的。

第三，习得性无助。在斯坦福监狱实验中，那些扮演囚犯的受试者在不到一周的时间里就习惯了这种迫害，变得温顺起来。实际上，这就是习得性无助，是指人们在反复反抗失败之后，会变得消沉，不再尝试抵抗。

虐囚事件：斯坦福监狱实验的再现

2004 年 1 月，美国一名陆军特种兵向军方调查员递交了一张存有美军在伊拉克巴格达阿布格莱布监狱虐囚的照片的磁盘，军方展开调查。4 月 28 日，美国哥伦比亚广播公司公开了部分虐囚照片，全世界一片哗然。随后，美国总统布什就虐囚事件公开向阿拉伯国家道歉。虐囚事件和斯坦福监狱实验有很高的相似度，于是津巴多应邀担任了虐囚案的专家证人。

施暴者自己拍摄的照片显示，囚犯们被殴打、踢踹、踩踏、掴耳光，在美国士兵的逼迫下赤脚跳来跳去。在一些照片中，士兵剥光囚犯们的衣服，逼着他们做出各种模仿性行为的动作，在他们的脖子上系上绳子，像对待狗一样把他们拉来拉去，用不戴口套、训练有素的军犬吓唬他们……

有曾供职于阿布格莱布监狱的人提供了以下证词。

囚犯们被关进来之后，监狱看守们经常让他们头顶沙袋，用塑料手铐铐住他们，把他们扔在地板上，拴上链子，让他们做出有辱人格的行为。并且，所有看守都被告知"囚犯们只不过是狗而已"。于是，监狱看守们把囚犯们看作比人类低等的生物，对囚犯们施加一些之前从未想过的残忍举动，而恶劣的虐待行为往往发生在夜班时。

如果将阿布格莱布监狱的虐囚事件和斯坦福监狱实验放在一起对比，就不难发现两起事件都具有匿名化和去个性化的特点。在监狱里，无论是美国中央情报局特工，还是不隶属于军队的审讯员，来审讯时都从来不穿制服，也不出示证件。而且在虐囚照片里，担任看守的美国士兵大多数都没有穿军装，他们把上衣脱掉了。看守们还会给囚犯贴上"低等生物""毫无价值"的标签，这几点和斯坦福监狱实验如出一辙。

不同的是，阿布格莱布监狱虐囚事件中还有一个至关重要的因素，那就是看守们的厌倦感，这是导致监狱中的暴力等恶行发生的主要因素。几乎所有的暴力虐待行为都发生在夜班时，可以想象，这些 20 岁出头的年轻士兵每天都要从晚上 10 点一直值班到第二天早上，在漫漫长夜里感到极度无聊，再想到战争不知道何时才能结束，就更加绝望。最可怕的是，在短短几个月里，囚犯的数量从 400 人猛增到 1000 多人，由于条件有限，囚犯们无法定期洗澡，也没有足够的医疗保障，监狱里臭气熏天，待在里面的人还有患上传染病的危险。

这些 20 岁出头的小伙子从条件优越的美国千里迢迢来到伊拉克，本想在战场上建功立业，却被分配到了监狱，每天要连续值 12 个小时的夜班，有时甚至要连续工作 40 天。而且，只配了 8 名看守来看管 1000 名囚犯，没有长官来关注他们的工作，没有人关心他们，也没有人了解他们，他们每天严重睡眠不足，饮食极不规律。最关键的是，监狱里没有翻译，他们根本就无法与囚犯们交流。

如果你在阿布格莱布监狱当看守，你会有怎样的感受？你看着这些根本无法交流的囚犯，心里火不火，压力大不大？所有的环境因素加在一起，让阿布格莱布监狱变成了一座制造恶魔的工厂。即使你之前道德再高尚，是好孩子、好学生或好父亲，到了这里，你心中的恶魔也很有可能会被释放出来。

没有觉知，是最大的作恶之源

实际上，作恶者心中的邪恶不是一开始就表现出来的，而是被环境诱导出来的。邪恶的一个特点就是平凡——它存在于最平凡的人心中，也由最平凡的人来实行。在环境的诱导下，人们甚至不知道也不觉得自己做错了，不进行自我思考，只是屈从于环境。无论是斯坦福监狱实验，还是阿布格莱布监狱虐囚事件，都清楚无误地展示了：人的行为并非全由理性、性格、经历所支配，决定人行善或作恶的，是社会环境，以及塑造环境的系统性力量。

著名心理学家弗洛姆认为，善就是肯定生命，展现人的力量，而恶就是削弱人的力量。他进一步指出，人要满足自身需求，有两条路可走：一条是向前的路，去发展人所特有的爱和创造的能力，这是向善的路；另一条是退行的路，试图回归母体，回归死亡，这是向恶的路。而人的破坏性，就是一种退行路径。

作恶之人，特别是跟随他人作恶的人，有一些共同的特点。他们缺乏生机和创造力，缺乏爱的能力，有深深的无能感，正是这种无能感让他们不顾一切地试图控制别人，凌驾于他人之上，由此获得自己无所不能的幻觉。正因为自己缺乏创造力，无法热爱生命，所以他们就要去毁灭，并且迷恋死亡。

如果一个人浑浑噩噩地过日子，不思考身边发生了什么事情，不反省自己的行为会造成怎样的后果，毫无对自我的觉知，那这样的人就像法西斯时期的纳粹分子一样，最大的特点就是兢兢业业地完成上级交代的任务。他们缺乏思考的能力，或是拒绝思考，这就让潜伏在人性中的恶的本能释放出巨大的能量。

正如本文开头提到的那些在巴黎街头打砸抢的身穿黄背心的年轻人，他们当中的绝大部分都是平凡而无知的人，他们的生命缺乏爱的滋养，他们的自我没有获得充分的伸展，他们的价值没有被看见。他们追求的是虚幻无比的理念，他们采取的策略是通过暴力来控制与毁灭，这是他们唯一可以证明自己无所不能的方式。

唯一能够对抗平凡之恶的力量，就是对自身的思考与反省，我们以此对抗愚昧与无知。

11

习得性无助实验：
失控，为什么我们会悲观和失去信心

最近，"37岁失业了超级痛苦，怎么办？"这个问题在知乎上火了。可以看出，网友对"人到中年，职场半坡"这个现象的关注程度还是比较高的。题主说，自己今年37岁，是985重点大学的硕士研究生，工作十多年，刚刚失业，之前一直在市场研究公司工作，而现在没有经济来源，每个月却要面对9250元的固定开销。

真正引起我的注意的是题主接下来对自己的描述。题主说自己处理人际关系的能力和识人的能力差，情商低，说话直接，并且缺乏职业规划。近三年内，他换工作很频繁，在面试中被诟病。他从上一家公司离职的原因是遭遇职场打压后被上司诬陷并开除，再上一家公司倒闭了，再之前是自己德行浅薄，在公司受排斥。最后他说自己"压力巨大，超级巨大"。题主对自己的描述，比如情商低、识人的能力差、德行浅薄等，让我突然回想起曾经见过的一些来访者，面对失败和挫折时，他们的反应大致可以分为以下三种类型。

第一种是自我否定型。这种类型的来访者面对失败和挫折时特别喜欢主动"背锅"，但他们"背锅"并不是为了分析和复盘，而仅仅是为了自责，甚至自我否定。我记得很清楚，有一位来访者在跟我讲述自己遇到的挫折时，就一直在自我否定，说自己能力如何差，而且不断强迫我认同他不行，好像只要我认同了他不行，他就胜利了一样。

第二种是拼命"甩锅"型。这种类型的来访者也很有意思，他们在面对失败和挫折时，特别在乎到底是谁的责任，而并不在乎失败的原因。他们好像一定要把那个把事情搅黄了的幕后黑手找出来，一旦找出那个所谓幕后黑手，他们就会表现得如释重负。

第三种是主动放弃型。这种类型的来访者特别容易感受到压力，更倾向于放弃，并且对此振振有词，能找一堆理由来证明努力尝试是一件可耻的事。在深入了解这种想法背后的情绪后，我往往会发现这些来访者心中有深深的恐惧感。他们认为，如果需要付出努力才能做成一件事，就说明"我不行，我不好"，他们会觉得"我怎么可以不行呢？我不行就不配活啊！"。他们要是想做一件事，就会偷偷地努力，这样一来，就算事情做不成，也不至于证明自己不行，因为别人也不知道。他们对周围人的评价和看法特别敏感。

这些来访者中，有些人长期处于悲观状态，甚至发展成严重的抑郁症。你肯定也见过上述三种类型的人，遇到坏事时，他们往往相信都是自己的错，这件坏事的影响会持续很久，会毁掉自己的一生。但是，也有些人在面对失败和挫折时，会认为失败只是暂时的，每次失败都有原因，这不一定是自己的错，也可能是环境、运气或者其他人的因素导致的。他们还会把失败看作一种挑战，更努力地去克服困难。

伟大的发现：习得性无助

从事心理学方面的工作久了，我见过形形色色的人，慢慢发现很多来访者的所谓心理问题，都是他们自己习得的。习得，即经过学习和练习掌握技能。也就是说，许多人的心理问题，都是在他所处的环境，比如家庭、学校，经过大量练习逐渐学会的。人的悲观、逃避、自我否定，其实也是自己学会的，这在心理学中有个术语，叫"习得性无助"。通俗地讲，习得性无助就是指人们从失败的体验中学会了一种绝望的认知——即便自己再努力，也无法改变现状，不可能成功。这种绝望和无助的感觉会使人形成一种思维习惯，深刻影响人的行为方式。

说到习得性无助，就一定要提一下该理论的创立者，美国著名心理学家马丁·塞利格曼。1998 年，他以史上最高票当选美国心理协会主席。他大力提倡创立积极心理学，并为这门新学科奠定了结构体系，是世界公认的"积极心理学之父"。20 世纪 60 年代，他发现的习得性无助现象对心理学的发展产生了深远影响。

回到开头的案例，那位 37 岁的题主对自己的描述里充满悲观情绪，按照塞利格曼的说法，这体现了他的无助感。无助感就是指自己无论怎么做都无法改变命运的那种感觉。每个人都从出生时起就会有无助感。初生的婴儿无法做任何事，感到不舒服就会条件反射般地哭，这样妈妈就会来，但是这并不意味着婴儿控制了妈妈来或不来的行为。婴儿在长大的过程中才慢慢学会控制自己与外部世界，掌握用自己的行为去改变命运的能力。婴儿在三四个月大的时候就可以自主控制手和脚了，也可以自主控制哭泣行为了，想让妈妈来时就大哭。差不多一岁时，婴儿会学会说话和走路。随着成长，他会获得更多控制自己与外部世界的能力，慢慢摆脱无助感。

在人生道路上，我们往往会碰到许多自己无法控制的事情，比如我们眼睛的颜色，比如我们的种族与家庭，又比如这次的新冠疫情，这些都超出了我们的控制范围。但人生中还有一些事情是我们可以控制的，比如怎么跟别人相处，如何生活，如何赚钱。不同的人，无助感和控制感的程度是不一样的。那么，为什么面对同样的境遇，有的人就比别人更悲观呢？究竟是什么让这些人产生了悲观的想法？

狗的悲剧

说到习得性无助理论的创立过程，必须要提到塞利格曼做过的一项经典实验——电击狗实验。实验的具体过程如下。

塞利格曼制作了一个大箱子，并在箱子中间设置了一道挡板，挡板把箱子分成两部分，一边的底部铺设有电击网，另一边则没有电击网。被用作实验对象的狗可以跳过挡板，从铺设有电击网的一边来到箱子的另一边，从而避免被电击。该装置被命名为"穿梭箱"。接着，塞利格曼选取了一些狗，把它们分成 A、B、C 三组。

实验分为两个阶段。

在实验的第一阶段，塞利格曼用能通电的背带对 A 组和 B 组的狗实施了电击。A 组的狗被背带绑住，受到轻微电击，不过它们面前有能够控制背带是否通电的操纵杆。它们被电击后显得很痛苦，并表现出很强的求生欲。经过一番挣扎，它们发现可以通过操作操纵杆让电击停止，并且很快就学会了用鼻子操作。之后，每当身上的背带通电时，它们就用鼻子触碰操纵杆，让电击停止。B 组的狗同样被背带绑住，受到同样程度的电击，但它们面前没有操纵杆，也就是说，它们无法通过操作让电击停止，只能忍受痛苦。C 组的狗是对照组，它们也被背带绑住，但没有受到电击。就这样，A 组和 B 组的狗被电击了一次又一次，而 C 组的狗则完全不知道发生了什么。

在实验的第二阶段，塞利格曼将这些狗逐个放到穿梭箱的有电击网的一边，然后给穿梭箱通电。实验结果非常令人惊讶：当穿梭箱通电时，A 组和 C 组的狗很快就凭借本能跳过挡板，摆脱了电击，而 B 组的狗则躺下来啜泣，没有尝试逃脱，只是忍受着电击。

根据这项实验，塞利格曼教授总结出了习得性无助的理论。

这一理论认为，人们在觉得做什么都没有用的时候，就会产生放弃的念头，就像实验中的 B 组的狗一样。在实验的第一阶段，B组的狗不管做什么都无法让电击停止，也就是说，研究人员给 B组的狗制造了习得性无助。相反，人们在对一件事有控制感的时候，就不会放弃，就像实验中的 A 组的狗一样。A 组的狗知道电击是可以控制的。此后的 20 多年里，心理学家们做了大量实验来研究习得性无助这一现象，实验结果高度一致。根据这些实验结果可以得出结论：习得性无助的来源是经验。

无论是人还是动物，如果所处的环境让他们感到不管怎么做都没用，他们的行为不能带来自己想要的东西，那么这种经验就会让他们觉得，在未来，他们的行为依然会是无效的。也就是说，习得性无助的经验造就了悲观的思维方式，悲观的思维方式来源于习得性无助的经验。

那么，如何让悲观者改变对逆境的看法呢？塞利格曼将习得性无助实验继续做了下去。他将 B 组的狗，即产生了习得性无助的心理的狗重新放到箱子里，用手把这些不愿意动的狗拖过来拖过去，强迫它们越过中间的挡板，最后，它们开始自己动起来。实验人员发现，一旦它们发现自己的行为对避免电击是有效的，它们的习得性无助就被治愈了。而且，只要让一只狗认识到它的行为对应对逆境是有效的，它就一生都对这种逆境具有"免疫力"了。这项实验对预防习得性无助的发生具有重大意义。

后来，有位日裔美籍研究者仿照塞利格曼的电击狗实验，对人也做了一次实验，不同的是，他用噪声代替了电击。实验结果跟电击狗实验惊人地一致。也就是说，悲观者的消极的思维方式是完全可以改变的。

解释风格："学会悲观"的关键

习得性无助的心理机制究竟是如何产生的呢？最早系统性地解释这个问题的是美国斯坦福大学心理学教授卡罗尔·德韦克，她在研究儿童心理时有如下发现。

有些儿童遇到挫折时，比如搭积木失败时，倾向于将失败的原因归结为"我有点笨"等因素，这类因素都是一个人身上很稳定的因素，不会随时间的流逝而变化，即稳定性因素；而有些儿童则倾向于将失败的原因归结为"我没有努力"等因素，这类因素通常是行为的结果，并且跟环境的变化有直接关系，非常不稳定，即暂时性因素。悲观的孩子总是倾向于将问题归结为稳定性因素，也就是他们自身的因素；而乐观的孩子则总觉得是他们做事的方法不对，并寻找补救办法。后来，在以成人为对象的实验研究中，也同样发现了这两种归因倾向。

德韦克发现，在面对相同的境遇时，不同的人的应对方式截然不同。这是由于他们的思维中存在截然不同的解释模式。解释模式就是解释当前遇到的问题的方式，也就是解释风格。可以说，解释风格是习得性无助的调节器，也是一种思维方式。

塞利格曼则认为，若一个人认为逆境是永久的（这永远不会改变）、普遍的（我会把所有的事搞砸）、个人的（这都是我的错），那这个人就会拥有悲观的解释风格；若一个人认为逆境是暂时的（过段时间就好了）、有限的（在某些方面，我还有改进的空间）、外在的（这次运气真不好），那这个人就会拥有乐观的解释风格。他写道："乐观的解释风格可以阻止习得性无助，而悲观的解释风格可以散播习得性无助。"

为了进一步验证自己的理论，塞利格曼做了一项历时 5 年的研究，对数千名保险代理人进行了调研，发现销售人员中的较为乐观者的销售额比悲观者的高出 88%，悲观者选择放弃的概率是乐观者的三倍，而他们的天赋并没有对他们的销售额以及选择放弃的概率造成明显影响。而在另一项历时 2 年的研究中，塞利格

曼发现，房产中介商中的乐观者的销售额比悲观者高出 250% 到
320%，差别如此巨大，令人感叹。再后来，塞利格曼与乔治·维
兰特、梅勒妮·伯恩斯等心理学家合作，共同完成了长期追踪研
究。他们通过对调研对象的日记进行跟踪分析，成功预测出这些
人在一生中会如何应对逆境，并且他们所预测的应对方式保持了
52 年之久。

两种思维，两种世界

　　德韦克在做了关于解释风格的研究后，继续深入研究了数十
年，后来正式提出了思维模式理论。该理论认为，人的思维模式
可以分为两种：一种是成长型思维模式，具有这种思维模式的人
认为，能否学会做一件事，不在于天赋如何，而在于是否努力，
只要努力，什么事都能学会；另一种是固定型思维模式，具有这
种思维模式的人特别相信天赋的作用，认为擅长的事就是擅长，
不擅长的事就是不擅长，无论怎么努力都不可能学会做不擅长
的事。

　　为什么会存在这样两种思维模式呢？德韦克做了一项著名的
表扬实验。为了考察表扬对孩子的影响，德韦克找来数百名中小
学生，把他们分成两组，让他们做 10 道特别容易的智力测验题。

他们完成智力测验题之后，　组学生被夸奖聪明，比如"你做对了这么多道题，你好聪明！"，而另一组学生被夸奖努力，比如"真不错，你做对了这么多道题，你真是非常努力！"。实验还没完，接下来，德韦克让这些学生继续做智力测验题，题目的难度会逐渐加大，但要不要继续挑战难度更大的题目由学生自己决定。

实验结果非常出人意料。当题目的难度加大后，那些被夸奖聪明的学生都不愿意继续进行测验了，对解题再也没兴趣了，哪怕这些题目能够让他们学到新知识也不行，表现也明显变差。即使重新让他们做一些容易的题目，也无法让他们找回信心。甚至最后，当研究人员让他们在试卷上写下他们的得分和做这些题目的感受的时候，那些被夸奖聪明的学生中有 40% 左右的人都谎报了自己的得分，报得比实际得分要高。相反，那些被夸奖努力的学生却越挫越勇，保持着对解题的兴趣，表现也越来越好。而且，他们对自己的评价比较客观，自信心也越来越强。

人们常说原生家庭对孩子的成长非常重要，那么究竟为什么重要呢？最关键的原因是，孩子的很多问题都是父母造成的。表扬孩子时，一味夸孩子聪明不仅不会增强孩子的自信，还会削弱孩子的抗挫折能力。不同的表扬方式会让孩子开启不同的思维模式。夸孩子聪明，实际上是让孩子开启了固定型思维模式，而且在一遍遍的强化下，孩子的这种思维模式就会越来越牢固。类似"聪明"这种标签，实际上隐含着"人的能力是相对固定的"这层含意。这种标签一出现，孩子的大脑就会迅速捕捉到它，然后将它与现有的自我评价融合在一起。而孩子一旦将"聪明"这种标签与对自己的评价融合在一起，自然就会努力维护自己聪明的形象，把注意力从挑战任务本身转移到对自我的关注上来。这就是固定型思维模式的特点。而夸孩子努力则会让孩子开启成长型思维模式。夸孩子努力，夸的其实是孩子的行为本身，而非他们的自我。行为本来就不是固定的，而是自我的延伸，是孩子的自我可以控制的。孩子的大脑在捕捉到类似"努力"的评价时，会认为它完全可以控制行为。这样一来，大脑对行为的控制感就被强化了，大脑就会继续把注意力集中在行为本身，而非自我。

后来，德韦克又做了一项长期的追踪研究。她测量了 400 多名 12 至 13 岁的刚上中学的孩子，着重评估了他们的思维模式，然后追踪观察了他们在之后数年里的学习成绩。她发现，那些认为自身智力无法改变的孩子，也就是具有固定型思维模式的孩子，在数年内成绩没有显著的提升；而那些认为自身智力可以改变的孩子，也就是具有成长型思维模式的孩子，成绩则在稳步提升。对这些孩子进行深入访谈后，德韦克发现，两种思维模式的孩子在如何看待失败这件事情上差别最大。具有固定型思维模式的孩子被问到如何看待自己数学不好或者体育不行这件事时，会把原因归结为自己能力不足。而具有成长型思维模式的孩子并不是这样，他们在被问到如何看待自己数学不好或者体育不行这件事时，表示自己数学不好是因为缺乏学习数学的兴趣，但是兴趣可以培养，而体育不好只是因为不擅长某个项目，但自己其他项目做得还可以。

两种思维模式背后的脑机制

浙江大学的胡海岚教授通过脑科学实验系统阐述了"成功才是成功之母"的道理，可以说这是一项颠覆性的研究。

胡海岚的团队找来两只小白鼠：一只特别勇猛强壮，体形也比较大，我们称之为小 A；另一只不但体形小，而且胆子也很小，我们称之为小 B。胡海岚的团队用脑科学技术来记录小 A 和小 B 的大脑活动，然后将它们放到同一个空间狭小的管子里。小白鼠这种生物有很强的领地意识，对跟自己不是一个品种的同类更是要坚决驱逐。于是，在领地意识的支配下，小 A 和小 B 厮杀了一番，结果不出所料，小 B 败下阵来，并被轰了出去。

胡海岚的团队全程记录了小 A 和小 B 在争斗过程中的大脑活动，发现它们在相互推挤时，大脑前额叶皮层的神经细胞活动有明显增加，而且小 A 的前额叶皮层活跃度更高。胡海岚提出了一个大胆的猜测："小 B 胆子这么小，是不是因为它的前额叶皮层不够活跃？"为了验证这个猜测，胡海岚的团队采用了一种叫光遗传学技术的先进技术。这种技术可以通过激光刺激增加大脑特定区域乃至特定神经通路的活跃度。胡海岚的团队用激光刺激小 B 的大脑前额叶皮层区域，增强这一区域特定神经通路的连接强度。然后，他们再次将小 A 和小 B 放在一起。这一次，小 B 变得非常勇猛，三两下就打退了小 A，把体形比自己大，实力比自己强的小 A 推出了管子。他们又试了两次，结果还是一样。

胡海岚的团队继续用激光刺激小 B 的前额叶皮层，并换上 3 只实力比小 A 更强的小白鼠作为小 B 的对手。结果很有意思，小 B 越战越猛，不断战胜实力比自己强的对手，取得了胜利。实验还没结束，胡海岚的团队又找来 3 只实力比之前那 3 只小白鼠还强的小白鼠跟小 B 再战，只是这次他们没有用激光刺激小 B 的大脑。激动人心的时刻到来了，小 B 保持着勇猛，又打败了强敌。也就是说，这只原本胆小怕事的小白鼠已经不需要激光刺激，仅仅靠自己就能打败实力比自己强的其他小白鼠了。

原来，小 B 被刺激的大脑区域恰好是主管社会竞争性的。当小 B 消极退缩时，这个区域的神经元活动没有什么变化；而当小 B 奋勇向前，做出推挤和抵抗的行为时，这个区域的神经元活动就会显著增强。而且，一次又一次的成功经验让小 B 大脑中的中缝背侧丘脑投射到前额叶皮层这条神经通路的连接不断增强，这彻底改变了小 B 之前胆小怕事的行为模式。

成功，是可以学习的

电击狗实验中 B 组的狗宁可趴在那里忍受电击，也不愿意做出改变。如果当时有先进的脑科学技术，也许塞利格曼会发现 B 组的狗的大脑中特定神经通路的变化。无论是成功的经验还是失败的经验，都在重塑大脑中特定的神经通路。

一次又一次的失败经验最终会塑造出固定型思维模式。这种思维模式本身就是为了应对失败经验而出现的。在人类漫长的进化过程中，很长一段历史时期里，既没有科学知识也没有技术来帮助人们做决定，人们只能凭借经验做决定，有时甚至只能碰运气，那么做出错误的决定也就在所难免了。做出错误的决定，轻则饿肚子，重则丧命。为了生存，进化的力量就赋予了人类在犯错之后吸取教训、积累经验的能力，并让人类通过强烈的情感体验记住错误。这种情感体验包括许多复杂的情绪，如懊悔、内疚、自责、失望等。这种负面的情感体验极为强烈，所以人们再遇到类似的情况时，就会马上调取当时的负面情感记忆，启动强烈的情感体验，从而避免又掉到同一个坑里。

但凡事都有两面性，如果负面的情感体验太多，人不但会退缩逃避，还会失去自信，严重时会出现焦虑、抑郁等心理与精神问题，甚至可能威胁生存。人类因此进化出了另一种心理机制，就是前面提到的固定型思维模式。固定型思维模式的本质是防御——自己总是失败，外部环境太恶劣了，自保才是最重要的。而成长型思维模式就截然不同了，这种思维模式的本质不是防御，而是适应环境，主动作为，以此寻求成长。具有成长型思维模式的人认为，外部环境虽然很恶劣，但并没有恶劣到能"杀死"我的程度，那么我就可以通过努力来改造环境。

美国斯坦福大学的著名脑科学家大卫·伊格曼教授最先提出了"隐藏自我"的概念。他认为我们的大脑存在两部分，一部分是我们能意识到的部分，还有一部分是我们根本意识不到的部分。我们的大脑里有数不清的默认设置，这些默认设置是我们的祖先在繁衍的压力下历经几百万年进化出的一套生存策略，这套策略涵盖了无数个求生方案，就像一串底层代码一样被写入了我们的大脑。还有一部分"代码"并不是基因写上去的，而是经验写上去的。也就是说，做过的事情、获取的信息、接触过的人，也会在无形中塑造隐藏自我。然而，我们在运行代码的时候，这些底层代码是我们的理性读不出来的，也就是说，我们的理性不具备解读这些底层代码的能力。也就是说，感知世界的方式不同，经验向大脑写入的代码就会截然不同，而成长型思维模式与固定型思维模式都是我们的经验向我们的认知写入代码的过程。

我们的隐藏自我没有那么复杂，只知道"是"和"否"，它大多以感受和体验的形式出现，无法用逻辑说清。当感到外部环境很恶劣时，它就会趋于保守，让人停止行动，不去改变，不去冒险；而当感到外部环境比较友好时，它就会变得开放，让人尝试主动适应环境，改造环境。这其实就是我们的本能。不过，我们现在生活的环境已经不是原始丛林那种险恶的环境了，现在的社会和平、稳定、开放、包容，但我们的隐藏自我并不理解自己现在是在原始社会还是现代社会，有时会对外部环境的情况有所误判而趋于保守。所以我们需要跟自己的隐藏自我进行沟通，告诉我们的隐藏自我，现在环境不错，可以走出来了。

要想改变现在的自己，就必须改变原有的思维模式。具体做法分为两个步骤：第一步，向大脑植入一个成长型概念；第二步，在这个概念的引导下，一步步营造成功的体验，哪怕是小小的成功也可以。

先说说第一步。为什么要先植入一个概念呢？这要先从一项实验讲起。这项实验由包括德韦克在内的 23 名美国心理学界的领军人物同时主导。研究人员从美国的 65 所中学里选出 12542 名九年级学生，把他们随机分成两组：一组是实验组，实验人员让老师给他们看了两段关于成长型思维模式的视频，视频告诉他们，人的智力不是固定的，只要愿意学习，就可以变得更聪明；另一组是对照组，老师也给他们看了两段视频，但他们看的是介绍大脑的普通视频，视频内容并没有涉及成长型思维模式。这项实验被设计得非常严格，采取"三盲"的方式，实验人员请来了独立的第三方监督和管理整项实验，参加实验的学生、老师和最后分析实验数据的人都不知道谁被分到了哪个组，也不知道实验的目的是什么。实验结果很令人振奋，学期结束的时候，实验组的学生的平均 GPA（绩点）比对照组高出了 0.03 分。

你可能会觉得这个差距很小，但我需要解释一下。美国的 GPA 系统中，A 是 4 分，按一般学生拿 3 分左右来算，GPA 提高 0.03 分，就相当于成绩提高了 1%。而且，有超过 1 万人参加了实验，这个差距就显得比较大了。再说，实验组的学生只是看了两段视频而已，这等于是不费吹灰之力就把成绩提高了 1%。这如果是中国的高考，1% 的差距可是不得了的。而且，实验组中的差生的变化更显著，平均 GPA 比以前整整高了 0.08 分。实验组的学生期末考试得 D 和 F 的概率还降低了 3%。另外，有些学生在看了视频之后，比以前更愿意选择有挑战性的课程。

这项实验用权威的视频成功地向学生的大脑植入了一个概念。但其实这还不够，要想让一个概念在大脑中生根发芽，还要一步步营造成功的体验——你需要体验成功后的感觉，需要看见自己的改变。

刚开始，你可以先做一件肯定能成功的简单的事情，体验成功后的感觉。但这只是起步，有了一次成功体验，就会有下一次的成功体验，在一次又一次的成功体验的浸润下，你之前植入大脑的概念就生根发芽了，并会逐步替代原有的概念。

你也可以向心理咨询师、领导或老师求助，而他们要做的，就是在你的大脑里播下成长型思维模式的种子，然后引导你参与现实世界中的互动，帮助你在与现实世界的互动中获得一个小成功，实现一个小目标，启动你心中的发动机，让你在成长型思维模式的引领下，开启自我成长状态。

12

小艾伯特实验：
恐惧，你需要大胆地表达出来

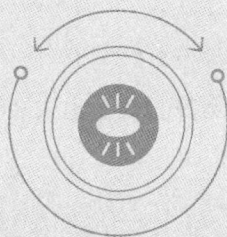

2019 年，随着一部关注并探讨校园欺凌的电影《少年的你》上映，校园欺凌这个敏感话题再次进入公众的视野，引发热议。电影中，周冬雨饰演的女孩被孤立、被欺负，经历了绝望、无助与不甘，体验了迷失与疯狂，给人留下极为深刻的印象。其实，不仅遭遇校园欺凌的孩子，那些从小在家庭暴力的氛围中长大的孩子也是如此，他们心中有一道深深的伤疤，时不时就会感到疼痛，这道伤疤不断折磨着他们，他们甚至在长大后也依然活在童年阴影之下。

　　我曾经见过一个被欺凌过的男孩。他沉默寡言，眼睛总是向下看，头也一直低着，经常嘟哝着什么，但听不清楚。我虽然跟他没有太多交流，但能从他身上感受到一种阴森的窒息感。那是恐惧的气息。而长期生活在恐惧之中，恐惧就会慢慢变成绝望，严重影响身心健康。

在这篇文章里，我不去探讨校园欺凌和家庭暴力本身，我想把目光放回那些心灵受到严重伤害的受害者身上，关注一下他们共同的情绪——恐惧。

最早用科学实验的方法来研究恐惧情绪的是备受争议的美国心理学家约翰·华生，他是行为主义心理学的开创者，也是广告心理学大师。华生于1878年在美国南卡罗来纳州的格林维尔出生。华生小时候非常聪明、争强好胜、独立、自我，不服从老师的管教。1894年，华生进入福尔曼大学，后来又进入芝加哥大学攻读哲学博士学位。在读博士期间，他开始对心理学产生兴趣。

1908年，华生留在芝加哥大学当讲师。他在芝加哥大学做了大量的动物行为实验，成果丰硕。后来，华生获得了霍普金斯大学正式教授的职位，并在霍普金斯大学开始了一系列极具争议的儿童行为实验，逐渐建立起他的行为主义心理学系统的理论体系。华生年仅38岁时就被选为美国心理学会主席，走上人生巅峰。而就在此时，像许多成功人士一样，华生出轨了，对象是跟他一起做实验的女助手。由于此事影响很大，华生被迫辞去霍普金斯大学的职务，中断了学术生涯。

不过，牛人就是牛人，华生并没有因此沉沦。辞职后，华生进入刚刚兴起的广告行业，并将行为主义心理学的知识应用到广告宣传中，成为历史上第一个将心理学成果应用于商业领域的心理学家。华生赚了很多钱，最后于 1947 年退休。

"给我一打健康的婴儿，并让他们生活在我所设定的特殊环境里，你们可以随便挑选其中一个孩子，说出你们想让这个孩子成为什么样的人——医生、律师、艺术家、政客，我都可以让你们的想法实现。这其中，我不会考虑作为婴儿所表现出来的才能倾向或者考虑他的祖辈父辈的种族、职业以及社会地位的问题。"这是华生留给后人的名言。他认为只要创造一个环境，他就可以把任何一个孩子塑造成任何他想要的样子。

在今天看来，这话的确狂妄又荒谬，但如果回到华生所生活的 20 世纪初，这话还是很有道理的。当时，全世界正处于第二次工业革命时期，工业流水线被大规模应用到各行各业的生产中，飞机、坦克、汽车等各种新型工业品相继问世，人类的整个思想领域受到机械论的绝对统治。当时的人普遍认为任何事物都是可以被计算、被控制的，还认为人也是机器，也是可以通过类似齿轮传动的方式来控制的。人们思考问题的方式会受时代所限，我们今天能够从脑科学的角度来思考心理学问题，而华生则是以当时的机械论视角来思考心理学问题的。华生的思想在当时还是很先进的，只不过最后命运跟他开了一个大大的玩笑。

可怜的小艾伯特

真正令华生出名并一直为后世所诟病的，是一项极不人道的心理实验——小艾伯特实验。华生通过大量观察，发现许多孩子会对黑暗感到恐惧，许多成年女人在看到蟑螂、老鼠、蛇等生物时也会表现出强烈的恐惧心理。华生便开始思考：人的这些恐惧情绪到底是从哪儿来的呢？然而，华生所处的时代是 20 世纪初，那时还没有先进的技术，基因科学、脑科学和认知神经科学还没出现，当时的人普遍认为人的大脑就是一个黑箱，大脑的运作方式完全是个谜。

于是，华生冒出一个极为大胆的想法——用婴儿做实验。在华生看来，婴儿没有受到经验的污染，也没有受到文化与教育的影响。如果婴儿原本一点也不害怕可爱的小白兔或毛绒玩具，但经过实验操作后，婴儿却开始害怕它们了，那就可以充分说明，婴儿的恐惧情绪是由实验操作造成的。

带着这种在今天看来很不人道的思路，华生开始了他的实验。他找到了一个名叫艾伯特的 11 个月大的婴儿。为了保证实验质量，在实验开始前，华生先与小艾伯特相处了一段时间。在这段时间里，华生与女助手雷纳一起对小艾伯特进行了一系列基础情感测试。他们把猴子、狗、兔子等动物以及有头发和无头发的面具、棉絮、废旧报纸等物品依次展示给小艾伯特，让小艾伯特触摸它们，观察小艾伯特是否害怕这些带毛的东西。结果显示，小艾伯特对这些东西没有丝毫恐惧感。

小艾伯特 11 个月零 3 天时，华生正式开始实验。华生和雷纳将小艾伯特放在实验室正中间的桌子上，然后，华生将小艾伯特玩了 3 天的一只小白鼠从笼子里拿出来放到他面前。小艾伯特的注意力慢慢被跑动的小白鼠吸引，在好奇心的驱使下，他试着用手触碰小白鼠。这是小艾伯特自出生以来第一次触碰小白鼠。前几天，华生只是在旁边观察，并未阻止他，而是让他自己和笼子里的小白鼠玩。但这一天，华生准备加入一个刺激条件。

为了找到最佳刺激条件，华生曾找来一批孩子反复实验。他发现，让孩子听到巨大的响声，或者把孩子关到小黑屋里，让孩子失去支持，能引起孩子非常显著的恐惧反应。但关小黑屋这种做法在实验中操作起来不太容易，于是华生选择用巨大的响声作为刺激来唤起孩子的恐惧感。为了找到最能让孩子恐惧的响声类型，华生又找来一批孩子，把几乎所有能敲击出声音的材料都试了一遍，比如用斧头劈柴，用锤子砸桌子，等等。最后他发现，用斧头或者锤子敲打一根直径约 2.5 厘米、长约 91 厘米的钢条时发出的声响唤起恐惧反应的效果最好。

可以说，华生把"科学怪人"的形象演绎到了极致。同时，也可以从侧面看出当时的美国社会对儿童的保护是很糟糕的，只要华生肯给钱，就有父母把孩子送过来参与实验，一点都不在乎孩子的感受。不过，这也不完全怪那些父母。一方面，那个年代的人完全不懂关于儿童心理的知识；另一方面，华生给的报酬比较丰厚，让孩子参与华生的实验对美国当时的普通工薪家庭来说是很划算的买卖。

当小艾伯特伸出右手准备触摸小白鼠时，站在他背后的华生用锤子重重地敲击钢条。刺耳的响声让小艾伯特吓了一跳，他猛地一惊，然后迅速把手缩了回来。由于缩手的动作太快，小艾伯特身体没稳住，头朝前倒了下去。不过还好，他前面有块软垫子，他把头埋进了垫子里。小艾伯特完全蒙了，不知道发生了什么，非常诡异。不过这时候，他并没有哭。

片刻之后，华生再一次把小白鼠放在小艾伯特面前。小艾伯特又伸出右手，想触摸小白鼠。就在他刚刚触碰到小白鼠时，华生又在他背后敲击那根钢条。小艾伯特受到惊吓，猛地跳起来，然后再次向前倒了下去。这一次，小艾伯特吓哭了，而且哭得非常凶。这次实验之后，小艾伯特的情绪变得非常不稳定，雷纳怎么哄都没用。华生担心小艾伯特会出意外，暂时停止了实验，计划把下次实验放在一个星期之后。

一个星期后，11 个月零 10 天的小艾伯特又被带到了实验室。和上次实验时一样，华生把之前那只小白鼠突然放在小艾伯特面前。而这一次，小艾伯特在看到小白鼠后，并没有想触摸它的意思，只是一动不动地盯着它。随后，华生把小白鼠放到了离小艾伯特更近一点的地方。这时，小艾伯特小心翼翼地伸出右手准备触摸它，但刚伸出手，马上又缩了回来。接着，他尝试用左手的食指触摸小白鼠的头，可是在手指碰到小白鼠之前，他又将手抽了回来，显得非常犹豫、害怕。

为了保证实验顺利进行，华生用积木安抚小艾伯特。等小艾伯特的情绪缓和一点之后，华生再次把小白鼠放在他面前。小艾伯特把手伸过去准备触摸小白鼠，就在这时，华生看准时机，重重地敲响了钢条。小艾伯特又一次吓了一跳，身体没稳住，一下向右边翻过去，雷纳马上用手扶住他。这时，小艾伯特虽然没哭，但已经受惊了。华生没停下来，又把小白鼠拿到小艾伯特面前，小艾伯特直接皱起眉开始哭泣，并伴随身体猛然缩向左边的动作，不敢再看小白鼠了。华生仍旧没有停下来的意思，直接把小白鼠塞给小艾伯特，然后用力敲了一下钢条。这一次，小艾伯特直接吓得向右侧翻倒并大哭起来。

后来，只要小白鼠再出现，小艾伯特在看到它的一刹那就会哭起来，而且会马上将身体转向左边，扑倒在地，并以极快的速度向前爬行，想要逃离。

恐惧，让悲剧不断延续

这次实验过后，小艾伯特对自己原本一点都不害怕的小白鼠产生了恐惧感。然而实验还没有结束，可怜的小艾伯特还得继续被拿去做实验。在小艾伯特出生后的第 11 个月零 15 天，华生想看一看他在对小白鼠形成条件反射后，如果再碰到其他带毛的东西，比如兔子、狗甚至头发，会有怎样的反应？

和之前一样，小艾伯特被带到了实验室。华生先在他面前放些积木让他玩。小艾伯特玩得正开心时，华生突然在他面前

放了 只小白鼠。小艾伯特一见到小白鼠，立马大哭起来，迅速收回双手，并将头和身体转向后面，不敢再看小白鼠。然后，华生把小白鼠拿走，再把积木拿给小艾伯特。看到积木后，小艾伯特又开心了起来，接着玩。他正玩得高兴，突然，小白鼠又被华生放回来了。小艾伯特立马扑倒在地，转身爬走，想赶紧躲开小白鼠。

不仅如此，小艾伯特只要看见带毛的东西，无论是兔子和狗这种带毛的动物，还是海豹皮衣、棉花、头发这类物品，马上就逃，绝不会用手去碰。并且，当兔子和狗这种带毛的动物出现后，小艾伯特直接号啕大哭起来，哭得上气不接下气，甚至把脸都埋进了垫子里。经过这么几轮折腾，原本很喜欢搭积木的小艾伯特对积木的态度也发生了改变，只要看到积木，他就将积木高高举起，然后用很大的力气摔在地上，以此表达他的愤怒。

实验终于结束了。小艾伯特的父母拿到了高额的实验报酬，华生和雷纳则拿到了珍贵的实验记录和实验数据，看似是个双赢的结局。但是，小艾伯特的噩梦才刚刚开始。研究人员查阅了大量史料，发现在 1919 年 3 月 9 日，一位 22 岁的白人女性在约翰霍普金斯医院产下了一名男婴，这个男婴的名字叫道格拉斯·梅里特，而他的出生时间正好与小艾伯特的出生时间吻合。研究人员又找到一个认识道格拉斯的母亲的人，并从此人手中拿到了一张道格拉斯婴儿时期的照片，照片上的道格拉斯的相貌正好与华生留下的实验影像资料中的婴儿的相貌相符。

原来，道格拉斯就是小艾伯特。令人遗憾的是，道格拉斯在 1922 年患上脑积水，1925 年就夭折了，去世时年仅 6 岁。虽然没有直接证据显示华生的实验是道格拉斯患病并早夭的直接原因，但道格拉斯在幼年时期的确一直被恐惧折磨。这对婴儿来说无疑是巨大的心理创伤，会在婴儿接下来的生命过程中严重影响其身心发育。

再说回华生。他不但因为出轨而名誉扫地，家庭破裂，竟然还用自己的孩子做实验，把自己创立的理论毫无保留地用在了对孩子的教育上，希望他们能成为优秀的人。结果，命运跟华生开了一个大大的玩笑。华生的大儿子因长期受到惊吓，缺乏关爱，患上了抑郁症，曾多次自杀，最终在 30 多岁时自杀成功；二儿子整天如行尸走肉般流浪，和父亲感情淡漠，从来不回家；小女儿整天酗酒，多次产生自杀念头；甚至连华生的外孙女也深受其害，一生中多次尝试自杀。

杏仁核：恐惧情绪的源头

从当今科学的角度来看，小艾伯特的大脑里究竟发生了什么呢？在回答这个问题之前，我们先来看看发生在小艾伯特实验的46 年后的一起案件。1966 年 8 月 1 日，美国发生了一起令人发指的特大惨案，一个名叫查尔斯·惠特曼的美国前海军军人用枪打死了自己的母亲，然后用刀将自己的妻子活活捅死。随后，他携带了 3 把刀、700 发子弹和 7 把枪前往堪萨斯大学奥斯汀分校的一座塔。在那里，惠特曼使用枪支杀害了 14 人，造成超过 30人受伤。警方来到惠特曼的家中时，发现惠特曼在妻子和母亲的尸体旁边留下一张字条，字条上说，他非常爱母亲和妻子，但就是控制不了自己，他太害怕了，想要杀人。

惠特曼死后，法医解剖并仔细研究了他的大脑，发现他的大脑中靠近杏仁核的区域长了一个肿瘤，并且这个肿瘤已经压迫了周围神经。精神疾病专家在鉴定报告中写道："可能是恶性脑瘤使他无法控制自己的情绪和行为。"20 世纪 60 年代的技术条件有限，脑电技术和核磁共振技术还没出现，因此科学家们只能推测，可能是大脑杏仁核旁边的肿瘤导致了惠特曼的大肆杀戮行为。这起案件后，杏仁核这个神奇的东西第一次进入公众的视野。

在那之后，科学家们开始对杏仁核进行系统研究。起初的实验有些残忍，实验人员直接通过外科手术将小鼠大脑中的杏仁核切掉，观察小鼠的反应。结果，当实验人员把被切除杏仁核的小鼠和猫放在一起时，小鼠不但不逃跑，反而对猫进行挑衅，甚至发动攻击。随后，实验人员又把一只正常的小鼠和一只被切除杏仁核的小鼠放到野外的模拟实验场。正常的小鼠花了一周的时间才把方圆几平方米的地方探究清楚，而被切除杏仁核的小鼠则只用了一天时间就把整个实验场跑了个遍，完全不在乎附近是不是有潜藏的危险，最后从实验场的假山上掉下去摔死了。实验人员为了纪念这种被切除杏仁核的小鼠，给它们起了个名字，叫"鼠大胆"。

后来，一些神经科学家采用简单粗暴的办法，把电极直接插入动物大脑的杏仁核。他们发现，只要给电极通电，本来很平静的动物就会变得非常恐惧、暴躁，并且攻击性行为显著增多。

再后来，有些科学家胆子就比较大了，直接在人体上进行实验。他们用手术的方式将一个电极埋置在一名女性的大脑的右侧杏仁核区域。实验开始后，研究人员先让这名女性弹奏吉他，然后突然给电极通电，用微弱的电流刺激这名女性的杏仁核区域。结果，这名女性在受到电刺激后，立马停止演奏吉他，愤怒地将吉他摔在地上，然后开始拍打周围的墙壁。她彻底愤怒了。

科学家们在反复研究后发现，原来杏仁核是大脑中一块专门负责快速处理和表达情绪的区域，特别是激烈的情绪，比如恐惧、焦虑、攻击冲动和愤怒。杏仁核会在大脑中掌管理性的部分启动之前就开始运作，比如在看到一条蛇时，绝大部分人都不会上前去摸一摸，而是本能地逃走，以求自保。实际上，杏仁核就像大脑里的警报器，在感受到外界刺激时，经常擅自接管我们的身体，甚至"劫持"我们的理性。

这就是惠特曼没有理由地想要杀人的原因，他的杏仁核处长了个肿瘤，这个肿瘤压迫了杏仁核周围的神经，使得杏仁核始终处于被刺激的状态，杏仁核就直接"劫持"了他的身体。此外，杏仁核又分为中央杏仁核和基底外侧杏仁核两部分。中央杏仁核更古老，负责先天具备的恐惧。比如一只在实验室出生、长大的小鼠，虽然它从来都没见过猫，但是你给它闻猫的气味的话，它就会感到恐惧，这就是中央杏仁核的作用。基底外侧杏仁核则负责后天习得的恐惧。孩子对打针的恐惧就绝大部分都是后天习得的，经历过第一次打针的痛苦之后，孩子就会对打针这件事产生恐惧，这就是基底外侧杏仁核的作用。如果一个人的基底外侧杏仁核受到损伤，他就会忘记生活的惨痛教训，反复掉到同一个坑里。

恐惧的神经通路

被切除杏仁核的"鼠大胆"的行为已经充分说明，杏仁核不是产生攻击性的区域，而是产生恐惧的区域。也就是说，杏仁核会发出信号，告诉你哪里有危险。但肿瘤压迫杏仁核的确导致惠特曼做出了暴力行为，那么他的攻击性是由于怎样的大脑机制而产生的呢？

惠特曼首先通过自己的各种感觉器官，比如视觉、听觉器官等，将妻子和母亲的感官信息传递到了大脑的感觉中枢。比如，他看见妻子正在拿小刀切水果。这个时候，惠特曼的视觉中枢会把看见的画面转化为大脑可识别的图像信号，然后传递给大脑的感觉中枢，大脑就会接收到"我的妻子正拿着一把刀在切水果"这一信息。但是，感官信息会通过一个快速通道被优先传递给杏仁核。在惠特曼的理性还没有意识到妻子到底想做什么的时候，他的杏仁核就已经判定"我妻子正拿着一把刀，这是一种威胁"。

正常人在这种情况下会有负责理性的前额叶皮层来参与决策。杏仁核在受到刺激后，一方面向身体发出信号，让身体进入应激状态，为接下来的战斗或逃跑做准备，另一方面则把它所判断的信息向前额叶皮层报备。这时前额叶皮层就会启动理性，调取记忆，结合之前的经验做出判断，然后赶紧发信号给杏仁核，告诉它"马上停下来，别冲动，那个人是你的妻子，对你没有恶意，她只是在切水果"。

如果惠特曼的杏仁核附近没长肿瘤，到这里也就结束了。但是，肿瘤压迫了杏仁核周围的神经，一下就放大了杏仁核受到的刺激，这个时候，杏仁核根本顾不上理性传回来的信号，直接启动了应激反应，调动全身资源准备战斗。就这样，悲剧发生了，在杏仁核的"劫持"下，惠特曼拿起手枪，扣动扳机，开枪打死了妻子。惠特曼当时处于极大的心理压力之下，做出了他当时觉得无比正确，但事后让他肠子都悔青了的决定。更不幸的是，惠特曼是一名退役军人，能够十分熟练地操作各类武器，他早已形成了肌肉记忆，无须大脑理性的参与，直接调取经验，迅速完成了拔枪、上膛、开枪这一系列动作。

恐惧，让心智停止成长

从进化的角度来看，恐惧本质上是原始社会的人类在长期的进化过程中形成的一套应对环境、保障生存的机制。恐惧对人类在原始环境中的生存和繁衍是至关重要的。

一方面，杏仁核产生的恐惧情绪会暂时接管大脑，让人迅速做出反应来应对危险，人根本无须思考就能够自动完成这个过程。不仅如此，这种恐惧情绪还会以情绪体验的形式进入人的记忆系统，让人在下次见到类似的情景时得以马上逃走，"一朝被蛇咬，十年怕井绳"就是这个道理。小艾伯特因为想触摸小白鼠时总是会听到巨大的响声，所以把小白鼠跟巨大的响声联系到了一起。之后，只要他看见小白鼠，他的记忆系统就会瞬间调取之前的情绪体验，让他体验到恐惧的感觉。所以，小艾伯特会大哭，而且想要逃跑。

另一方面，由于杏仁核对危险的识别能力实在太差，恐惧情绪不但会在与人曾遇到过的危险场景相似的场景中被唤起，还会在与之完全无关的场景中被唤起。并且，恐惧情绪一旦被唤起，往往会持续相当长的一段时间。比如，一个曾经被蛇咬过的人再见到蛇或者跟蛇很像的绳子时，会转头就跑，而且在之后的很长一段时间里都心惊肉跳，稍微有点风吹草动就会受刺激。此时，这个人的恐惧已经从对蛇这种特定事物的恐惧变成了对周围一切事物的恐惧。

从上述两个特点来看，恐惧情绪既模糊又粗糙，不像理性分析那样精准。但正是这种模糊和粗糙让人类能够在充满危险的原始社会环境中时刻保持警觉，这对生物的生存非常重要。但恐惧情绪不能在大脑里长时间存在，否则会导致十分严重的问题，尤其是对婴幼儿来说。

如果大脑长期处于恐惧情绪中，大脑中的某些基因就会被永久性地激活或永久性地关闭。比如，如果一个女人在怀孕期间因丈夫出轨或遭受虐待等遭遇而感受到了巨大的压力，那么她子宫内的胎儿会长时间暴露在高浓度的压力激素环境中，这种高浓度的激素能够改变胎儿的大脑的发育进程，尤其会让杏仁核增大，使人变得非常容易激动。这种高压力激素水平很可能还会继续传递好几代。

我曾经见过一位女性来访者，她的父亲是个酒鬼，经常喝到酩酊大醉，只要一喝多，回到家里后就会闹事，不但大吼大叫，还乱砸东西，甚至动手打她的母亲。这位女士从小生活在这样的家庭氛围中。她说她晚上会特别害怕听到敲门声或者用钥匙开门的声音，只要听到一点点动静，她就会怕得不行。她长期受失眠所困，年龄不大，但看起来很苍老。每天晚上，她都必须把房间里所有的灯都打开，把门都重新锁一遍，再把自己蒙在被子里，才能度过长夜。即使如此，她还是非常害怕，总觉得有人会掀掉她的被子，把她拖走。

好在她的丈夫非常照顾她，每天晚上都按照她的要求把家里所有的灯都打开，把门重新锁一遍，然后拥抱着她，陪伴她慢慢入睡。有一次，她的丈夫因为工作应酬喝了点酒。结果，她发现丈夫喝了酒之后，一下子变得歇斯底里，在家里大闹大哭，甚至在撕扯间抓伤了丈夫。她完全控制不住自己的情绪，而她的丈夫只能无奈地看着她闹。这位女士说她恨透了酒，都是酒毁了她。

在我看来，这位女士其实深深爱着她的父亲。虽然她的父亲喝酒闹事，给她的心灵造成了严重的创伤，但她还是在用仪式化的行为向父亲表达自己的爱。比如说，她睡觉前要把所有的灯打开，把门重新锁一遍，这实际上是为迎接父亲回家而做的准备；她把自己蒙在被子里，这其实是要让父亲看到自己已经乖乖睡觉了；她的丈夫喝酒后，她大吵大闹，这个反应跟她的父亲当年喝多后的反应是一样的，她实际上是在重复父亲的行为，是在向父亲表达自己的忠诚，"看，我跟你一样"。

这位女士其实一直都没有长大，虽然她早已成年，但她的心智其实还停留在小时候的状态，她还把自己定位为父亲心中的乖乖女，希望父亲能重新爱自己一回。于是，她在潜意识中把自己的年龄永远定格在了小时候。长期处于对酒鬼父亲的恐惧中，让这位女士大脑中的基因表达发生了变化，她的某些高级心智功能就此被关闭。

治愈恐惧：你需要表达出来

全世界有将近 75% 的人或多或少有过童年创伤经历，比如父亲酗酒后实施暴力、父母离异、遭到校园欺凌、亲人离世等等。但还是有很多人能够从童年阴影中走出来。有一项对儿童大脑的研究发现，孩子大脑中的杏仁核越活跃的时候，布罗卡区就越不活跃。布罗卡区是掌管语言表达的区域。杏仁核活跃的时候，孩子就会感到害怕、紧张，压力激素水平迅速上升。这时，大脑会启动自我保护模式，让孩子一直处于"要么战斗，要么逃"的状态。同时，孩子的语言系统也关闭了。苏联著名教育心理学家维果斯基曾把语言比作人类心理的工具，认为孩子只有学会使用这个工具，其心智才有继续发展的可能。

如果你问一个处于巨大恐惧下的孩子发生了什么事，他可能会完全呆住，根本说不出来。而如果心理创伤发生在孩子很小的时候，孩子无法理解那些事，就更没有办法用语言表达出来。于是，孩子受到的伤害会以情绪体验的形式被存入大脑的记忆系统。当这个孩子再次遇到类似的场景时，他的杏仁核会马上捕捉到信号，并跳过理性思考，直接让他做出行动。这种模式会伴随这个孩子终身，就像甩不掉的影子一样，即使他的理性再努力，不断告诉自己不要怕，也一点用都没有，因为这由不得他。

最糟糕的情况是长期处于恐惧，或者突然经历重大创伤性事件，诸如地震、战争、性侵、虐待等。这样的创伤经历会抑制孩子的布罗卡区，阻碍孩子对伤痛的语言表达，影响孩子的心智发育。伤痛还会以情绪体验的方式被深深刻入孩子的记忆，伴随孩子一生。

虽然杏仁核过于活跃会对语言表达功能造成影响，但我们完全可以通过心理学的办法来重启我们的语言表达系统，打破我们大脑内部的恐惧恶性循环。让我们来看一个案例。

小王（化名）是个非常优秀的士兵，军事素质非常高，可以说是"兵王"。既然是"兵王"，按照常理，他应该从小就健壮勇猛，武功高强。但事实并不是这样，小王小时候非常弱小，曾长期遭受校园欺凌。

小王家在农村，爸爸做装修行业，常年在外打工，家里只有妈妈、爷爷和奶奶。爷爷奶奶身体不好，长年卧床，妈妈几乎是一个人撑起了全家，不仅要干农活，还要打零工补贴家用。小王小时候不仅个子矮小，身体瘦弱，而且性格内向，不爱说话。小王的噩梦开始于小学，学校里有几个留守儿童整天欺负他，孤立他，不许任何人跟他玩，谁跟他玩，他们就欺负谁。他记得自己被欺负得最惨的那次，几个孩子把他按在地上，还有一个孩子朝他头上撒尿。这些事情，小王从来不跟家里说，始终一个人默默地承受。他变得越来越自闭，甚至到了孤僻的程度。

有一次，小王的妈妈去县城办事回来，正好路过学校，想去接小王放学回家。突然，她看到小王正被三个孩子按在地上用脚踩。她当时就心碎了，赶紧跑过去保护小王，并怒斥那三个孩子。就在此时，其中一个孩子突然从背后一把把她推倒在地，随后，三个孩子都一溜烟地跑了。她从地上爬起来，满身是土，看到小王嘴角流着血，心疼极了，抱着小王伤心地哭了起来。

就在小王的妈妈抱着小王哭起来的瞬间，小王突然产生了一种前所未有的感觉——愤怒。他以前都只感到害怕，从来没有感到过愤怒，总是讨好、忍让别人。但是这一次，当他看到妈妈为了自己而难过地哭泣时，他产生了愤怒的感觉。他抱着妈妈大哭起来，说："妈妈，他们欺负你，我很生气！"

自从那天起，小王不惧酷暑与严寒，每天锻炼身体，跑步，做俯卧撑，做仰卧起坐，身体素质越来越强。有一天，那几个孩子又来欺负他。这一次，小王彻底发作了，对那几个孩子发出了愤怒的吼叫。他的气势一下镇住了其中几个孩子。有一个孩子上来挑衅，小王感到一股惊人的力量从身体里涌了上来，冲上去一把死死按住挑衅他的孩子。被按住的孩子吓得大哭起来，其他孩子都撒腿就跑。从此再也没有人敢欺负小王。由于身体素质过硬，意志坚强，小王去部队当兵。他各项训练成绩都名列前茅，表现非常优秀，还在多项比武竞赛中为自己的连队拿到第一的好成绩，多次立功受奖。

长期的欺凌造成的压力是孩子难以承受的。小王是在体验到妈妈的情感，并且用语言表达出愤怒的那一刻发生改变的。小王由于大脑中的杏仁核长期受到刺激，已经形成了逃避与讨好的行为模式，语言中枢也处于关闭的状态。而当他的妈妈抱住他痛哭的那一刻，在亲情的强烈刺激下，他的语言中枢突然又活跃起来，并且将杏仁核发过来的信号解读成了愤怒，告诉他："要反击，要保护妈妈。"他坚持锻炼身体，在看到成果，获得成功体验后，建立起了新的行为模式。他再也不是以前那个弱小的孩子了，他可以通过自己的努力战胜困难。

治愈童年阴影的关键在于重新体验情绪和情感，并用语言把体验到的情绪和情感描述出来。但这需要机遇，不是所有人都

能像案例中的小工那样顺利蜕变，也不是所有人都能找到 一个体
贴的丈夫来治愈自己。你可以求助于专业人士，也可以靠觉知的
力量治愈自己，而后者需要你不断地学习，不断地领悟，不断地
体验。

愿所有人都能成功摆脱恐惧情绪留下的阴影。

13

棉花糖实验：
家庭，是我们最大的压力缓冲器

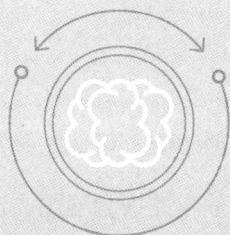

有一次，我带着孩子出去聚会，和孩子的几个幼儿园同学以及同学的家长共进午餐。就餐过程中，一个小男孩跟他的妈妈的相处模式引起了我的注意。小男孩今年 5 岁，看起来脾气特别大，性子特别急，不管是玩游戏，吃饭，还是参加活动，只要稍有耽搁，他便会发脾气。他的妈妈也很有意思，他越是想做什么，她越是不答应。

　　吃午饭时上了一道点心，小男孩急着想吃，可他的妈妈不同意，要求他先把碗里的饭吃完了再说。他吃完饭想要出去玩，妈妈又不同意，让他等大家都吃完后和大家一起去玩。这时小男孩情绪失控了，气得直拍桌子，全餐厅的人都看向我们。这位妈妈却不慌不忙，温柔但坚定地对他说："你能等一等吗？这么小的事情都等不了，以后能做成什么事呢？"

听了她的话，我就接了一句："孩子想做什么，就让他去做吧，事先跟他商量好规则就行。"这位妈妈一下来劲了，试图说服我："那怎么行呢，心理学里不是有个概念叫'延迟满足'吗？那些精英人士从小就知道延迟满足，自控力特别好，所以才那么优秀。"我听完之后，愣了好长时间，不知道该说她什么好。

实际上，这位妈妈的脑子里装了一个极其错误的观念，那就是把延迟满足简单地等同于自控力，认为孩子只要能够延迟满足，就算是有自控力。

延迟满足的由来

提到延迟满足这个概念，就必须要提到美国著名人格与社会心理学家沃尔特·米歇尔。美国期刊《普通心理学评论》于2002年刊登的一项调查显示，米歇尔凭借在人格与社会心理学领域做出的贡献，位列"20世纪最杰出的100名心理学家"第25位。而米歇尔最为世人所熟知的，正是他设计的棉花糖实验和他提出的延迟满足理论。

早在做棉花糖实验之前，米歇尔在研究种族刻板印象时就已经有所发现。20世纪50年代，米歇尔在俄亥俄州立大学获得博士学位后，开始在科罗拉多大学任教。当时，米歇尔主要从事社会心理学研究，集中研究刻板印象领域的课题。为了推进研究，米歇尔所在的团队还专门去了中美洲加勒比海南部国家特立尼达和多巴哥。由于历史原因，除了本土的印第安人外，当地还聚集了许多黑奴后裔，也就是非洲裔人。印第安人认为非洲裔人目光短浅，过于放纵，不知节省；非洲裔人认为印第安人只知节省，不知享乐，生活缺乏激情。两个族群的人彼此看不上，关键或许在于他们对生活满足的态度不同。

为了检验这个假设，米歇尔从这两个族群中分别选取了一些年龄较小的孩子做实验。以孩子为实验对象，是因为孩子受社会文化影响的程度比较小。米歇尔让这些孩子在两块糖果之间做选择。其中，一块糖果较大，另一块糖果较小，较大糖果的价格是较小糖果的价格的十倍。糖果当然不是白拿的，参加实验的孩子必须遵守米歇尔定下的实验规则：如果选择较大的糖果，就必须等一周时间才能得到下一块糖果；如果选择较小的糖果，第二天就能得到下一块糖果。

米歇尔本来只是想通过这项实验观察非洲裔人和印第安人对生活满足的态度，希望借此找到能证明种族刻板印象存在的证据。不过，在实验过程中，他意外地发现了一个非常引人深思的现象：

在参与实验的孩子中，相比家里没有父亲或者父亲长期缺位的孩子，家里有父亲的孩子更有可能选择等待一周时间来获取较大的糖果。当时的社会心理学理论完全解释不了这个现象。后来，米歇尔又分别对这两个族群的孩子单独做了实验，发现两个族群里都存在这个现象，与父亲生活在一起的孩子当中有一半以上的人选择了延迟奖励，而没有父亲的孩子当中竟然没有一个人愿意等待那么久。并且，这个现象跟族群差异并没有明显的关系。

米歇尔原本想深入研究一下这个现象，但在当时的美国，民权运动和女权运动进行得如火如荼，而米歇尔的实验结论非常敏感，甚至有些"政治不正确"，很有可能成为当时的女权主义者的攻击对象，并在社会上引起轩然大波，这将会严重影响他的学术生涯。于是，米歇尔为了规避政治风险，在之后的研究中绝口不提单亲家庭还是双亲家庭的问题，只关注孩子的行为本身，这就引出了著名的棉花糖实验。

斯坦福棉花糖实验

1972 年，米歇尔在美国斯坦福大学校园里的一家幼儿园开始了斯坦福棉花糖实验。他找来一些 4 岁的孩子，每次让一个孩子单独待在一间小房间里。房间里的桌子上放置着一个托盘，里面有一颗又漂亮又诱人的棉花糖。那个年代的孩子很难抵御这样的诱惑。研究人员告诉孩子自己要离开一会儿，如果他想要在这期间吃掉桌子上的那颗棉花糖，那他就需要摇一下摆在桌子上的铃铛。但是，如果他能忍住暂时不吃这颗棉花糖，坚持等待 15 分钟，等研究人员回来后再吃，那么研究人员就会再给他一颗棉花糖作为奖励。

这项实验是不是看起来跟前面提到的种族刻板印象实验很像？你可能已经大概猜到实验结果了：有些孩子的确无法抵御诱惑，研究人员一离开，他们就直接把棉花糖吃了；有些孩子能等待一会儿，但也只等待 3 分钟左右就放弃了；有些孩子用各种计策转移自己的注意力，比如蒙住自己的眼睛，装作看不见棉花糖，开始唱歌，甚至干脆趴在桌子上，准备睡一觉来抵御诱惑；有些孩子干脆连实验规则都不顾了，没有按铃就吃掉了棉花糖；还有一些孩子则比较能忍耐，他们成功等待了 15 分钟，延迟了自己对棉花糖的欲望，等来了研究人员，最终兑现了属于自己的奖励。

在将近 30 年的时间里，米歇尔的团队陆续追踪调查了当年参加实验的孩子们，发现当年在实验中能够抵御诱惑的孩子在进入青少年时期后，自控力、意志力与心理调节能力较强，并且更值得他人信赖。他们的 SAT 考试成绩也普遍较同龄人更高，成年后的职业发展也比较成功。

一项简单的棉花糖实验居然预测了一个孩子未来的人生，这简直就是一颗上帝送来的甜蜜棉花糖啊！结论一经发表便引发大量关注，米歇尔成了延迟满足和自我控制理论的代言人和开山鼻祖。后来，米歇尔还获得美国心理协会颁发的杰出科学贡献奖。

从被质疑到被推翻

在米歇尔的关于延迟满足和自我控制的研究被世人熟知之后，他立即受到世界各国那些望子成龙、望女成凤的家长的顶礼膜拜。各类青少年的教育培训产品开始打着延迟满足和增强意志力的旗号大行其道，还出现了所谓延迟满足教育。

文章开头提到的那位妈妈就是延迟满足教育的忠实信徒。现在，很多育儿书和公众号都会介绍所谓延迟满足的理念，教家长在面对孩子的要求时，不要马上满足，而要等一等，看一看，将所谓自控力教育理念付诸实践。

棉花糖实验的确反映了延迟满足的能力，通过观察孩子们的行为，米歇尔认为这种能力来源于元认知能力，即主动意识到自己在思考什么问题，然后有意识地控制自己的认知和思考过程的能力。那些能够长时间等待的孩子往往会想出一些转移注意力的方法，比如唱歌、睡觉、看别的地方等。这些孩子意识到了近在眼前的棉花糖对自己有强大的诱惑力，因此有意识地想出了抵御这种诱惑的办法。

一颗棉花糖真的能预测孩子的未来吗？米歇尔的挑战者很快就出现了。2013 年，美国罗切斯特大学的理查德·阿斯林领导的团队重新做了一遍棉花糖实验。实验一开始，研究人员跟参加实验的孩子交代了规则之后就离开了房间。不同的是，研究人员准备对参加实验的半数孩子不遵守之前的承诺，有一半的孩子虽然等待了 15 分钟，却没有拿到他们一直期待的第二颗棉花糖。经历过欺骗的孩子在后续实验中不再愿意靠等待来换取更大的奖励，他们认为研究人员是不可信的，甚至觉得桌子上的棉花糖随时都有可能被研究人员拿走，于是转变态度，开始享受当下了。那些经历过欺骗的孩子愿意等待的时间大幅度减少，还不到那些没有经历过欺骗的孩子愿意等待的时间的四分之一。研究人员的欺骗行为让那些米歇尔眼中的愿意等待的优秀孩子马上变成了不优秀的孩子。

2018 年 5 月 25 日，纽约大学的泰勒·瓦特、加利福尼亚大学的葛瑞格·邓肯和权浩南在心理学领域的顶级期刊《心理科学》上发表了一篇论文，宣称推翻了著名的斯坦福棉花糖实验。

这三位作者是这么评价棉花糖实验的：孩子能否取得成功，并不取决于孩子是否有延迟满足的能力，而取决于孩子背后的家庭。这三位研究者发现了当年米歇尔做棉花糖实验时所犯的致命错误——参加实验的孩子只有不到 90 名，而且这些孩子居然通通来自斯坦福大学校园里的幼儿园，也就是说，这些孩子有着极为相似的家庭背景，他们的父母基本上都是斯坦福大学的教职员，是社会精英、高级知识分子，我们单凭直觉就能知道，这些孩子的前途肯定不会差到哪里去。

三位研究者在新的实验中，将参加实验的孩子的数量扩大了约十倍，增加到 900 名。研究者还充分考虑了孩子父母的背景，比如种族、社会地位、经济背景、信奉的宗教等等，尽量做到多元化，参加实验的孩子的父母之中既有普通工薪族，也有商界精英，既有高学历者，也有低学历者。实验过程和米歇尔所做的实验的过程一模一样，实验结果会怎样呢？

　　实验结果显示，能不能抵御得住棉花糖的诱惑与孩子未来发展得好不好没有半点关系。并且，实验得出一个令人心酸的结论——有钱人家的孩子普遍比穷人家的孩子更能抵御棉花糖的诱惑，更愿意等待，更倾向于信任他人，表现出更多的合作倾向。相比较而言，那些家庭条件比较差的孩子，尤其是非洲裔孩子、拉丁裔孩子等，更没有耐心多等一会儿，更加在乎眼前的第一颗棉花糖。

　　三位研究者一致认为，孩子的家庭条件才是影响孩子未来发展的关键因素。这里的家庭条件并不仅仅指经济条件，也指父母是否能为孩子提供物质上和精神上的稳定感。对穷人家的孩子来说，今天有棉花糖吃，明天可能就没有，因此对他们来说，等待的风险要远远大于收益。穷人家孩子的父母往往因为自身能力和家庭条件的限制，无法给孩子做出过多的承诺，即使答应了也可能会变成空头支票，所以穷人家的孩子不愿意等待；而那些富人家的孩子则不同，他们的父母受教育程度高，收入也多，有更多的资源可以用来满足孩子的要求，并且他们对孩子讲诚信，也更秉持公平、平等的价值观，对富人家的孩子来说，等待的收益要大于风险。因此，这些孩子延迟满足的能力就更强。过往的经验告诉这些孩子，他们的父母能够保证他们衣食无忧，这让他们对未来有更稳定的预期，并且对外部环境更加有控制感。

新棉花糖实验告诉我们，孩子延迟满足的能力并不取决于他自己，而是取决于他的家庭背景。家庭能否为孩子提供物质和精神层面的稳定感，才是孩子能否在长大后走向成功的关键因素。

那些曾经能做到延迟满足的孩子后来取得成功，不是因为他们自控力有多好，而是因为他们的家庭与他们所处的环境让他们心理上获得了持续的稳定感。对未来的稳定预期会让他们觉得生活有希望、有盼头。正是这种稳定感给孩子未来的发展提供了前提条件。

心理上的稀缺状态

哈佛大学著名的经济学家塞德希尔·穆来纳森曾在 2013 年与普林斯顿的行为学家埃尔德·沙菲尔一起写过一本叫《稀缺：我们是如何陷入贫穷与忙碌的》的书，书中详细讲述了贫穷是如何让人们更加关注短期奖励而非长期奖励的。

贫穷的本质是心理上的稀缺状态，这种状态会催生出固有的思维模式——稀缺思维，让人们只关注当下的得失，尤其是那

些跟生存需求和安全需求直接相关的因素，而不是自我实现这样
的需求。客观来说，稀缺思维是有好处的，这种状态会令大脑将
一切资源都集中在最紧迫的需求上，让人们更敏锐地感觉到一块
钱、一分钟、一卡路里热量、一个微笑的价值。但是，稀缺思维
的重大副作用在于它会不断消耗人的精力和意志力，减少大脑的
"带宽"。

穆来纳森举了一个例子：印度蔗农在甘蔗收获前，因为资金
紧张，其智商测试成绩比甘蔗收获后低十几分之多。稀缺状态会
像魔咒般控制住人们的大脑，令人们的视野变得狭隘，降低洞察
力和思维的前瞻性。穷人不是对钱想得不够多，忙碌的人也不是
对时间想得不够多，他们正是因为想得太多，才陷入了心理上的
稀缺状态，导致压力占用了他们的大脑，白白消耗了认知资源。

孩子心理上的稀缺不仅包括物质上的稀缺，比如吃、喝、拉、
撒、睡、玩等需求得不到满足，还包括关系和情感上的稀缺，也
就是被关注、被理解、被看见的需求得不到满足。如果孩子跟抚
养者建立深厚依恋关系的需求长时间得不到及时的满足，那么孩
子的心理就会进入稀缺状态。那些从小没有得到足够的家庭关爱，
甚至受到父母虐待的孩子，心理一直处于严重的稀缺状态，并会
感受到巨大的压力。

压力会导致大脑中糖皮质激素的水平异常，从而影响孩子的大脑发育。可悲的是，由于此时孩子的语言能力还没有发展起来，他们即使感受到了压力，也没有办法用语言将自己感受到的压力表达出来。压力得不到释放，就会一直存在。那些从小缺爱、常常生活在惊恐状态下的孩子，就像是把大脑泡在了装满糖皮质激素的缸里。而过多的糖皮质激素不仅会直接损害孩子的认知能力、自控能力、共情能力和人际交往能力，妨碍大脑额叶皮质的成长，还会损害负责短时记忆的海马体。这些经常倍感压力的孩子大脑中负责处理恐惧、愤怒和暴力的杏仁核往往会比其他孩子更加发达，哪怕导致他们产生压力的事件已经结束了，他们也需要很长的时间才能恢复过来。

不仅如此，经常性地让孩子感受到压力，还会损害孩子大脑中的多巴胺奖励系统，使得孩子的多巴胺 D2 受体的感受性降低。在同等外界环境的刺激作用下，多巴胺 D2 受体感受性低的孩子需要更多的外界刺激才能产生能让他们感受到与其他孩子同等程度快乐的多巴胺。因此，这类孩子很容易形成成瘾行为，比如玩游戏上瘾、酒精上瘾、对药物形成依赖等，而且容易患上抑郁症。

家庭，是孩子最大的压力缓冲器

导致孩子心理上的稀缺状态的因素中，物质稀缺只占很小的部分，情感稀缺才是主要因素。情感稀缺跟家庭贫穷还是富裕并没有直接的关系，而是与父母对孩子的养育方式、情感模式和关系模式密切相关。

家庭是孩子的避风港。这里所说的"避风港"指的是家庭系统，它对应对和化解外在压力至关重要。家庭系统就像一只看不见的手，既保护着孩子，同时也影响和塑造着孩子。如果家庭系统出了问题，孩子将受到直接影响。

1951 年，美国家庭治疗大师维琴尼亚·萨提亚女士在社区工作时，一个被诊断为精神分裂症的女孩被送到她这里进行心理治疗。经过 6 个月的精心治疗，这个女孩的心理状况渐渐好转。照理说女孩的家人应该高兴才对，可是不久之后，这个女孩的母亲却打来电话指责萨提亚挑拨离间她们母女的情感。萨提亚敏锐地洞察到这里面不对劲，并意识到对女孩的母亲的治疗也是对女孩的治疗的重要组成部分。于是，萨提亚就请这位母亲与女儿一起来做咨询会谈。当母亲和女儿一起来见萨提亚时，萨提亚惊奇地发现，女孩又回到了 6 个月前的状态，自己之前与女孩做的所有

工作的成果，尤其是构建起的良好治疗关系，竟然荡然无存。这
到底是什么情况？难道这位母亲有什么神奇的力量吗？她到底对
她的女儿施加了什么影响？还是自己的治疗出了问题？这些想法
始终环绕在萨提亚的心头。萨提亚带着这些疑问，继续为这对母
女进行心理治疗。随着治疗的进行，萨提亚慢慢与这对母女构建
起了全新的治疗关系，女孩的症状也开始改善了。

随着治疗的深入，萨提亚把女孩的父亲也请来一起参与女孩
的治疗。结果，女孩的父亲加入之后，萨提亚与这对母女建立起
来的良好治疗关系又消失殆尽，女孩再一次回到原来的状态。这
一连串的情况远远超出了当时的心理咨询理论能够解释的范畴，
萨提亚碰到了全新的问题。萨提亚意识到她可能已经接近某个问
题的核心本质了，而正是这个问题，成为后来她创立"萨提亚家
庭治疗模式"的契机。

萨提亚干脆把这个家庭的所有成员都邀请来了，这里面包括
女孩的父母的另一个儿子。实际上，这个家庭非常重男轻女，男
孩可以说是家里的天之骄子，几乎所有人的注意力都在他身上。
只要男孩一出现，女孩就会被家人忽略，整个家中几乎没有人看
见女孩的存在，也就是说，这个女孩完全被她的家人排斥在了家
庭系统之外。原来这家人重男轻女的观念如此根深蒂固。女孩非

常痛苦，但她在家里却表达不出来，她的痛苦根本就没人回应。她不被看见，她的声音没人回应，于是，希望被看见的愿望导致这个女孩患上了精神分裂症。

自从女孩患上精神分裂症之后，家人开始关注她，送她去医院做心理治疗。精神分裂症的症状将女孩重新接入了整个家庭系统，让她重新与其他家庭成员建立起了联结。这就全部解释通了，如果萨提亚只为女孩做治疗，或者只为女孩的父母做治疗，那就只是对家庭系统的局部进行了调整，一旦女孩走出治疗室，回归家庭，她的症状又会回来。有些所谓心理疾病其实是整个家庭系统的产物，甚至可能是患者所处环境的产物。这些心理疾病对患者来说，很有可能是生存以及和他人相处的必要条件。实际上，我们看见的绝大部分心理问题，尤其是孩子表现出来的心理症状，基本上都是孩子周围的人，也就是孩子的父母、老师和同学（特别是父母）"合谋"教会的。

找到问题的症结之后，萨提亚想到了用身体姿势来表达关系的方法，因为身体姿势具有很强烈的语言和情感表达功能。顺着这个思路，萨提亚开始尝试。她让这家人把自己与其他家庭成员的关系用身体姿势表达出来。结果，这家的父母居然都在儿子面前下跪，以此表达对儿子的重视与讨好，完全忽略了女儿。萨提亚不断地调整他们的身体姿势，使全家人都能够看见和理解他们彼此的关系。渐渐地，那个女孩逐渐好转了。而这次，她好得比较彻底，因为她已经不再需要靠精神分裂症来融入家庭系统了。

这个案例给了萨提亚极大的启发。她从这次经验出发，在之后不断为患者做咨询的过程中，慢慢发展出了一整套家庭治疗的技术，并创立"萨提亚家庭治疗模式"，给心理咨询界带来了巨大的影响。

重新看见，重新联结

米歇尔早年做的种族刻板印象研究，正是家庭系统对孩子心理的影响的真实写照。在日常生活中，那些长期缺失爸爸的孩子是一种怎样的处境？可以说，他们的家庭系统欠缺抗压能力。单亲妈妈们不仅需要独立扛起整个家庭，还要对抗来自各个方面的压力，只有当妈妈能够一个人完全撑起一片安全和稳定的空间时，孩子才能不受影响。但这对一个女人来说实在太难了，绝大多数人是不太可能做到的。因此，这种压力会传递给孩子，导致孩子受到家庭系统的影响。

棉花糖实验中的孩子们的行为，表面上看反映了孩子们的自控力，但深想一层便不难发现，孩子们表现出来的正是他们在自己的家庭系统中学会的应对外部环境的方式，他们只不过是把这种方式带进了实验室而已。

后来的新棉花糖实验其实也是一样的道理。其中，理查德·阿斯林通过加入信任的因素，说明了关系对孩子延迟满足的能力的影响。信任是关系的一种。孩子应对外部环境时，特别是跟人打交道时，其实都是将自己与家庭成员之间的关系模式进行了迁移。泰勒·瓦特、葛瑞格·邓肯和权浩南三位学者则更深入了一层，他们将家庭系统在不同环境中的表现形式通过实验的方式呈现了出来。富人家庭和穷人家庭面对的外在压力是非常不一样的。穷人家庭面临的种种问题，尤其是他们面对的外在压力，是富人家庭难以想象的。但不是所有穷人家庭的孩子都会出问题，那些抗压能力较强的穷人家庭系统一样能给孩子营造稳定、安全的环境，孩子未来也会发展得很好；而那些家庭系统有问题的富人家庭，即使能给孩子提供再好的物质条件，家庭系统中的问题也会导致孩子出现各种问题，对孩子未来的发展造成负面影响。

家庭系统能够被改变吗？当然能，改变的前提是先看见自己的家庭系统，尤其是家庭成员间的关系。当家庭成员间的关系充分呈现在一个人面前，并被他看见时，改变就会发生。

比如说，在家庭治疗中，有一种治疗工具叫家谱图，这种工具能让一个人从家庭、家族、历史、文化、经济等各个方面来看待家庭成员对自己的影响，这些影响是一种客观存在，并不随个人的主观决定或者主观感受而改变。当这个人看见家族的历史，看见自己的由来，看见家庭和自己身上不能改变的东西，他就会自然而然地接纳自己曾经接纳不了的家庭成员，关系在这个时刻将重新获得联结。

我记得有一次去同济大学做家谱图研究的咨询室参观，咨询室的墙上挂着一张很大的白纸，这是咨询人员为来访者做咨询时，制作家谱图需要用到的。曾经有位资深的家庭治疗师跟我分享说，她在咨询过程中把来访者的整个家族都呈现在白纸上的那一刻，来访者会非常受触动，甚至热泪盈眶。在咨询结束后，来访者会小心翼翼地把家谱图折叠好带走。

家谱图不仅将来访者的家族的历史呈现在了来访者面前，还展现出来访者的家族与民族乃至国家同频共振的历史。我记得非常清楚，有位中年女士在制作家谱图的过程中，重新看见了她的爷爷和奶奶。她的爷爷和奶奶都是原来上海交通大学的高级知识分子，早在 20 世纪 50 年代初，他们就响应国家号召去了条件最艰苦的新疆，不仅参加了屯垦戍边和新疆建设，还参与过原子弹的制造，可以说为国家奉献了一切。她的整个家族的命运与国家的命运紧紧地联系在一起。

那位女士在看见爷爷奶奶的那一刻，眼泪止不住地往外流。她强烈地感觉到自己与家族的每一位成员在一起，与这个国家在一起，这是一种她从未有过的体验。她不再感到孤独，不再感到迷茫，而是真正看见了她的家人，也看见了她自己。

希望我们能够多用心去看见自己，看见爱人，看见孩子，看见家庭，看见社会，看见世界，不臆想，也不"脑补"。停止自恋，张开双臂去拥抱这个世界，你的世界将会大不一样。

14

旁观者效应实验:
善与恶,你的选择就在一瞬间

2019年11月5日，一名9岁的男孩在长沙市雨花区雅塘村汇城上筑小区被一名体格粗壮的赤脚男子殴打致死，整个过程大概持续了20分钟。当时有很多人在现场围观，但无一人挺身而出，出手相救。这件事被媒体报道后，在网上引起轩然大波。舆论指责现场的围观群众冷漠、缺乏道德。

2020年5月22日，四川籍深圳货车司机郑义满载货物，从佛山市南海区里水镇出发，前往深圳市盐田国际集装箱码头。从5月21日晚上至次日凌晨，广州地区普降特大暴雨，郑义途经的广州市增城区新塘镇广园快速路塘美路段附近突发水灾。就在此时，郑义看见一名落水男子正在挣扎呼救，水性较好的郑义立即脱下衣服，奋勇下水救人。郑义在救人过程中体力严重透支，被湍急的水流冲走。后来，落水男子获救了，而郑义则牺牲了。

人性是善是恶，是无私的还是自私的，这个问题在历史上已经被争论了上千年。有无数案例能证明人性是恶的、自私的，也有无数案例能证明人性是善的、无私的。英国社会学家理查德·道金斯在他的著作《自私的基因》中提出：人性是自私的，因为基因是自私的，只有用自私的策略才能让物种延续下去。但是，如果采用这个理论，该怎么解释郑义的义举呢？

一起骇人听闻的杀人案

1964 年 3 月 13 日凌晨时分，在美国纽约皇后区，一位叫吉诺维斯的过着独居生活的酒吧经理下了夜班后开车回家。停车场到其住所有一段距离，因此她停好车子后走路回家，当时的时间为凌晨 3 点 15 分，一名男子尾随其后，突然拿起刀朝她的背部和腹部猛刺。吉诺维斯瞬间鲜血直流，她开始惨叫并大声呼救。周边居民听见了她的惨叫与呼救，周围的房屋纷纷亮起灯光。有人打开窗户冲着凶手大喊："放过那个女孩！"凶手吓得落荒而逃，而身中数刀的吉诺维斯挣扎着爬到路边，倒在一家书店门口。

过了一会儿，周边居民竟然纷纷关掉了灯，街道又恢复寂静，好像什么事都没发生过。凶手发现并没有人过来查看，也没有人报警，于是决定回去。他找到浑身是血地蜷缩在地上的吉诺维斯，继续朝她猛砍。吉诺维斯再度惨叫、呼救，几分钟后，周围的房屋又一次亮起灯光。凶手再度退却，吉诺维斯则设法爬进她住的公寓大楼里。几分钟后，凶手又找到了她，再度对她施暴。她先是大声呼救，但不久后就只能发出微弱的呻吟了。凶手掀开她的裙子，惨无人道地强奸了她。

整起案件前前后后持续了 35 分钟，从 3 点 15 分到 3 点 50 分，凶手三次对吉诺维斯施暴，吉诺维斯每次遭受暴力时都尖声呼救，周边居民也都听见了。虽然这些居民开灯查看，甚至目睹了事件经过，但始终没有人伸出援手。后来经警方调查统计，案件发生时，总共有 38 名目击者隔着窗户眼睁睁看着一名女子身中多刀，饱受凌虐，直到凌晨 3 点 50 分罪行结束之后，才终于有人打电话报警了。但遗憾的是，当时吉诺维斯已经身亡。凌晨 4 点，那些目睹一切的人又回房间继续睡觉去了。

《纽约时报》地方版主编罗森塔尔得知吉诺维斯的悲惨经历后，敏锐地察觉到这起事件的新闻价值，洞察到了问题的关键所在：为什么 38 名目击者全部选择了袖手旁观？于是，他奋笔写下了《38 名目击者：吉诺维斯命案》这篇经典文章。不出所料，该文章迅速火遍美国，全美民众一片哗然，讨伐之声四起。众多读者纷纷给《纽约时报》写信，一时，信件如潮水般涌向编辑部。

有的读者要求将这38人的名单公之于众，让他们接受社会的谴责；有的读者斥责这38人懦弱冷漠，简直让人难以置信；有的读者甚至让《纽约时报》出面，敦促纽约州议会尽快修订法律，将这38人绳之以法。然而，就在全民沉浸在极度的愤怒中时，有两位年轻人却保持着难得的清醒。他们没有从道德的角度批判这38名目击者，也没有抱怨美国社会道德沦丧，抑或抱怨法律存在漏洞，而是冷静地做出了如下思考。凶手曾三次对吉诺维斯施暴，并且行凶过程持续了半个多小时，以常理判断，应该没有人会袖手旁观。这些目击者之中有养儿育女的父母，有从事护理工作的人，他们不可能残忍无情。而且，这38人中有些人家里安装了电话，只要拿起电话报警就能帮助受害者，这可是举手之劳，这样做既不会造成生命危险，也不会被牵扯进这起案件而受连累。因此，这两位年轻人推断，吉诺维斯遇害当晚，必定有某种神秘力量作祟，影响了这38人的心理。

这两位年轻人就是后来鼎鼎大名的社会心理学家约翰·达利与巴比·拉丹。当时，达利刚在哈佛大学攻读完心理学博士学位，而拉丹刚从密歇根大学毕业，并获得了心理学博士学位。达利与拉丹一起设计了一系列实验，用以测试一般人在哪些情景中会漠视他人的求助，在哪些情景中会毫不犹豫地提供帮助。由于无法完全复原吉诺维斯遇害时的情景，他们另辟蹊径，用突发疾病的情景来代替谋杀的情景，看看在有人突发疾病的情景下，人们会做何反应。他们以"研究城市大学生适应性"为名，在纽约大学招募了 72 名不知情的学生来参与实验，其中女生 59 名，男生13 名。

达利和拉丹找了几个空房间，让参加实验的受试者单独坐在其中一个房间里面。房间里放置有麦克风和音响，受试者需要拿着麦克风谈论自己在纽约大学学习与生活期间遇到的挑战。其他房间内则放置有录音机，录音机中的磁带的内容是事先录好的其他学生关于学习与生活中的挑战的发言。所有的房间都以音响线连接，受试者可以清晰地听到从每一个房间传来的声音，却不知道其他房间都只是放了个录音机，他们会真的以为还有其他跟他情况一样的受试者在场。

受试者被告知的实验规则如下。

所有受试者都需要先用两分钟时间讲述自己在大学的学习与生活中遇到的困难与挑战。受试者必须按照实验人员事先安排好的顺序发言，要先聆听其他受试者的发言内容（实则为录音），轮到自己时才能发言。在还没轮到自己的时候，麦克风是打不开的，受试者只能听其他人讲述，类似团体心理咨询。受试者彼此之间不能见面，他们只能通过麦克风听到其他人讨论，并且依序发言。

实验正式开始，实验人员播放录音。第一段录音中的学生自称患有癫痫，他用踌躇为难的语调对在场的其他人表示，自己的病很容易发作，特别是在考试前。同时，这名学生还表示自己在纽约生活得很艰难，在纽约大学学习得很辛苦，他的声音慢慢减弱。紧接着，另一个学生的声音（录音）出现，他听起来非常活泼健谈，谈论自己的学习与研究方向，并谈论自己的情感生活。不知情的受试者感同身受地听着其他学生说话，但他绝对想不到这些所谓学生发言全是假的，只是录音而已。

终于轮到受试者诉说自己的情况了。受试者很真诚地诉说了自己在大学学习与生活的情况，期待能得到他人的共鸣。等受试者诉说完之后，实验人员又陆续播放了几段录音。这时出现了突发状况，之前那个声称自己患有癫痫的学生突然"发病"了。因为所有房间彼此隔离，不知情的受试者看不到这个所谓患者"发病"时的模样，也无法看到或听到他以为在场的其他受试者的反应。"癫痫患者"的录音被继续播放，他起初说话还算正常，接着开始胡言乱语，声音先是越来越大，越来越急切，然后又变得断断续续，最后他不断恳求其他人来帮助，说自己快要死了，请大家救救自己。在一阵急促的喘气声后，录音停止，房间重新归于寂静。

此时，唯一在场的真实受试者会认为至少还有其他受试者在场，随时可能有其他受试者起身下楼向实验人员求救。然而，受试者可以听到其他人的声音（录音），但由于房间彼此隔离而看不见其他人。此外，麦克风只在轮到特定的人讲话时才会打开，因此受试者无法与其他人沟通。受试者知道有人癫痫发作，并以为其他人也听到了，但因为麦克风未开，无法与其他人商讨该怎么处理。那么，此时此刻，真实受试者在面对这样的情景时会做何反应呢？

责任扩散与决策时间

达利与拉丹为了尽可能还原吉诺维斯命案的情景，煞费苦心地导演了这场历时 6 分钟的癫痫发作的戏，并精心设计了实验情景。实验结果令人惊讶，只有 31% 的受试者采取了救助行动。这还不算完，后续实验的实验结果更让人不解。达利与拉丹调整了群体人数后再次进行实验。实验结果显示，如果受试者以为当时有 4 人或 4 人以上在场，绝大部分受试者会选择不采取行动去帮助"患者"。但如果受试者认为实验中只有自己在场，大部分受试者就会毫不犹豫地救人，采取救助行动的受试者占全部受试者的比例高达 85%，并且受试者用于决策的时间在 3 分钟之内。此外，达利与拉丹还发现，不论受试者认为一共有多少受试者在场，如果在 3 分钟后，受试者还没有向实验人员报告发生了紧急情况，那么之后他大概率也不会采取救助行动。

最终，在不断的努力下，达利与拉丹找出了吉诺维斯命案发生时 38 名目击者袖手旁观这一现象背后的两个关键因素：群体人数和持续时间。人们的头脑中总有个固有观念，即人多力量大，人越多大家就会越勇敢，越不怕危险，更会主动伸出援手。但从达利与拉丹的实验结果来看，事实却不是这样，旁观者的人数过多往往会阻碍助人行为的出现。此外，时间会影响人们做出助人行为的可能性。3 分钟是助人行为决策的分水岭，如果超出了这个时间，人们可能就不会采取行动了。

达利与拉丹还全程观察了受试者在以为有人突发疾病的情景下的情绪与行为反应，结果无一例外，他们全都惊慌失措。尽管他们没有采取行动，但他们的情绪反应却异常激烈。有些受试者会对着麦克风大喊："天哪，他发病了，我该怎么办？"有些受

试者会大口喘气，紧张得说不出话来。在所谓患者"发病"的 6
分钟之后，如果受试者仍未采取任何救助行动，实验人员便会进
入其所在的房间。这时，受试者无不汗流浃背，全身发抖，他们
全都进入了应激状态。他们大多会开口询问："那个人没事吧？
他需要照顾吗？送医院了吗？"可以通过他们的表情看出他们非
常沮丧难过，有的受试者还表达出懊悔的情绪，他们的内心正处
于严重失衡与矛盾的煎熬中。达利与拉丹推测，没有采取行动的
受试者并非冷酷无情，而是还没有下定决心是否要行动。他们内
心充满矛盾，犹豫不决，不知道要不要做出反应。这种情绪反映
了其内心持续不断的冲突。相对而言，采取行动的受试者内心就
不会出现矛盾冲突。

可以想象，那些目击了吉诺维斯命案的人内心应该也饱受煎
熬，他们之所以袖手旁观，多半是因为惶恐犹豫以致手足无措，
而非人们所认为的那样，城市人一贯冷漠无情。达利与拉丹将这
一现象命名为"责任扩散效应"，也称"旁观者效应"。

行善背后的心理秘密

在达利与拉丹所处的年代，心理学的革命性研究工具，比如
脑电仪、功能性核磁共振仪等脑功能成像技术设备还没有出现，

人们还无法从大脑的神经运行机制层面去揭示人性善恶的本质所在。因此只能说，达利与拉丹对人性善恶的理解只完成了一半，但这已经非常了不起了，因为他们为人们理解人性的善恶打开了全新的视角。

而真正将理解人性善恶的工作推向全新高度的，是美国乔治敦大学的心理学教授阿比盖尔·马什。她从事研究工作的时期，各种脑成像研究工具已经出现，并被广泛地运用在脑科学与认知神经科学的研究上。马什正好赶上了这场大脑研究的革命，并成为用大脑分析方法来剖析人类善恶行为的先驱者。2018 年，马什出版了著作《人性中的善与恶：恐惧如何影响我们的思想和行为》，将她多年来对人性善恶的探索总结成书，深刻揭示了隐藏在善恶行为背后的心理秘密。

马什从事心理学研究，可以说纯属偶然。她原本就读于著名的医学院，打算成为一名医生。要知道，在美国，医生不但工作稳定，待遇优厚，而且社会地位非常高。但她后来却放弃了继续攻读医学学位，转而走上了心理学研究的道路。按照马什的回忆，这和她被陌生人搭救的一次经历紧密相关。

马什 19 岁那年，有一次在西雅图与童年时代的好友愉快地共度夜晚。午夜时分，她打算自己开车通过 5 号州际公路，从西雅图前往她的学校所在的塔科马。就在她正常行驶在高速公路上时，突然从路边蹿出了一只狗。马什急忙打方向盘躲避，但为时已晚，此时车已经失控，猛烈地旋转，最后竟然撞破护栏，停在了对面的快车道上。

夜晚的高速公路上，迎面飞驰而来的车开着远光灯，鸣笛示警。驶来的车速度极快，这个时候，马什必须马上开车离开原地，否则会有生命危险。但是，她的车却怎么都发动不了。她当时大脑一片空白，手脚发抖，完全不知所措，觉得死亡马上就要到来了。而就在这时，一位萍水相逢的路人瞅准机会，冒着生命危险穿越滚滚车流来到她的身边，帮助她重新发动了车，并开到了安全地带。这位路人临走时只留下一句"你自己当心"，然后就回到自己的车上，很快消失在夜幕中。

这件事彻底改变了马什的人生轨迹，一个问题从她的内心深处逐渐升起：为什么有人愿意牺牲自己去帮助他人呢？马什准备用严谨的心理学和脑科学实验方法来找出答案。要搞清楚这个问题，就必须找到合适的实验对象。毫不利己、专门利人的人在帮助他人时，是在不求回报地真心付出，而且他们很有可能为此付出极大的代价，甚至有可能牺牲自己的生命。

　　这种人非常难以甄别，但马什找到了一个绝佳的群体，那就是曾经向陌生人捐献活体器官的好心人。我们来设想这样一个场景：有一天，有人给你打来电话，说远在千里之外的某个人生命垂危，急需一个肾脏救命，而这个病人恰好与你配型一致，但这个人与你非亲非故，你完全不认识他。那么我想问的是，此时此刻，你是会捐出你的肾去救这位陌生人，还是会挂断电话直接忽略呢？

　　如果是自己的孩子需要肾，别说是肾了，就是自己的命都愿意给孩子。但换作陌生人，你还愿意承受巨大风险将器官捐给非亲非故的陌生患者，不收取任何报酬，甚至不把自己的名字告诉患者吗？但这个世界上的确有这样一类人，他们真的能做到将自己的器官，比如肾脏，捐给一位素未谋面的陌生人。而这些人成了马什的绝佳研究对象。

　　马什一共招募了 19 名这样的受试者。这些受试者中的许多人都是收入颇丰的专业人士，包括软件工程师、银行职员、医生，还有营销人员，但是他们都毫不犹豫地请了一两天的假，从美国各地飞到乔治敦来参加实验。因为他们相信，参与这次实验是一次有意义的善行。

实验过程非常简单，就是让受试者躺在核磁共振仪里观看呈现愤怒、恐惧、喜悦等表情的图片，同时用核磁共振仪扫描他们的大脑。虽然实验耗时非常长，持续了将近 5 个小时，但这些受试者当中没有一个人表现出任何犹豫和动摇。与此同时，马什还招募了一些普通人作为对照组，让他们也躺在核磁共振仪里观看同样的图片，并用核磁共振仪扫描他们的大脑。

实验结果让所有人都大吃一惊。当这 19 名受试者看见呈现恐惧表情的图片，比如含有双目圆睁、嘴角下撇、双唇微张等信息的图片时，他们的杏仁核要比对照组大将近 8%，而且功能更加活跃。也就是说，他们看到别人恐惧的样子时，自己也会感到恐惧，甚至会心跳加快，掌心出汗。由此可见，真正无私的英勇行为并不是因为无畏而做出的；相反，是因为恐惧才做出的。

这个结论让马什的团队大跌眼镜，这对传统观念的冲击太大了。为确保研究的可靠性，马什的团队又找来一批性格特别冷酷无情，并且极端自私，甚至有些反社会、暴力冷血的人作为受试者。实验过程还是一样，也是让受试者观看呈现各种表情的图片，同时用核磁共振仪扫描受试者的大脑。

实验结果再次证明了之前的结论，因为这些冷血的受试者看到呈现恐惧表情的图片时，大脑里的杏仁核区域非常不敏感，有的受试者的杏仁核甚至一点反应都没有，并且这些受试者的杏仁核比正常人的小 20%。在后续的访谈中，这些冷血的受试者根本描述不清楚自己对恐惧的体验，但对愤怒、厌恶、快乐、悲伤的描述却很清晰，甚至有人说自己就不知道什么叫恐惧，因为从未害怕过。

从神经机制的角度，弄清善恶的本质

如果是恐惧导致了行善助人的行为，那么人性本恶的说法就是对的，因为人们正是因为害怕遭受同样的痛苦才会去帮助他人的。但是还有一个问题没有解决，那就是人们从感受到恐惧到采取助人行为的中间阶段，大脑里究竟发生了什么？这个问题同样困扰着马什以及其他学者。

经过长期的研究，科学家们发现，在恐惧体验和助人行为的中间阶段，存在一种非常重要的，也是人类所特有的情感体验，那就是共情。共情就是一个人对另一个人的遭遇产生恰当情绪的能力。共情包含两个部分：第一个部分是识别，即理解对方的想法和感受；第二个部分是反应，即理解对方的遭遇之后，用恰当的情绪来回应。

研究发现，杏仁核被激活，并产生恐惧等相应的情绪反应时，还会进一步激活其他脑区，其中就包括尾侧前扣带皮层和前脑岛，这两个脑区里正好有负责疼痛的神经回路，也被称为疼痛基质的区域集合。也就是说，当人们感受到疼痛时，这两个脑区就会被激活。

不仅如此，人们在看到别人痛苦的样子时，这两个脑区也会被激活。当人们自己正在经历疼痛时，或者看到其他人正处于痛苦中时，甚至想象他人的疼痛时，这两个脑区的活动性都会增强。因此，人们对他人的痛苦的主观感受，跟对自己的痛苦的感受是一样的。在杏仁核、尾侧前扣带皮层、前脑岛等脑区产生反应的时候，这些脑区的神经信号还会持续不断地通过神经元传导到负责分析与决策的大脑前额叶皮层；而前额叶皮层会综合分析传递过来的这些神经信号，并试着对情绪感受和体验进行解读，也就是去理解和共情对方。

与此同时，前额叶皮层会不断地向下传递信号，并启动另一些神经递质和激素去强化、维持或者减弱杏仁核、尾侧前扣带皮层、前脑岛等脑区的反应。在这些神经递质和激素中，有一种叫后叶催产素的物质起到了很大的作用。后叶催产素（以下简称催产素）是哺乳期母亲体内的用来促进乳汁分泌的激素。后来，人们发现催产素不仅存在于哺乳期母亲的身体里，也存在于所有人的大脑里。催产素可以被大脑里的一小群神经细胞分泌出来，再被释放到大脑中，激活脑细胞的电活动。这种激素能促进亲密关系，所以也被叫作"爱的激素"。

实验表明，即使是那些具有冷血倾向的受试者，在被喷射了催产素之后也会表现出更加强烈的母性，对婴儿面孔的好感会增加。同时，他们对他人恐惧表情的识别能力也会明显提高。

随着对催产素的研究越来越深入，科学家们发现，催产素并不是为了爱情而存在的，而是为了分清"你"和"我"，尤其是分清谁才是自己的后代而存在的，因为后代是绝对的"自己人"，优先级别高过其他所有人。也就是说，催产素是专门为了建立亲子关系，为了让母亲更好地照顾下一代而存在的。人们大脑中催产素的分泌还与多巴胺存在着相辅相成的关系。当一位母亲喂养与抚摸自己的孩子时，大脑里的催产素水平会持续升高，最终维持在一定水平，而抚育孩子和与孩子互动的过程，又会进一步促进母亲大脑里的多巴胺分泌。

上述神经过程，与共情的神经过程其实是高度吻合的。重新分析一下马什的实验，看看那 19 名受试者的大脑里究竟发生了什么。当一个人看到他人痛苦、恐惧的样子时，这个信号会被传递到杏仁核，并激活杏仁核，使之产生相应的恐惧情绪反应，这些情绪反应会进一步激活尾侧前扣带皮层、前脑岛等脑区中负责疼痛的神经回路，并将这些信号传递到大脑前额叶皮层。前额叶皮层在试着解读这些信号的同时，进一步启动了催产素机制，将需要救助的对象识别成"自己人"，使这个人对需要救助的对象产生感同身受的情感体验。这种情感体验会反馈到大脑皮层，使这个人决定实施救助并付诸行动；而如果这个人接下来实施了助人行为，则又会促进大脑中多巴胺的大量分泌，来奖励助人行为。

马什曾经专门采访过那些给陌生人捐献活体器官的好心人，问他们在手术台上醒过来时是一种怎样的体验，会想到什么。几乎所有受访者都表示，自己能够救人一命，特别有意义感，觉得自己实在是太幸福了。这种意义感，其实正是马斯洛所说的高峰体验。这种体验实际上正是催产素 – 多巴胺闭环所产生的结果。

激发大脑的行善功能

现在我们可以从大脑神经机制的角度来理解达利与拉丹的旁观者效应实验了。决定人们到底会不会采取助人行为的，有内外两方面因素。

从内部因素来看，要想让一个人实施助人行为，首先要激活这个人的杏仁核，使之产生恐惧，同时还要激活尾侧前扣带皮层、前脑岛等脑区，让这个人感受到需要救助者的痛苦。光有痛苦的体验还不行，还要让前额叶皮层对这种体验有比较恰当的解读，并分泌一定程度的催产素，形成共情，这样一来，这个人才会做出助人的决策并实施助人行为。并且，实施助人行为之后，还需要有多巴胺的奖赏。

虽然这个神经通路反应的时间非常短，在瞬间就能够完成，但这其实是多个脑区协作完成的，中间存在着非常复杂的神经机制。假如这个神经通路中有哪个环节没衔接好，那么这个人可能就不会实施助人行为了。比如，那些比较冷血的人天生杏仁核就不敏感，产生不了恐惧情绪；比如，有些人没有自信，总是认为自己不行，那么当这种情感体验传导到他的前额叶皮层时，他就会解读成自己不行，认为自己就算采取了助人行动也不会成功，于是他很有可能只是在旁边看着，默默承受恐惧和道德良知的谴责，反复体验习得性无助的感觉；再比如，有些人催产素分泌不足，没有形成催产素 - 多巴胺的闭环，共情的体验不够强烈，这也会影响他采取助人行动的决心。总之，这个神经通路中，任何一个环节出了问题，都会影响最终的助人行为。

从外部因素来看，要想让一个人实施助人行为，还需要合适的外部环境。达利与拉丹在后续补充实验中发现，当受试者知道只有自己一个人在场，或者受试者被其他人点名请求救助时，情况就完全变了，他们会毫不犹豫地选择施救。马什的另一项实验也表明，如果一个人在遭遇危险并露出恐惧的表情时，其面孔与婴儿的面孔高度相似，周围人帮助他的概率就会大大增加，并且这种帮助都是无私的、不需要回报的，助人者会直接忽略代价和风险。

假如你陷入危险境地，而周围有旁观者，要想让他们出手相助，则必须满足以下五个条件：

一是必须让旁观者注意到当下正在发生的事件，光让他们听见还不够，还要让他们看见，尤其是让他们看见你痛苦的表情；

二是必须让旁观者把事件判断为紧急情况，这是非常关键的，因为每个人判断情况是否紧急的标准是不一样的，必须让大家都认为这是紧急情况才行，要向他们强调你有生命危险；

三是必须让旁观者感觉到救助你是他们的义务，也就是要激发出旁观者的共情；

四是旁观者要有足以采取救助行动的知识和能力，如果旁观者不具备相应的知识和能力，比如有人落水了，而旁观者并不会游泳，这种情况下，旁观者硬要救人的话，会引发新的悲剧；

五是旁观者需要最终下定决心，并实施助人行为。

因此，当你遇到突发危机状况时，你需要这样做：首先，大声呼救，能喊多大声喊多大声，必须引起周围人的注意；其次，明确地告诉周围人发生了什么情况；然后，从人群中指定一个人来帮助你，并且明确地告诉他应该做什么；最后，告诉他帮助你没有任何成本和风险，消除他的顾虑。

有一个好消息是，研究发现，人们的助人行善行为是完全可以通过后天环境来塑造的。例如，曾经有个脑损伤的患者，大脑中的杏仁核被病毒严重破坏了。因此，他根本就感知不到恐惧，而且对人非常冷漠无情。但经过医生和护理人员的悉心照料，再加上父母的接纳与呵护，他并没有变成一个冷血的罪犯，而是成了一个善良的普通人，只是比较缺乏人际交往能力而已。

当然，要充分激发人们心中的善，是需要条件的。

一是经济条件要相对富足。有一项关于美国 50 个州肾脏捐献情况的调查显示，经济条件比较好，人们的生活条件比较优越的州，捐肾者的比例明显比较高。经济条件好，人们帮助他人的能力就会比较强，后顾之忧会比较少。

二是社会文化水平要比较高。文化水平越高，知识传播越充分，对利他主义的宣传和提倡也就越充分，有利于促使人心向善。有研究表明，阅读小说等文学作品，尤其是读悲剧作品，能够显著提高共情能力，让人更能体验到苦难，更乐于助人。相比之下，阅读学术著作和纪实作品、看电影和电视剧都没这个效果。这是因为学术著作过于抽象，纪实作品过于写实，而电影和电视剧又过于具象，这些特点都会阻碍人们的共情。而文学作品，尤其是那些让你对其中人物的遭遇和情感产生代入感的作品，就特别能够激发共情。

三是接纳与包容。一个人要想有爱的能力，首先要曾经体验过被爱，否则他根本就不清楚爱是怎么回事。著名神经科学家塔尼亚·辛格说，人的大脑的可塑性非常强，我们完全能够成为富有同情心的人。

在美国威斯康星州，有一家叫蒙多塔青少年行为治疗中心的机构，虽然这家机构收容的都是行为非常恶劣的孩子，曾做出过暴力、偷盗、性侵等恶行，但是管理者们从来不用惩罚的方式去矫正他们的行为，而是用真心跟这些孩子建立关系，发现他们身上的闪光点，让他们体验到被爱、被关注、被看见。要知道，每个问题孩子背后都一定存在一个问题家庭，一定存在不接纳、不理解甚至忽略、强迫、虐待孩子的父母。在这种环境里成长起来的孩子，是很难形成能激发助人行为的神经通路的。

人性看起来很复杂，但其实我们完全能够通过心理学知识去认识人性。善恶并不绝对，取决于你在与环境互动的那一瞬间做出了何种选择。

15

吊桥实验：
爱情，你所不知道的秘密

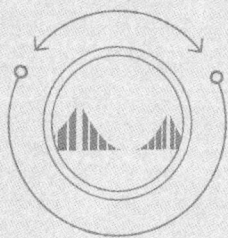

说起爱情，你脑海里第一时间会浮现出什么呢？是甜甜蜜蜜的激情，还是刻骨铭心的伤痛？是携手共度黄昏的情景，还是曾经熟悉、如今陌生的背影？爱情让人捉摸不透，以至历史上无数文人墨客，甚至最有智慧的大哲学家，都用尽毕生精力去阐述它。

吊桥实验：人为制造出来的爱情

1974 年，美国著名心理学家阿瑟·阿伦做了一个非常有趣的实验，他通过精确的实验设计，把爱情凭空制造了出来。阿伦把实验地点选在了加拿大温哥华北部的一座名叫卡皮兰诺的吊桥上面。这座吊桥全长约 137 米，宽约 1.5 米，建在距离湍急的河面约 70 米的空中。桥的主体由两根又长又晃的缆绳构成，缆绳固定在桥两端的仅仅 1.6 米宽的木桩上。

这座吊桥经常会随着风左摇右摆，可以想象，当你小心翼翼地走在上面时，双脚踩在晃晃悠悠的桥板上，双手紧紧抓住旁边的缆绳，向脚下看一眼，便能看到一条波涛汹涌的大河。阿伦请了一位非常漂亮的女性作为实验助手，让她站在吊桥的中央。她的任务是截住过桥的人中那些没有女伴陪同的男性青年，请求这些男性协助她完成一项有关创造力对景区吸引力影响的心理学研究。这些男性不仅被要求填写一份简短的问卷，还被要求根据女助手出示的照片编一则简短的小故事。编故事采取一问一答的聊天形式，气氛非常轻松。

实际上，这个所谓心理学研究是刻意设置的烟幕弹，只是为了避免受试者猜到真正的实验目的。等到这些男性完成任务后，女助手会给每位参加实验的男性留下自己的电话，并告诉他们，如果对实验结果感兴趣，可以拨打她的电话。你猜那些男性后来给漂亮女助手打电话了吗？结果是，参加实验的男性中，有大概一半的人后来都给女助手打来了电话。更夸张的是，这些人之中居然有不少人向女助手表达了爱慕之意，并提出约会请求，希望能够再次与女助手见面。

阿伦在另一座桥上也做了同样的实验。不同的是，这是一座横跨在小溪上的石桥，且桥身坚固低矮，并不像卡皮兰诺吊桥那样让人惊心动魄。同一位漂亮的女助手在这座桥上也瞄准那些没有女伴陪同的男性青年，邀请他们参加实验，同样要求他们填写问卷并讲一个故事，最后给那些参加实验的男性留下了联系方式。这一次，在参加实验的 16 位男性中，只有两位后来给她打来了电话。值得注意的是，两座桥上的男性受试者根据女助手出示的图片讲的故事情节也存在明显差别。卡皮兰诺吊桥上的男性受试者讲的故事主题几乎都跟情感，尤其是爱情与两性关系有关，有些人讲的故事带有非常明显的性挑逗意味；而那座稳固石桥上的男性受试者讲的故事主题五花八门，很少有跟爱情相关的，几乎没有人会在讲故事时提及性的话题。

阿伦一时半会儿无法找到很好的解释，他原本以为受试者在吊桥上会体验到恐惧，感受到压力与焦虑，这些负面情绪会触发本能的战斗或逃跑反应，此时人会进入应激状态，表现为心跳加快、呼吸急促、面色苍白、多汗以及肚子疼等。人在应激状态下是不太可能性唤起的，因为包括人类在内的绝大部分动物的性行为都有一个前提条件，就是一定要在安全的环境里进行，所谓饱暖思淫欲。

在更早的 1962 年，哥伦比亚大学的斯坦利·斯坎特和杰罗姆·辛格做过这样一项实验。这两个人找了一群受试者，把他们随机分成两组，给其中一组受试者注射了肾上腺素，给另一组受试者则注射了生理盐水，也就是安慰剂。当然，受试者并不知道自己被注射了什么。研究人员只是告诉他们，过会儿他们会出现双手颤抖、心跳加速、呼吸急促以及面部潮红等症状，但这些症状都是很正常的。随后，这两组受试者被逐一安排进入一间等候室，会有一名志愿者提前在那里等待，他会与受试者单独聊一会儿。志愿者有两名，其中一名既友善又亲切，时不时会幽默一下，而另一名则是个"愤青"，怨念不断，始终都在嘟囔着自己的不满。

在等候室待一会儿后，受试者会被研究人员带到另一个房间，并被要求完成一份特别冗长的调查问卷。在填写问卷的过程中，同样是被注射了肾上腺素，那些与友善又亲切的志愿者单独聊天的受试者在填问卷时心情都异常好，甚至可以用兴高采烈来形容；而那些跟"愤青"志愿者待在一起的受试者在填写问卷时则非常愤怒，认为研究人员设计的问卷太愚蠢了，还抱怨这是个很糟糕的实验。

这项实验给了阿伦很大的启示。受试者站在晃晃悠悠的吊桥上时，会本能地感受到恐惧，而恐惧会使肾上腺素分泌增加，导致受试者出现心跳加速、呼吸急促等症状。这时，一位年轻漂亮的女性出现在了男性受试者面前，受试者会本能地被漂亮女性吸引，但与此同时，受试者的身体却还处于应激状态，他们能感觉到自己心跳加速、呼吸急促、手心冒汗。人的大脑皮层一直在工作，它无时无刻不在解读和分析着周围的环境，理解着身体的变化。但这个时候，受试者的大脑晕菜了：这到底是什么情况？突然，大脑从自己的情绪记忆库里调取出过往的体验，发现以前面对喜欢的女孩时也会这样。于是，大脑做出了判断：我被她打动了，我喜欢她。接下来，这些认为自己已经喜欢上女助手的受试者就会拨通电话，向女助手提出约会请求了。

爱情是否会出现，与人们的大脑如何解释自己的身体和所处的环境有着密切关系。那么，大脑的认知是如何影响爱情的，又是如何维系爱情的呢？

带有情感的语言：能被预测的恋爱与婚姻

美国华盛顿大学心理学教授、西雅图人际关系研究所所长约翰·戈特曼从事婚姻家庭的研究长达 40 年，是婚姻家庭研究领域的顶尖专家，被评为"美国最有影响力的心理治疗大师"，被媒体公认为"婚姻教皇"。

从 20 世纪 70 年代至今，戈特曼只做了一件事情，即建立爱情实验室。正是在这个实验室里，戈特曼和他的合作者一起研究了 3000 个美国家庭、700 多对夫妻或恋人，发布了多份重量级婚姻家庭关系研究报告，拯救了数万个陷入危机的家庭。戈特曼还与牛津大学教授詹姆斯·默里合作，开发构建了著名的夫妻关系公式，揭开了爱情的秘密。

经过长时间严谨细致的思考，戈特曼和默里一致认为，在爱情和婚姻当中，起决定性作用的是关系，也就是恋人关系或者夫妻关系。那该如何衡量关系呢？有没有什么客观指标能够说明两个人的关系是好还是坏，是亲密还是疏远呢？他们发现了一个非常重要的指标，那就是沟通。这个指标包含三个具体指标：恋人或夫妻沟通的频率、恋人或夫妻沟通的内容以及恋人或夫妻沟通时的情绪。

有了这三个具体指标，就可以客观地进行观察了。戈特曼和默里还进一步细化了这三个具体指标，特别是沟通内容，他们进一步将其确定为词义、词性与词频，并把词义和词性用具体数字来指代。这样就能量化统计沟通内容了，也就能够运用数学模型来研究它了。

戈特曼和默里通过观察大量的夫妻与恋人的对话，发现他们无论是在正常对话中，还是在争吵、欢笑、调侃中，所表达的态度与情感总是与一些特定的用词有很强的关联性，比如幽默、赞同、高兴、喜欢、感兴趣、愤怒、控制欲、悲伤、抱怨、好斗、防卫、厌恶、妨碍和蔑视。既然有关联，那就先找到这些带有情感色彩的词，然后给这些词附上数值，比如幽默是 4 分，悲伤是 –1 分，高兴是 4 分，争斗是 –2 分，愤怒是 –1 分，厌恶是 –3 分，专横是 –1 分，蔑视是 –4 分，诸如此类。

沿着这个思路，戈特曼和默里设计了一项实验。他们准备了一个房间，房间内放有桌椅和摄像机。他们让参加实验的夫妻或恋人依次进入房间，面对面坐下，然后围绕研究人员事先准备的具有争议性的话题，比如金钱、性、对孩子的教育等话题开始交谈。双方自由发挥，各抒己见。

每对夫妻或恋人持续交谈该话题的时间为 15 分钟，交谈过程会被摄像机全程记录下来。实验结束后，戈特曼和默里统计了这些夫妻或恋人在谈话过程中说出的情感色彩词，计算他们的得分。那些在谈话中说出"喜欢""幽默""幸福"的人得到很高的分数，而那些用词表现出轻蔑和好斗的人则得到低分。

戈特曼和默里一共邀请了 700 多对夫妻或恋人参与实验，并全程记录了他们的谈话内容。这还不算结束，之后每隔一两年，戈特曼和默里都会与参与实验的 700 多对夫妻或恋人再次进行交流，详细记录他们的关系情况，整个实验过程持续了整整 12 年。

经过多年的不断修正与调整，戈特曼和默里最终建立了数学模型。这个数学模型预测离婚或分手的准确率高得惊人，高达 94%。他们还借助这个数学模型发现了一个关系拐点——著名的亲密关系 5∶1，即如果夫妻双方在日常交谈中使用的正面词语与负面词语的分值的比例低于 5∶1，那么这段婚姻就要出问题了。到这里，戈特曼和默里发现了爱情中最关键的因素，那就是带有情感的评价性语言。

后来，美国著名心理学家罗伯特·斯腾伯格在前人研究的基础上，提出了著名的爱情三角理论，认为爱情中包括三个元素——激情、亲密和承诺，完美爱情 = 亲密 + 激情 + 承诺。

激情，主要是欲望和需求的表达方式，多指性的需求和欲望。

亲密，指的是爱情关系中那些促使双方亲近、志同道合、不分彼此的感情，与爱人互相吐露心声、互相依赖、尊重和理解爱人以及愿意与爱人分享等都是亲密元素的体现。

承诺，由短期承诺和长期承诺组成。短期承诺是指决定要爱一个人，而长期承诺是指维护这段关系，为两个人的关系负责，与爱人一起面对未来，愿意牺牲、奉献、经营爱情关系。

实际上，激情就是我们在吊桥实验中所看见的景象，是由生理唤醒和认知对身体反应的解读而产生的；而亲密与承诺则是通过带有情感的语言，特别是带有积极情感的正面语言来实现的，这里所说的语言还包括拥抱、亲吻等肢体性语言。

爱情的反应闭环：催产素与多巴胺

无论是阿伦的吊桥实验，还是戈特曼和默里的婚姻预测实验，实际上都是对爱情的产生与维系的描述。受当时的科学技术水平，特别是研究手段的限制，这个问题还没有得到很充分的解答。直到现代神经科学进步，像核磁共振仪这样的研究工具问世，人们才第一次看清了爱情的"内部构造"。

要研究爱情的内部构造，就需要对比爱与不爱这两种状态下，大脑有什么区别。但不可能直接研究人，故意破坏人与人之间的感情，这是非常不道德的。好在自然界正好有这么两种类型的田鼠，一种是长相厮守型，另一种是走婚型。

　　长相厮守型田鼠中的雄性田鼠是模范丈夫，天天围着雌性田鼠转，给雌性田鼠找吃的，带孩子、做家务样样精通，特别顾家；走婚型田鼠中的雄性田鼠是典型的"渣男"，不但同时与多只雌性田鼠有染，而且跟雌性田鼠交配完之后，马上开溜，对下一代从来不闻不问。为什么同样是田鼠，在孕育下一代的策略上竟然会有如此大的差别？

　　科学家发现，模范丈夫田鼠大脑里的感受器比渣男田鼠大脑里的感受器要多很多，而且有一种感受器是专门感受催产素的，这可能就是造成两种田鼠的差别的原因。但这只是假设，如果想让假设变成理论，就必须要经过实验的验证。医学上有一种精神类药物可以作用于大脑里的催产素感受器，注射了这种药物之后，催产素感受器就不与催产素相结合了，而会与药物相结合，相当于阻断了神经传递。当科学家把这种药物注射给一只模范丈夫田鼠后，这只模范丈夫田鼠立马改变了对妻子和孩子的态度，抛妻弃子，寻找新欢，变脸之快令人咋舌。

　　催产素会对田鼠造成这样的影响，那它对人也会起同样的作用吗？英国伦敦大学的两位神经科学家做了一项爱情实验。他们选取了一批热恋中的大学生，让他们躺在核磁共振仪里，然后给他们看一些照片，有风景、帅哥靓女、明星的照片，还有他们恋人的照片，并用核磁共振仪扫描他们的大脑活动。

实验结果显示，当他们看到自己恋人的照片时，他们的大脑活动异常活跃，而且大脑里一个叫尾状核的区域变得很活跃。神奇的是，科学家们在另一项实验中也见过这种现象，人在吸食可卡因后，大脑也是这种状态。也就是说，热恋中的人的大脑居然跟吸毒者的大脑一样。大脑分泌的多巴胺参与了爱情的过程。

爱情本无意义，只是为了生育和繁衍

大脑中的爱情神经通路是这样的：当男女双方因为情感而相互吸引时，大脑就会分泌多巴胺让他们感觉兴奋，用于奖励与异性的互动和交往，尤其是出现性行为时，大脑会大量分泌多巴胺，以奖励生育行为。

但是，多巴胺是一种控制神经细胞活性的化学物质，如果在大脑中一直存在，会让神经细胞过度兴奋，如果不能及时清除，人会过度冲动，而这是很危险的。所以，人类的大脑就进化出了及时消解多巴胺的机制。

只有多巴胺参与的两性关系只会是一夜情。然而，人如果要生存，要繁衍，要养育后代，就必须长期维系两个人的关系。所以，人类的大脑又进化出一种机制，这种机制既能调节多巴胺，让人不至于处于过度的癫狂与兴奋中，又能通过催产素维持人与人之间长久的亲密关系，即多巴胺刺激产生催产素，催产素又刺激持续产生多巴胺，这个闭环机制就此诞生。

科学家们对催产素进行了深入研究。他们本以为催产素能增加彼此的信任，让人能够待人更亲切友善，但很不幸的是，催产素除了能够调控多巴胺的分泌，还有一个重要的功能是界定社会意义上的"自己人"。如果对方被界定为敌人或者与自己无关的他人，催产素不但不会让人亲切友善地对待对方，反而会让人表现出更多的恶意和恐惧，使人的攻击性更强，合作性更差。

随着对催产素的研究越来越深入，科学家们发现，雌性田鼠大脑中分泌多巴胺和催产素的神经细胞都比雄性田鼠要多，做了妈妈以后还会变得更多。大量实验证明，催产素并不是为了爱情而存在的，而是为了分清你和我，尤其是分清谁是自己的后代而存在的。因为后代是绝对的"自己人"，优先级别高过其他所有人。也就是说，催产素是专门为了让妈妈更好地照顾下一代，建立亲子关系而存在的。雌性田鼠生完孩子后，大脑就会分泌多巴胺来鼓励它去喂养孩子，同时分泌大量催产素来维持住这种反应闭环。

更神奇的是，科学家们发现，当田鼠妈妈大脑中的多巴胺 – 催产素闭环被激活后，田鼠妈妈不但会精心喂养幼鼠，还会在喂养过程中抚摩和舔舐幼鼠，而且当它这样做的时候，它大脑里的多巴胺 – 催产素闭环就会增强，让它感觉很幸福。与此同时，幼鼠的大脑则被田鼠妈妈的行为给激活了，各种基因开关相继打开，大脑持续稳定地生长发育，而且更加健康。

如果在这个时候强行把田鼠妈妈和幼鼠分开，那就真的是"鼠间惨剧"了。看不见妈妈，得不到妈妈的爱抚和舔舐的幼鼠，其大脑很快就会出现各种发育不良的症状。这时候，如果科学家用毛巾人为制造抚摩，幼鼠的情绪可能会好一些，但远远不如跟妈妈在一起时的情况好。

到这里，可能你要面对一个很残酷的现实：爱情本来就不是为了两个人长相厮守、幸福美满而存在的，爱情最重要的功能是让异性双方彼此吸引，并在吸引的基础上产生性行为，把彼此的基因传递下去。而伴侣之间的亲密关系也只是为了共同照顾后代而存在的。对雄性来说，他们的使命本来就只是将更多携带着自己基因的廉价精子广泛地播撒出去，而不是与同一个伴侣长相厮守。而雌性的使命是从众多雄性中挑选出最有利于抚养后代的雄性，与他繁衍后代，并想办法把他拴住，让他承担起抚养后代的责任。如果雌性能够独立抚养后代，那就根本没有雄性的事了。

我们看到在动物世界中，很多动物都是单亲妈妈，雄性只在发情时才出现，完成交配之后就溜了，剩下的全是雌性的事情。这不是因为雄性薄情寡义，而是因为雌性完全可以自己完成抚养后代的任务，不需要雄性的参与。

爱情与婚姻的关键：彼此能够体验到情感联结

从心理学的角度来看，既然爱情与婚姻的本质是关系，那么长相厮守的爱情与幸福美满的婚姻最重要的功能是让两个人共同成长，克服孤独，实现自己的价值，最终直面自己的死亡。那么你可能要问了，我不要爱情和婚姻，能不能也实现成长呢？我的答案是：不行！因为每个人的成长，都离不开关系。

当我们还是婴幼儿时，我们的成长离不开与妈妈之间的亲密关系；当我们进入青少年时期，我们不但要在家里与父母构建起家庭关系，还要在学校与老师、同学构建起最初的社会关系；当我们成年之后步入社会，我们不仅要面对复杂的社会关系，还要进入亲密关系之中。

社会关系是我们实现自己价值的必要途径,因为无论做什么事情都离不开其他人,我们需要与其他人竞争或合作,才能完成想要做的事情。与此同时,我们还要在亲密关系中与伴侣一起完成自己心灵的整合,去体验那种亲密而稳定的感觉,去感受与践行彼此的承诺,慢慢使自己的性格变得更加坚强、稳重、温和,让自己对这个世界充满关怀与爱,完成自己一生的使命,最后平静地走向死亡。这是人性的一部分,也是我们的生命的意义所在。

然而现实是,同样是进入到亲密关系中,不同个体的体验却是千差万别的。有些人在亲密关系中不但没有实现自我成长,反而把自己弄得遍体鳞伤。

婚姻家庭研究领域的顶尖专家戈特曼和默里根据研究范式,将所有夫妻分成了五类。

第一类是幸福的夫妻。这类夫妻在沟通互动过程中呈现出冷静、亲密、相互扶持、关系友好的状态,并且他们更倾向于互相分享经验,尤其是分享体验与感受。

第二类是无效的夫妻。这类夫妻在沟通互动过程中会尽最大努力避免冲突,他们会积极回应对方,就事论事,遇到冲突时会退让或者妥协，双方在理性层面有默契，但在情感层面是有明显距离的。

第三类是不稳定的夫妻。这类夫妻在沟通互动过程中会表现得极富浪漫与热情，但也会因为观点冲突而异常激烈地争论甚至争吵。他们的婚姻关系就像过山车一样，非常不稳定，双方会为此感到苦恼。

第四类是敌对的夫妻。这类夫妻在沟通互动过程中呈现出明显的敌对态度与情绪，一方不想谈论某件事时，另一方却一定要谈论，两个人仿佛是在刻意跟对方对着干，一方一定要把另一方压服。这样发展下去，要么是无穷无尽的战火，要么以一方的胜利而告终。失败的一方要么开始讨好另一方，要么对另一方不再有感觉。

第五类是彼此无感的夫妻。这类夫妻在沟通互动过程中，往往是一方兴致勃勃地想要争论一番，可另一方对讨论的话题根本不感兴趣，或者双方都觉得与对方的谈话很无聊，不想进行下去。

不稳定的夫妻和敌对的夫妻的婚姻一般能持续下去，离婚的概率并不高，而彼此无感的夫妻和无效的夫妻，尤其是前者，往往离婚率较高。

　　戈特曼通过进一步的研究发现，能否维系幸福的婚姻关系，关键不在于夫妻双方的人格是否完美，也不在于夫妻双方受教育的程度或者财富的多少，而在于夫妻双方的关系匹配程度。关系的匹配需要双方的共同努力。如果夫妻双方都怀着关心、爱意和尊敬去对待甚至化解对方身上的不完美之处，这段婚姻关系就会充满生机。而如果夫妻双方常常以苛刻的语言开始一场谈话，谈话中经常出现批评、鄙视、辩护等内容，并且双方经常冷战，都对配偶和婚姻有着很深的负面看法，这段婚姻关系就比较危险了。

　　此外，戈特曼还发现，离婚最大的诱因看起来是一方的外遇行为，或者性生活不和谐，抑或家庭暴力，然而这些只是结果，而非原因。比如，外遇大多是婚姻关系出现问题导致的，其根本原因是夫妻双方无法彼此寻求理解、尊重和关心了。一个人在配偶这里得不到理解、尊重和关心时，就有可能去别人那里寻找。

　　戈特曼的研究中有个很有意思的现象：那些天天吵架、经常发生争执与冲突且情绪激烈的夫妻的离婚率反而比那些理性、彬彬有礼、懂得妥协退让的夫妻低。这就是为什么妇联和居委会的许多干部常说："天天吵架甚至打架的夫妻往往不容易离婚，那种看起来很好的夫妻，有时候说离就离了。"然而那些天天争吵的夫妻虽然没有离婚，但由于彼此的情感整天纠缠在一起，每天都"负能量爆棚"，精神憔悴，十分无助，仿佛每天都身处危险之中，随时准备战斗或者逃跑。

这个现象充分说明了爱情的本质是彼此的情感联结。所谓情感联结，就是两个人的情绪、情感的互动过程，是两个人内心真实的情感体验。正是这种情感联结起到了决定性作用。

如果这种情感联结中充满爱、包容、尊重和理解，那么它就会转化为向上发展的正能量，通过婚姻关系持续滋养夫妻双方，同时也滋养整个家庭，特别是孩子；而如果这种情感联结中充满敌意、怨恨、强迫，那么它就会转化为向下的负能量，这种负能量会不断消磨夫妻双方的意志，损耗彼此的精神，不仅会给夫妻双方的心理健康带来极大的摧残，对孩子的成长也非常有害。

而那些表面上看起来彼此尊重、相互妥协的夫妻，彼此的情感联结反而很弱，甚至已经断裂。他们的和谐关系实际上是理性头脑塑造出来的，缺乏情感体验，类似演戏，很不真实。

此外，戈特曼和默里的研究将夫妻之间持续不断的负面情绪与负面评价视为婚姻的头号杀手。那么，为什么一些人会用负面情绪和负面评价去攻击自己的伴侣呢？他们为什么要持续跟自己的伴侣作对呢？这其实与人的性格形成有关。不得不说，父母起到了决定性作用。父母与孩子建立了怎样的关系，孩子就会将怎样的关系深深刻在心里，并使之成为自己人格的一部分。当孩子走出家庭，走向学校，走向社会，他就会不断地重复被刻在心中的之前与父母建立的关系。

如果夫妻双方心中的关系充满爱与包容，那么他们就能够充分接纳对方，并体验到彼此的情感；而如果夫妻双方心中的关系充满抱怨与指责，那么他们就会用这种方式来对待彼此。

曾经有位女士来到心理咨询室，一坐下就开始滔滔不绝地指责她的丈夫有多么不好，用词的刻薄程度让人难以接受。经过咨询后，我发现这位女士的妈妈也是这样的人，在这位女士小时候对她极为刻薄，从不表扬她，而这位女士的爸爸则长期在外地工作，没有给予她基本的陪伴。这位女士结婚后，行为跟她的妈妈一模一样，每当丈夫或者孩子不听她的话时，她的心中就像火山爆发一般，嘴巴如同机关枪，根本控制不住。

还有一位女士，以前结过三次婚，第四次结婚后又离婚了，离婚的原因是丈夫家暴。但在咨询过程中，我了解到这位女士小时候经常被她的爸爸打，几乎天天挨打，她的爸爸只要心情不好就会打她。她结婚之后，只要有一点不开心，就会跟丈夫大吵大闹，在丈夫面前控制不住地陷入歇斯底里的状态，不停地问丈夫："你是不是想打我！你打呀！不打不是男人！"结果她的丈夫被激怒，真的动手，成功落入了她的"圈套"。

看见彼此的生命画卷，拥有共同的现象场

幸福的婚姻不是那么容易就能拥有的，但也没有那么遥不可及。要想拥有幸福的婚姻，关键在于对自己有足够的觉知与理解。首先，夫妻双方要能够感受并体验到彼此的情感联结，如果有一方体验不到，大概率是他自己的问题；其次，夫妻双方都要对自己的成长历程有充分的觉知，不能浑浑噩噩，如果觉知不到，可以请专业的心理咨询师帮助；然后，在前两步的基础上，可以有针对性地训练自己在婚姻中的沟通能力，充分觉察到自己语言中的攻击性、负面情绪与负面评价，不断修正自己的表达，并进行反馈与互动；最后，要经常与伴侣分享自己的情感体验，记住，一定是情感层面的体验，而不是理性层面的观念。如果能够真正做到这些，相信每个人都能拥有幸福的婚姻。

心理学家阿瑟·阿伦在做完吊桥实验之后，又做了一个惊世骇俗的实验。他找了一群陌生人，按一男一女分成若干对，让他们两两面对面坐下，然后拿出一份实验人员事先准备的含有 36

道问题的问卷，让每对男女一题一题地轮流把自己的答案说给对方听。这个过程最多需要 90 分钟。完成之后，双方需要保持沉默，相互凝视 4 分钟。我把题目展示在下面，如果你愿意，可以找个异性试一下这些问题。

1. 全世界的人里，你最愿意与谁共进晚餐？

2. 你想出名吗？用什么方式出名？

3. 打电话之前，你会先考虑一下措辞吗？

4. 在你看来，完美的一天应该是什么样的？

5. 你上次一个人对着镜子唱歌是在什么时候？对着其他人唱呢？

6. 如果能活到 90 岁，你愿意在 30 岁的心智和 30 岁的体魄中选哪一个？

7. 你曾预感到自己会以某种方式死去吗？

8. 列出你们的 3 个共同点。

9. 什么最令你感激？

10. 如果能改变成长过程中的一件事，你要改变什么？

11. 用 4 分钟告诉对方你的人生经历，尽可能详细。

12. 如果明早醒来后你能获得某种才能或品质，你想拥有什么？

13. 如果水晶球能告诉你一切事情，你愿意知道吗？

14. 有没有哪件事是你一直想做但没做的？为什么？

15. 你人生中最大的成就是什么？

16. 一段友谊中，你最看重什么？

17. 你最宝贵的回忆是哪一段？

18. 你最糟糕苦闷的回忆是哪一段？

19. 如果生命只剩一年，你愿意改变现在的某种生活方式吗？为什么？

20. 友情对你而言意味着什么？

21. 在你的生命中，爱和情感扮演什么角色？

22. 互相说出对方的 5 项优秀品质。

23. 你与家人的关系怎样？你觉得自己的童年比其他人更快乐吗？

24. 你与母亲的关系如何？

25. 用"我们"开头造 3 个句子，比如"我们俩在屋里，感觉……"。

26. 把这 3 个句子补充完整，比如"我希望和某个人在一起，分享……"。

27. 如果你们准备成为亲密的朋友，告诉对方有什么重要的事是他（她）必须知道的。

28. 如实告诉对方你喜欢他（她）的哪些方面，说点平时你不太会讲的话。

29. 告诉对方你遭遇过的尴尬时刻。

30. 你上次在别人面前哭泣是在什么时候？独自哭泣呢？

31. 告诉对方，你发自内心地喜欢上了他（她）身上的什么品质？

32. 你觉得哪些事情是不能开玩笑的？

33. 如果今晚你将离世，而且没机会与任何人告别，你最遗憾没和谁说说话？为什么这些话你至今都没告诉他（她）？

34. 假设你拥有的东西都在一幢房子里，现在房子起火了，你拼命救出家人和宠物后，发现还有一次机会可以返回火场，你愿意拿出什么东西？为什么？

35. 在所有家人中，谁去世最让你难过？为什么？

36. 就一个私人问题请教对方，如果换作他（她）会怎么做？然后告诉对方你的想法。

最后的结果是，任何两个人只要严格按照上面的程序做了，并且认真对待了每一道问题，就都会爱上彼此。

值得注意的是，这 36 道题全是对一个人生活经历的调查，而且调查的都是人生中的关键事件，比如什么时候上的小学，在小学中最深刻的记忆是什么，等等。

美国人本主义心理学家罗杰斯提出一个专业名词——现象场，即一个人所体验到的时间与空间各个因素的总和。你可以把现象场理解为反映一个人成长历程的清明上河图，这幅画卷隐藏在每个人的记忆中。平时，我们只是想不起来，因为没有提取的线索。而当另一个人通过语言提示让我们将所有的记忆碎片串起来，我们的生命画卷就可以展开了。这幅画卷展开后，我们会有非常强烈的情感体验，而强烈的情感体验会让我们进一步看清楚自己的生命画卷上究竟画了什么。

深刻地认识一个人的过程，其实就是和他一起展开他的生命画卷，并和他一起去看见、去体验的过程。实际上，真正相爱的两个人，常常是用几个月、几年甚至一辈子去了解彼此的现象场并与对方一起创造共同的现象场的。这才是真正的爱情。

你可以试着把前面提到的 36 个问题的内容稍微改动一下，然后与自己的爱人展开一次深入的谈话。记住，一定要看着对方的眼睛，认真而真诚地提问或回答每一个问题，看看有什么样的体验。

我曾经对这 36 个问题做了修改，然后在课堂上让几对夫妻做了这个练习。现场有一位将近 40 岁的男学员在问到一半的时候，一下就哭了出来，因为他的妻子向他分享了许多他从来都不知道的感受，他突然觉得自己好像重新看见了妻子，感受到了妻子对自己的爱。于是，他一把抱住妻子，第一次向妻子道歉，说自己平日因为工作对她关心得太少，不够理解她，心里很内疚。而他的妻子听到这里也泪流满面，说自己非常爱他，一直都很爱，今天能听到他这样说，觉得自己的付出值了。

16

感觉剥夺实验：
身体，是我们丈量世界的尺度

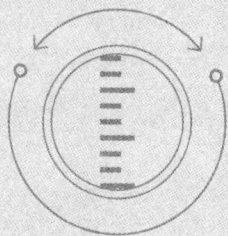

感觉每时每刻都在陪伴着我们，只是绝大多数人并没有认真体会过它的存在。实际上，我们全身上下有许许多多的感觉器官，它们都是用来实现感觉的。比如，眼睛能看见生动的画面和鲜明的色彩；鼻子能闻到香水的美妙气味；舌头能尝到调料的可口味道；温柔的抚摩给我们安慰；轻轻的爱抚有时会把我们从梦中唤醒。

我们全身的各种感觉器官分别将不同形式的感觉刺激，比如视觉、听觉、嗅觉、触觉等，转换为可以被神经系统理解的语言，即编码神经冲动，再将这种被编译好的神经冲动沿着神经通路传导到大脑皮层中枢。

1954 年，加拿大麦吉尔大学的心理学家赫布和贝克斯顿做了项名叫"感觉剥夺"的实验。赫布和贝克斯顿招募了一批大学生作为受试者，告诉这些大学生，他们每人都要忍受一天的感觉剥夺，如果挺过去了，就可以获得 20 美元的报酬。当时大学生打工的工资大约是每小时 50 美分，而一天就可以获得 20 美元，对当时的大学生来说绝对算得上一笔不菲的收入了。

实验任务看起来没有一点难度，受试者只要在一个小房间里的舒服的大床上躺上 24 小时就行了，这听起来甚至像是一次愉快的享受。也许这就是人们说的"躺赢"吧。此外，在实验过程中，受试者除了吃饭和上厕所外，必须要严格控制任何感觉输入。为了达到这个效果，研究人员给每一位受试者都戴上了半透明的塑料眼罩，这种眼罩只能透进散射光，图形视觉被阻止了；受试者的手和胳膊被套上了用纸板做的袖套和手套，以限制触觉；同时，小房间中一直充斥着空气调节器的嗡嗡声，以干扰听觉。

实验刚刚开始时，所有受试者都在庆幸自己能找到这样一个既轻松又挣钱多的工作，处于兴奋状态。但仅仅过了一会儿，有些受试者就感觉不行了，他们表示自己已经难以忍受躺在这个小房间里了。有些受试者甚至在实验时间还没过半时就表示放弃 20 美元的报酬，请求立刻停止实验。

看起来这么简单的实验，居然没几个人能坚持下来。为了搞清楚原因，赫布和贝克斯顿在实验结束后对受试者进行了访谈，想了解这些受试者被剥夺感觉之后，到底发生了什么。

访谈结果令赫布和贝克斯顿感到震惊。有些受试者表示，刚开始他们感觉比较新奇，但过了一会儿，他们就感觉自己的大脑好像被什么东西卡住了，他们既不能集中注意力，也无法进行连续清晰的思索，思维总是跳来跳去。

有受试者本来计划在实验时回忆一下自己前段时间的学习内容，为之后的考试做准备。但在房间待了一会儿后，他突然感到自己根本就没有办法回忆，大脑像是突然死机了一样。这种状态甚至在实验结束后的一段时间里仍持续存在，他居然在很长时间里都无法进入正常的学习状态。

还有部分受试者报告说，他们在实验中体验到了幻觉。有些人的幻觉比较简单，比如两眼冒金星，比如看见了忽隐忽现的光或者昏暗但灼热的光。还有些人听到了很奇怪的声音。只有少数受试者报告说，他们体验到了较为复杂的幻觉，比如有一个受试者报告说他好像看到一块电视屏幕出现在眼前，他努力尝试阅读上面放映出的不清楚的信息，却怎么也看不清，里面有个人影若隐若现，这让他感觉很害怕。

最让人感到震惊的是，有位受试者把他待在小房间时的感受画了下来。他画了两个自己，这两个自己都特别真实，他甚至不知道哪个才是真正的自己。

再后来，许多学者开发了多种形式的感觉剥夺实验研究方法。所有的实验结果都显示，在感觉被剥夺的状态下，人会出现紧张忧郁、记忆力减退、判断力下降等情况，甚至出现各种幻觉和妄想，最后难以忍受，不得不要求立即停止实验，让自己回到有丰富感觉刺激的环境中去。这意味着我们大脑的一切活动根本就离不开身体感觉，又或者，是我们的身体感觉在塑造着我们的大脑吗？

身体动作正在重塑大脑

一提起肉毒素，很多人可能最先想到的是面部整形与医疗美容，因为注射肉毒素是最常见的治疗女性面部皱纹的医美手段。肉毒杆菌是一种生长在缺氧环境下的细菌，在罐头食品及密封腌渍食物中具有极强的生存能力，是毒性最强的细菌之一。同时，肉毒杆菌也是一种致命病菌，在繁殖过程中会分泌肉毒素，肉毒素可抑制胆碱能神经末梢释放乙酰胆碱，导致肌肉松弛型麻痹。

不过，小剂量的肉毒素可用于医美。美国整形外科学会于 2018 年发布的整形外科统计报告显示，花在 A 型肉毒素上的开销在微创整形治疗开销中排名第一，高达 29.5 亿美元。此外，肉毒素也可用于治疗肌肉痉挛和其他肌肉疾病，对偏头痛、磨牙症等也有疗效。

然而，德国和瑞士的科学家在对肉毒杆菌进行研究时，意外地发现肉毒杆菌分泌出的肉毒素能够显著降低抑郁症患者的抑郁水平。这让科学家不能理解了，因为肉毒素原本是用来消除皱纹、延缓衰老的，与缓解抑郁症八竿子打不着。难道肉毒素有什么奇妙的功效吗？

为了验证这一假设，科学家们与精神病研究机构一起做了一项实验，招募了一批患有重度抑郁症的患者，把他们随机分成两组，其中一组是实验组，另一组是对照组。研究人员会向实验组患者的脸部注射肉毒素，向对照组患者的脸部注射类似生理盐水的安慰剂。该实验是随机双盲实验，参与实验的研究人员和患者都不知道注射的是哪一种试剂。

实验结果显示，被注射肉毒素的患者，其悲伤、绝望和负罪感等抑郁症状的严重程度平均减少了 47%；与此相对，那些被注射安慰剂的患者在整个研究过程中，抑郁程度没有明显变化。科学家对肉毒素又进行了细致研究，发现肉毒素不但不会让神经细胞兴奋，还会麻痹神经细胞，过量的肉毒素甚至会对神经细胞造成破坏。

随后，英国心理学家又对一批做过整形手术的人进行追踪调查，发现使用肉毒素消除眉间皱纹的人情绪有特别明显的改善，比那些使用肉毒素消除鱼尾纹、化学焕肤以及使用玻尿酸丰唇的人情绪上的改善更明显。

脑科学家对此又做了一系列研究。他们让受试者持续做出表达负面情绪的表情，例如皱眉头、嘴角向下撇等，然后用核磁共振仪扫描被试的大脑。实验结果显示，当人们做出表达负面情绪的表情时，大脑中负责处理面部表情的脑区就会被激活，并且负责处理情绪的脑区也开始活跃。

有意思的是，研究人员让受试者持续几周保持表达积极情绪的表情，比如微笑，受试者的大脑就会变得对负面情绪的信号不敏感。原来，在眉间或者嘴角注射肉毒素后，皱眉或者撇嘴的行为会因此弱化。这样一来，面部表情无法将不高兴的信号反馈给大脑，而大脑会将这样的面部表情解读成"嗯，我还蛮高兴的"。

也就是说，我们的面部表情会重塑我们的大脑。

与此同时，科学家还对身体姿势进行了研究。不知道你有没有看过《神奇女侠》这部电影，神奇女侠有个招牌姿势，叫"神奇女侠的能量姿势"。这个姿势非常简单，就是双腿分开站在地上，两只手叉腰，两个胳膊肘向外拐，这是一个看起来非常自信的姿势。哈佛大学商学院的社会心理学家艾米·卡迪曾在 TED 演讲中表示，只要保持这个姿势两分钟，你就能获得真正的自信。你的睾酮水平将会提高 20%，这意味着你会更加自信，更愿意冒险。与此同时，压力激素的水平将会降低 15%。

此外，科学家在研究拥抱时发现，拥抱可以促进多巴胺的分泌，并降低血压和皮质醇水平，减轻压力。而且，只要亲密触碰几秒钟，大部分人都会觉得压力减轻了。被他人触碰时，皮肤内的压觉感知器会受到刺激，这些感知器会将信号传递到迷走神经，而迷走神经正好是大脑内调节血压等身体重要指标的区域。人在被他人拥抱或者拥抱他人时，会因迷走神经受到刺激而血压下降，因而觉得更平静。此外，人在被拥抱时，大脑还会分泌多巴胺，也就是所谓愉悦激素，这会增加人的安全感、满足感。

身体的表达

身体除了能够重塑大脑，还能帮助心理咨询师了解来访者真正的心理问题所在。这里有个真实的案例。每年快要高考时，总会有朋友前来找我咨询自己孩子考试焦虑的问题，请求我帮助孩子做考前心理放松，期待孩子能够考个好成绩。

以前，我一直以为考试焦虑是现在学生的学习压力过大造成的，因此我首先会引导学生进行情绪发泄，调节自己的心理状态，缓解学习压力，开放自己的心态。我还会建议学生听听音乐，去野外散散步，找自己的朋友倾诉，我认为只有将心理调节好，才能以放松的状态面对考试，从而发挥出自己最好的水平。直到最近我接触了几个案例，尤其是前段时间遇到的小 A 同学的案例，我才深刻认识到，考试焦虑远比我想象的要复杂。

小 A 同学，男，18 岁，高三，2019 年参加高考。小 A 的爸爸在小 A 参加高考前找到了我，希望我能跟小 A 聊一聊。根据小 A 的爸爸的描述，小 A 之前只要一遇到考试，就会莫名其妙地肚子疼，好在疼得并不厉害，只是隐隐作痛，之前到医院检查过，做了所有能做的检查，但查不出任何问题。最后医生说可能是心理问题，建议小 A 去看心理医生。

这位爸爸对医生的解释很不满意，认为医生水平不够高。医学检查的确没查出问题，小 A 肚子疼也不影响正常的学习和生活，于是这位爸爸就没当回事。等小 A 到了高三，一次又一次的模拟考试让肚子疼的问题重新出现。而这一次，小 A 的疼痛感明显增加，并且伴随有心跳加快、呼吸急促、出冷汗、手脚冰冷等症状。这些症状已经影响到了正常复习，但小 A 去医院做检查依然查不出任何问题。

这位爸爸很无奈，辗转找到我这里，向我求助。第一次与小 A 会面时，我看到他身材瘦高，皮肤偏黑，有一点驼背。小 A 坐下来时，头部下垂，双腿并得很紧，左手反复抠自己右手大拇指的指甲。他戴着眼镜，不敢和我对视，显得很内向。我能明显感觉到他的紧张与刻意逃避。

我向小 A 表达出我对他的接纳与包容，并表明了我的态度，保证对他向我诉说的一切严格保密，不会跟他的父母说，这让他慢慢放下了对我的警惕。开始，我们随意地聊，聊一些小 A 感兴趣的话题，尽量让小 A 主动说，而我就认真做好一位听众，并及时回应他，让他感觉我在用心听他说话。渐渐地，小 A 打开了话匣子，开始展现出沟通表达的意愿，我们之间的基本信任感建立了起来。

在建立了基本信任感之后，我们慢慢将聊天内容转移到了学校、学习与考试上面。聊着聊着，我开始感到自己的腹部有点不舒服，有抽动感。当时，虽然我并不清楚这种腹部的不适感是什么，但直觉告诉我，这种腹部的不适感不是我的，应该是我感受到了小 A 的感觉，或者说，是小 A 在跟我的聊天互动中逐渐把他的感觉投射给了我，并且我接纳了他的感觉。于是我把自己肚子不舒服的感觉反馈给了他，他说他也有同样的感觉。

接下来，我使用了心理学精神分析流派中最常使用的自由联想技术与小 A 对话。我请小 A 放松自己的身体，体会身体坐在椅子上的感觉，体会双脚踩在地上的感觉，集中注意力去扫描自己的身体。小 A 跟随着我的引导，慢慢静了下来，进入了状态。当我让他感受自己的腹部时，他说他感受到了自己肚子的不舒服，感觉腹部像在被一根钢缆牵拉，他整个人都在被拽着往前走。

我请他慢慢放松，不去刻意回避腹部的不适，并当即询问小 A 感受到腹部的这种牵拉感时第一时间会想到什么，然后想到什么，还想到什么，并告诉他不要刻意去修改自己想到的画面与内容。

小 A 先是想到了考卷和考场，但我能感受到，考试本身并不是导致他肚子疼的直接因素。后来他又想到了自己小学时背的书包，还想到了自己喜欢看的漫画书，想到了小学时自己和小伙伴常去的一座废旧仓库。突然，他想到了自己的妈妈，腹部的疼痛感顿时加剧。我让小 A 先放松下来，然后问他看到的妈妈是什么样的，在干什么。小 A 说他看见妈妈有一张非常凶、很生气的脸，好可怕。我请小 A 具体说说看到了怎样的妈妈，就这样，小 A 内心深处的伤痛被慢慢揭开了。

原来在小 A 小时候，他的爸爸长期在外地工作，很少回家。他从 4 岁起就一直跟妈妈生活在一起，直到上了高中后，爸爸才从外地调回来。妈妈在当地一家国企上班，小 A 就读的小学是这家国企的子弟学校。妈妈对小 A 非常严厉，可以说到了苛刻的地步。小 A 清楚地记得，在他上小学三年级时，当时是 6 月份，临近期末考试了，妈妈在没跟他商量的情况下就给他报了当地一家培训机构办的数学班。他很不开心，他特别喜欢漫画，想去学画画，于是找妈妈商量，却被妈妈狠狠地训斥了一顿。他还清楚地记得，妈妈当时跟他说："学漫画有什么用？能当饭吃吗？将来能考上好高中和好大学吗？考不上好大学，就会跟你爸爸一样挣不到钱，无能！"之后，妈妈为了让他专心学习，在他不知情的情况下，把他搜集的所有漫画书、漫画人物玩偶以及贴画通通没收了。

那天，小 A 放学后回到家里，发现自己的宝贝都没了，于是去问妈妈自己的东西去哪儿了。妈妈跟小 A 说："你要好好学习，看那些东西干什么？都是些害人的东西！"小 A 非常生气，要求妈妈归还自己的宝贝。这时，妈妈突然暴怒，把小 A 的宝贝从衣柜中拿了出来，当着小 A 的面把漫画书全部撕掉，把玩偶摔碎，然后把碎片捡起来摔在小 A 的脸上。

说到这里，小 A 失声痛哭起来，他说当时妈妈一边撕他的书，一边对着他哭喊道："你就不能给妈妈争点气吗？你看看你张阿姨家的孩子，再看看你！养你有什么用？不能让妈妈省心！"就在和妈妈爆发冲突后的那年期末考试时，小 A 突然得了肠胃炎，肚子疼得厉害，考试因此受到了影响。按照惯例，如果考试考不好，回到家肯定要被妈妈狠狠教训。但这次妈妈带他去医院做检查，陪他输液，给他煮粥并喂他喝，没有提考试的事情。爸爸得知他生病的事情后，专门请假从外地赶回来看他，还悄悄给他带了他最喜欢的漫画人物玩偶。

谈到这里，我问小 A："感到肚子疼这件事对你来说有重要意义吗？"小 A 愣了一下，慢慢低下头，若有所思。我接着问："腹部的这种牵拉感，像妈妈在拉扯你吗？"小 A 流下了眼泪，放声大哭起来，他说听我这么一说，突然感觉自己好委屈，只有肚子疼的时候，父母才会关心他，尤其是妈妈，才会对他温情些；只有肚子疼的时候，爸爸才会回来，一家人才能团聚；只有肚子疼的时候，考试的结果才不重要，他才能暂时回避痛苦。我说："你爱妈妈，也爱爸爸，你希望被爸爸妈妈看见。"小 A 点点头，低头哭泣着。

用身体表达被压抑的情绪情感

经过多次咨询，小 A 考试前肚子疼的症状慢慢得到了缓解。像小 A 这种情况，在心理学上被称为"躯体化"。所谓躯体化，就是指某种情绪或感受因为无法在情绪情感的层面被表达，就被压抑到了潜意识中，只能通过身体来表达。

人类的心理过程既有头脑层面的认知过程，也有情绪情感过程和身体感受过程。情绪情感过程最好在情绪情感的层面去表达，这个过程在情绪情感层面的表达受阻时，就可能转而通过身体来表达。这个时候，身体的表达就非常具有象征意义。

韩国有种疾病，叫"火病"。火病又名文化结合症候群，是一种精神疾病。这种疾病在不同的国家有不同的名称，在韩国被称为火病，在中国被称为神经衰弱，在印度则被称为 Dhat 症候群。

火病是因在生活中遭遇苦恼却无处发泄愤怒而出现的精神疾病，在社会阶层较低的更年期女性中尤为常见。患者不断出现头疼、胸闷、焦虑、失眠等症状，但去医院做检查又查不出生理原因。患者主要是 50 岁左右的韩国女性，她们是由于在家中没有话语权，忌惮丈夫在家中的权威，过于抑制自己的感情，心中有太多的怒火无法表达，才患上这种疾病的。

韩国是一个特别讲究家族权力序位的国家，家庭中的男性长辈可以肆无忌惮地攻击女性与晚辈，包括强迫、冷暴力、打压，甚至辱骂与暴力。而弱势者往往选择忍耐。韩国的文化还非常强调服从，即女性服从男性，晚辈服从长辈。患有火病的女性大多长时间反复被丈夫殴打，被婆家虐待，且丈夫有外遇、酗酒、赌博等恶习。然而，她们认为这是她们的宿命。

从精神分析的角度来看，她们不断被丈夫和婆家虐待，心中有很多怒火。她们不能表达这份情绪，结果这份情绪转而通过头疼、胸闷、焦虑、失眠等身体症状表达出来，这就是躯体化。

不仅身体对情绪有很大的影响，情绪也能通过身体来表达。俗话说"空虚寂寞冷"，这体现了中国人的智慧。空虚寂寞是一种心理感受，冷是一种身体感受，也就是说，冷会让人倍感孤独。

　　我曾经听一位咨询师分享过一个案例。这位咨询师说，有位中年女性来访者找她咨询，当时是 7 月，正值上海的盛夏，天气非常炎热，室内开着空调，大家都穿着短袖上衣，而这位来访者却穿着长袖上衣和长裤，还穿着外套。她进入室内后，把外套脱下来拿在手上，但在进入咨询师的房间后，她马上就把厚厚的外套披上了，似乎非常怕冷。

　　来访者跟丈夫和婆婆的关系都非常糟糕，身心俱疲，因此前来咨询。我记得当时那位咨询师采用的是精神分析取向心理治疗方法，她说她跟那位来访者在一起的时候，她也感觉到了冷，但空调的温度一直是 27 摄氏度，没有调过。那位来访者之前还感觉挺热的，但一坐下就感受到了寒意，披上了厚厚的外套。

　　随着咨询的深入，咨询师慢慢触碰到了这位来访者的内心。原来这位来访者的父亲抛弃了她和她的母亲，跟第三者生活在一起了。后来，她有过一次婚姻，丈夫出轨，抛弃了她，也跟第三者在一起了。现在这段婚姻是她的第二次婚姻，但她的这一任丈夫好像也有外遇了，并且婆婆知道这件事，于是家里关系非常紧张。咨询师了解到，这位来访者的父亲当年抛弃她和她的母亲时，正值北方的冬天，外面冰天雪地，她的母亲和她抱在一起哭泣，她的父亲收拾好行李，头也不回就走了。这位来访者说，她的心就好像被永远锁在了那个冰天雪地的冬天，她的身体好像也停留在了那个冬天。

从精神分析的角度来看，这位来访者是在通过"冷"来表达她压抑的愤怒。虽然我不是精神分析流派的，但我认为一定可以在大脑的神经活动中找到这种现象的原因。实际上，对温度的感受与脑岛有密切的关系。脑岛主要接收来自内脏与皮肤感受器的信号，这些感受器分别对某一种感觉特别敏感，这些感觉包括冷热感、痒觉、痛觉、味觉、饥饿、口渴、肌肉疼痛、内脏感觉以及空气感觉等。与此同时，脑岛又是性欲、恶心、骄傲、羞耻、内疚和补偿等复杂情绪的源泉，同时还会引起道德感、共情以及对音乐的情绪反应。也就是说，脑岛的作用是记录身体感受，但它同时也记录心理感受。如果身体感觉到冷，心里很可能也会感觉到寒冷；如果身体感觉到温暖，心里也会感觉到被人接纳。

那位怕冷的来访者被父亲抛弃那天的记忆，与那个冬天的寒冷天气紧密联系在了一起。她的脑岛一方面记录了当时的天气，另一方面也记录了她的情绪情感，并且将这两种记忆关联起来。每当她在生活中遇到同样的场景时，当时的记忆就会被调取出来，神经回路就又会被打通。这时，她的脑岛对皮肤温度感受器传过来的信号视而不见，而是被情绪记忆影响，将冷的信号传给了大脑，而大脑则对身体做出反馈，让她感到现在的环境很冷。这其实正是被压抑的情绪情感通过身体表达了出来。

具身认知：身体与心理互为镜像

具身认知，是当前心理学发展的新突破。在传统心理学中，认知和身体像是分开的；而具身认知观则认为心理过程依附于身体，认知是身体的认知，心智是身体的心智，离开了身体，认知和心智都不存在。

具身认知与笛卡儿的身心二元论和身心分离论是相对立的。从笛卡儿开始的西方传统科学将意识和身体分开，并且把意识当作主体，而把身体当作纯物质机器来对待，假设意识是独立于身体之外的，是纯粹意识层面的存在。

传统心理学沿着笛卡儿的身心二元论的道路发展，认为人的认知过程与计算机类似，本质就是计算，是一种纯数字化的逻辑程序。而具身认知的概念最早来源于心理学家詹姆斯·吉布森于1979 年提出的知觉生态学理论，这一理论不断发展变化，后来形成了具身认知的思想流派。

对具身认知的简单解释是，因为我们拥有独特的身体，并且我们曾经用身体感知和体验了独特的生活经历，所以我们才拥有了独特的大脑与心理特征。也就是说，我们的身体与心理是一个整体，这个整体和我们在现实世界中的经历是相互联系的。

一个人的内心世界是他全部生活经历的投影；一个人的生活经历的投影是他的所有关系，特别是与父母的关系的镜像；一个人的关系的镜像是这个人整个家族故事的镜像；而一个人家族故事的镜像则是这个家族所在社会的变迁的缩影。

回到小 A 的例子，当了解到小 A 是如何长大的，尤其是他在生命历程中经历了哪些关键性事件后，也就可以弄清楚他是如何形成了现在的心理状态。

他与环境（原生家庭）的互动关系塑造了他现在的身体和心理，而他现在的身体和心理塑造了他现在的认知。小 A 拥有这样的身体，是因为有这样的认知和环境（原生家庭）。按照具身认知的理解，一个人的思维过程、身体过程和情绪过程是互为镜像的，而人的身体，特别是外表，是很容易看到的一个镜像，所以通过观察和分析小 A 考试前肚子疼的现象，可以引出小 A 压抑的情绪，展现出他真正的内在心理逻辑。

自己做主，学会说不

在长期被父母控制和压抑的环境中长大的孩子，虽然会在理性层面告诉自己"父母爱我，我要孝顺父母"，但是他们的身体呢？你是否见过那些所谓优秀孩子和大孝子，目中无光，整个人如同行尸走肉？

有些所谓优秀孩子在亲密关系中充分展现了"渣男"本色，比如那个"PUA"自己学妹的北京大学学生干部；比如那些天天把孝道和规矩挂在嘴上的家庭，一到了拆迁和分家产时，就会闹得鸡犬不宁；再比如，之前媒体报道过几个非常优秀的孩子用极为惨烈的方式结束了自己年轻的生命。有个山东的优秀女孩甚至亲手杀死了自己的律师妈妈。有些案例最终突破了道德和法律的底线，但从另一个角度说，这也是在用身体和行为来呐喊和表达。

父母看到孩子不听话，没有按照自己的意愿成长时，就会对孩子充满敌意和攻击性，轻则表现为温情的强迫，重则表现为谩骂与殴打。然而大多数时候，父母还会把这种敌意与攻击性美化成"我都是为了你好""我对你做的一切都是因为爱"……

而孩子又该如何应对父母的敌意与攻击性呢？毫不夸张地说，父母那些披着爱的外衣的敌意与攻击性，对孩子来说更像是散发着爱的毒气的毒香水。

当然，敌意是相互的，父母对孩子的敌意可以用爱的名义来表达，那么孩子该怎么表达自己对父母的敌意呢？绝大多数情况下，孩子是无法表达的，因为父母还有一种武器，叫"孝顺"，也叫"好孩子"，这种武器完全压抑了孩子的情绪表达，而父母释放出的爱的毒气却没有解药。

无法表达情绪，不代表情绪不存在。如果父母太自恋，不能接受孩子对自己的敌意，甚至不能接受孩子对自己怀有敌意这件事本身，那么孩子的这种压抑的情绪就会变成无法在意识层面表达的心理内容，通过躯体化的方式被表达出来。而如果父母能包容和接纳孩子，引导孩子在意识层面上去接受和表达这些敌意，那敌意就会消解，变成可以忍受的心理内容。

如果想要远离躯体化，就要按照具身认知的观点这样想：我的身体，本来就应该由我说了算；我的事情，本来就应该由我来做主；我的地盘，本来就应该由我来经营。

为人父母者，如果不想让孩子为躯体化所困扰，就要充分接纳和包容孩子，让孩子明白：你的身体由你自己做主，你的事情由你自己说了算。做到这一点是非常难的，因为我们的文化中有太多类似"身体发肤，受之父母，不敢毁伤"之类的话。

如果脱离具体语境，单独理解这句话，它的意思就是"你的身体不是你的，你做不了主"，而这会进一步发展成"你的时间你做不了主，你的爱好你做不了主，你的专业你做不了主，你的职业你做不了主，连你的结婚对象你都别想做主"。

其实，青春期的孩子做文身、整容乃至抽烟喝酒之类的事情时，都是在表达一个信息：这是我的身体，我想自己说了算。而我们的父母，乃至我们的社会，却无法包容孩子的表达。每个人都想自己说了算，这是一种遏制不住的本能，如果非要遏制，即使表面上遏制住了，也往往会以更坏的方式被表达出来，甚至导致严重的心理问题或精神疾病。

17

拖延实验：

拖延，与生俱来的自我保护机制

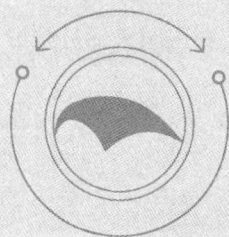

每当空闲时，我们总会不自觉地拿起手机。虽然我们都觉得应该少玩手机，多利用碎片时间看看书，但手机系统出卖了我们，它每天都会把我们的手机使用情况记录下来。我们下载了很多电子书，准备有时间就看；我们给自己做了一个年度计划，准备从下个月的第一天开始大干一场；我们都觉得学好英语能让自己的职场竞争力更强，于是我们准备明天开始每天用 30 分钟练习英语口语……

　　然而，大多数情况下，我们都会拖延。我们制订计划是为了满足未来的自己，而手机里的微博和朋友圈才能满足当下的自己。实际上，人总是更加倾向于即时满足，如果未来的某些目标会让我们感到费劲、耗神，那么我们就会本能地去逃避、拖延。

及时行乐，才是人性常态

为了搞清楚拖延的原理，心理学家们进行了一系列实验。其中，里德、洛温斯坦和卡亚纳罗曼等人用一个非常巧妙的实验，揭示了人类拖延行为背后重要的心理机制。

研究人员首先挑选了 24 部电影，这些电影中既有像《辛德勒的名单》和《海上钢琴师》这样的比较严肃且有深度的经典电影，也有像《西雅图未眠夜》和《窈窕奶爸》这样的既有丰富的故事情节又比较符合大众口味的电影，还有像《变相怪杰》和《生死时速》这样的极具娱乐性和观赏性的商业电影。这些电影在深度和娱乐性上存在显著差别。接着，研究人员招募了一批受试者，让他们从 24 部电影中选出自己感兴趣的 3 部。

在绝大部分受试者选出来的电影中都有《辛德勒的名单》，而言情片以及一些相对比较轻松的电影却少有人选择。研究人员让这些受试者从自己挑选的电影中选出一部立即观看，再选出一部两天后观看，剩下的一部则在四天后观看。

实验结果显示，大部分受试者都选择在第一天观看像《变相怪杰》和《生死时速》这样的不费脑的娱乐性电影，63% 的受试者选择在两天后观看品位更高的电影，71% 的受试者选择在四天后观看品位最高的电影。而选择的 3 部电影中有《辛德勒的名单》的受试者中，只有 44% 的人选择在第一天观看它。

研究人员又进行了后续实验。他们要求受试者从所有电影中选出 3 部，并要求受试者连续看完。这次的实验结果就很有趣了，只有不到 1/14 的受试者选择了《辛德勒的名单》。

第一次实验时，很多受试者之所以选择《辛德勒的名单》，是因为这部电影获得过奥斯卡大奖，口碑很好，而且是著名导演史蒂文·斯皮尔伯格的杰作，其实没有多少人真正喜欢这部电影。还有一些人是为了让自己看起来格调很高，才声称自己喜欢这部电影的。

《辛德勒的名单》讲述了辛德勒救赎犹太人的过程，整部电影运用黑白色调，突显出压抑的视觉效果，叙事冗长，内容表达并不直接而且非常有深度，对观众的鉴赏水平有一定要求。观众如果不消耗大量的精力去思考，就无法体会到这部电影表达的深刻内涵。

虽然有许多受试者选择了《辛德勒的名单》，但他们之中的大部分人都选择把这部电影放到最后再看。如果让这些受试者一天之内看完自己选出的 3 部电影，那么许多人干脆就不选《辛德勒的名单》了。

猴子的赌博心理

不光人类，猴子也一样有拖延症。当科学家给猴子树立一个需要努力才能实现的远大目标时，猴子一开始会偷懒，拖拖拉拉，直到任务快要完成时，它才会变得积极起来。

这项实验是由美国著名神经生物学家巴里·里士满和他的团队做的。他们找来一只小猴子，在小猴子面前放了一个带杠杆的实验装置和一个计算机屏幕，屏幕上有一个红色光点，这个红色光点会慢慢变成绿色，变到一半时则是蓝色。

研究人员开始训练这只小猴子，让它学习按压杠杆，并且不能乱按，必须在屏幕上的光点刚好变成蓝色的那一瞬间按压，太早或者太晚按压都算出错。此外，屏幕上还有一个灰色的进度条，小猴子完成任务的次数越多，灰色的进度条就越亮，当进度条达到一定的亮度时，小猴子就能够得到它的最爱——果汁一杯。

实验开始后，小猴子在离得到奖赏还很遥远时，会表现得心不在焉，拖拖拉拉，经常出错。但随着进度条越来越亮，小猴子对任务越来越上心，完成任务的正确率也越来越高。当进度条到了三分之二时，小猴子完成任务的正确率明显比进度条到一半时高得多。到了快要拿到果汁的阶段，小猴子完成任务的正确率达到最高。

在实验过程中，里士满通过脑成像技术发现，小猴子在看着进度条按压杠杆时，大脑中负责视觉记忆的区域和负责奖赏的区域很活跃。于是，里士满和他的同事利用技术手段，把小猴子大脑中的视觉记忆区与奖励区中间的区域里负责接收多巴胺的D2受体弄失活了，相当于把感受多巴胺的门关上了。这样一来，小猴子看到进度条时，就没办法把这一视觉信息与多巴胺奖励联系起来了，也就是说，进度条已经不能影响小猴子对行为结果的预期了。原本，小猴子认为经过努力才能喝到自己最爱的果汁；而现在情况却发生了变化，接收多巴胺的D2受体被抑制后，小猴子认为只要按一下杠杆就随时能得到果汁，它变成了不计后果的彻头彻尾的工作狂，即使进度条的亮度还很低，离得到果汁奖赏还很遥远，它也会疯狂按压杠杆。

我们在赌博和抽奖时，脑子里就没有这个"进度条"，也就是说，我们对结果出现的时间没有稳定预期，一心觉得自己随时可能会中奖。

小猴子也是这样。失去进度条的小猴子不再把果汁当作要经过努力才能得到的遥远奖赏，而是将其视为随时可能得到的奖赏，所以它会觉得，只要努力操作杠杆，谁知道什么时候就得到奖赏了呢？这下，小猴子就像在赌博一样，开始对按压杠杆这件事上瘾，停不下来了。

拖延，是一场理性与情感的较量

通过上述两项实验，我们已经窥探到了拖延的心理机制——这是一场理性与情感之间的较量。我之前认识一位 28 岁的白领小张（化名），她在短短 5 年时间内换了 10 次工作，而且每次换工作的原因都跟拖延直接相关。但她不是因为拖延工作进度，对公司和团队造成了损失而被辞退的，而是主动辞职的。辞职的原因是她每次都在快到截止日期时疯狂熬夜加班才勉强完成工作，这种工作方式让她感觉身心俱疲。因此，她不断尝试新的工作，但奇怪的是，无论换了怎样的工作，她都始终无法逃脱在截止日期快到时疯狂加班的命运。小张对此感到非常痛苦，她开始疯狂买书，学习各类时间管理课程，参加了网上形形色色的拖延症打卡群，并立下誓言，但收效甚微，以失败告终。

通过对小张的深入咨询与了解，可以发现她的拖延症并不简单，其背后有深层次的心理原因。正如那句著名的谚语所说："罗马不是一天建成的。"几乎所有的行为习惯与心理模式都是人在长期与环境互动的过程中逐渐演化发展出来的，不可能在短时间内形成，更不可能在受到外部干预后就马上发生改变。任何一种心理问题，从表面上看就像生长在沙漠中的骆驼刺，虽然露在沙漠表层的部分看起来弱不禁风，但其实埋在沙子底下的根部却长达 20 米，是表层部分的高度的数十倍。拖延症也是一样，表面上的拖延行为，背后都有漫长的发展历程。

每一个拖延症患者都想改变，小张也一样。她明明非常讨厌自己的拖延症，却怎么也改不了。为此，她会非常内疚和自责，怪自己意志力薄弱，不够努力。可是，内疚和自责并不能带来改变。人类的大脑是经过漫长时间的演化而形成的，因此，大脑中既存在人类所特有的理性自我，也存在感性自我。区分这两个自我并理解它们之间的关系，对理解改变来说非常重要。

现任纽约大学斯特恩商学院教授、著名的社会心理学家乔纳森·海特在其经典著作《象与骑象人》中用了一个有趣的比喻。他说，人的情感就像一头大象，而理智就像一位骑象人。骑象人骑在大象背上，手里握着缰绳，看起来好像是他在指挥大象，但事实上，他的力量微不足道。一旦骑象人和大象发生冲突，骑象人想往左而大象想往右的话，骑象人通常是拗不过大象的。在改变拖延这件事上，理智只提供了目标和解决方案，而要具体落实解决方案，则需要情感来提供动力。如果理智上想要做出改变，那就需要了解情感大象的脾气和秉性，与大象达成一致。否则，改变将非常困难。

情感大象有三个典型特点。

一是力量大。一旦它被激发了，理智根本控制不住它，它会按照自己预先设定好的心理模式行动，而这种心理模式深藏在潜意识中，是人的性格的一部分。只要遇到相应的场景，心理模式马上会被触发。

二是以情感体验为动力。一旦心理模式被触发，情绪系统马上就会随之被激活，人就会体验到焦虑、恐惧等消极情绪，或者被爱、怜悯、同情、忠诚等积极情绪。这些情绪是大象按照心理模式前进的强大动力。

三是受经验支配。心理模式来源于经验，是对经验的高度模式化概括。情感大象只认可那些让自己切实体会过好处的经验，而会逃避那些曾带来不好体验的经验，它从来不认可人的理性所构想和期待的好处。

拖延，也是在表达你的内心

拖延的背后，往往存在着恐惧、焦虑、愤怒与自责等情绪，并伴随着强烈的逃避心理。长久的拖延其实是一种稳定的情绪表达，是性格的组成部分。

根据心理学客体关系理论的解释，性格是一个人的内在关系模式。这里的关系指的是你（主体）与他（客体）之间的联结，这种联结的方式可以是你的意愿、情感、行为，只要他（客体）接住了你（主体）传递过来的联结方式，那么关系就形成了。

每个人从出生到死亡都会经历无数种关系，而这无数种关系其实都是从幼年时起在与父母的关系中逐渐演化而成的，并最终形成了我们每个人特有的性格，也就是具有独特性情的情感大象。因此，孩子与父母的关系极为重要，幼年时与父母的互动模式会逐渐嵌入大脑，成为每个人心中的内在的自己与内在的父母。

如果孩子在幼年时与父母之间有着健康的关系，得到了很好的爱与关照，那么这个孩子心中的内在的自己与内在的父母的关系也会处于良性互动模式，这个孩子在与其他人或者事物建立关系时，也会将这种内在关系模式投射过去，形成新的关系。

如果一个孩子在幼年时没有得到很好的爱与关照，体验与感受不被父母在乎，那么这个孩子心中的内在的自己与内在的父母之间的关系就会处于失衡状态，这个孩子在与其他人或者事物建立关系时，也会将这种有问题的关系模式投射过去。

在深入了解小张后，她背后的控制欲极强的妈妈和无比严厉的爸爸慢慢浮出水面。小张说，她的妈妈非常喜欢控制她，要求她必须按照妈妈的意愿做，如果她不听话，妈妈会用坚定的意志以及各种手段来逼迫她。让小张印象最深刻的就是吃饭，她的妈妈是国企的中层干部，做事雷厉风行，每次都要求她快点吃饭，在食物的选择上她也没有发言权，无论喜欢的食物还是不喜欢的食物都必须要吃掉。现在小张已经成年并参加工作了，但她的妈妈还是会干涉她吃饭，并且用网上各种不靠谱的养生文章来逼迫她吃自己心仪的食物。小张说每次只要一吃饭，她就不想坐在桌子旁，不想吃，吃得也会非常慢，她觉得每次吃饭时都会彻底被妈妈控制。

还有一件事，小张小时候学过钢琴，她本来还是挺喜欢钢琴的，但后来她的妈妈开始强迫她考级，如果她不照做，妈妈就开始软磨硬泡，跟她说考级能加分，对她有多么重要。后来，小张就不喜欢钢琴了，一想到弹钢琴就感到不舒服。

小张的爸爸是军人，从小张小时候起就对她非常严格，经常批评她，几乎从来不鼓励她，按照他的说法就是"有则改之，无则加勉"。小张记得她曾经画了一张画送给爸爸，爸爸看到画后虽然很高兴，却非常严肃地告诉她，以后不要画画了，这样很浪费时间，要把时间多用在功课上，才能提高成绩。小张说她当时就哭了出来。

小张的父母不仅很少夸奖小张，还经常未经小张同意就随意处置她的东西。例如，有一次她的同学给她庆祝生日，送了她很多毛绒玩具作为礼物，她非常喜欢，感到很满足。但没想到几天后，父母没征求她的同意，就把她的毛绒玩具全送给了她爸爸的战友的女儿。这让小张难以接受，她向父母抗议，表达不满，父母却说她不懂事。如果她和父母发生进一步的冲突，父母就会严厉地责骂她。她记得有很多次，父母让她去参加"聚会"，跟父母单位的领导、同事一起吃饭，但她非常不喜欢那种场合，不想去。她的父母先是劝说，劝说无效的话就会使用暴力逼迫她，有时候则直接把她抱走，甚至强行拖拽她，无论她怎么哭闹，父母都不妥协。就这样，小张在与父母的这种强迫与反强迫、控制与反控制的关系中，逐渐形成了严重拖延的心理模式。

精神分析理论认为，愤怒和性一样，都是人生来就有的原初动力，它既有破坏性，同时也是驱动人前行的重要动力。

强迫一个人听话，看起来是消除了这个人对愤怒的表达，但其实只是让他将愤怒压抑到了潜意识中，通过潜意识来表达，而潜意识层面最直接的表达并不是通过意识层面或逻辑层面的语言系统，即符号系统进行的，而是以当事人根本察觉不到的身体和行动进行的。

如果用大象与骑象人的比喻来理解，就是大象会感受到愤怒，并按照愤怒的情感体验行动，而骑象人根本控制不住它。我们很多人不敢表达愤怒，是因为骑象人会根据逻辑进行判断，选择不表达愤怒，但大象可能已经愤怒到了"恨不得让别人去死"的程度。

压抑愤怒的人，其愤怒并没有消失，而是会以其他方式展现出来。压抑愤怒的人的大象开始表达愤怒时，常常会相当具有破坏性。拖延就是其中最典型的表达方式，是大象在将被压抑的愤怒通过被动的攻击方式表达出来。

小张说她在中学时就发现自己开始有拖延的现象，到了上大学、参加工作之后，情况越来越严重。其实小张的拖延正是她的大象在表达愤怒的体现，只不过她的大象不能直接表达，否则会招致责骂。于是，她的大象变得看上去非常温顺，仿佛彻底没有了愤怒。小张在家里如此，在工作单位里也是如此。工作时，领导和同事会给她安排她不想做的任务，这种被安排任务的感觉让她很不舒服，她想表达，但怕得罪人，怕伤害关系。

小张说她从不生气，可是，她行为上却在拖延，这其实就是被动攻击。她不能在关系中主动发起攻击，于是就寻找了一些被动的攻击方式。每当在家里遭遇不公平时，她不敢捍卫自己的权利，于是只能忍气吞声。在单位里，她同样隐忍不发。

不过，小张并非像自己所说的那样从不生气，她只是在愤怒出现后就第一时间把它压了下去，因此根本觉察不到而已。但愤怒的情绪仍然存在，拖延就是她表达愤怒的出口。小张的大象从拖延中获得了表达愤怒的好处，这就会进一步加剧拖延的心理模式，只要遇到相似的场景，大象就会启动拖延机制。如果要追根溯源，那么小张与父母之间的关系模式是一切的起源。虽然她的父母没有严重虐待过她，但他们表现出来的那种坚决态度会让她感到绝望和无助。

拖延，其实不一定是坏事

无论是拖延实验，还是小张的拖延案例，其实都在告诉我们，拖延症并不是我们的敌人，它其实是人类在漫长的进化过程中逐渐进化出来的用于自我调节和自我保护的机制。

实际上，易拖延跟难以减肥是一个道理。我们的身体结构本来就是为了能够储存脂肪而设计的，这种设计让我们在食物短缺时得以保命。拖延也是这个道理，想想看，在资源极度匮乏的非洲大草原，面对极度不确定的未来，在连自己的生死都无法预料的环境下，我们的祖先是选择为远大理想而付出，还是选择先把肚子填饱，然后去生孩子壮大族群呢？

其实在人类还没出现时，人类的始祖猿类的大脑就已经进化出了将目标与奖励相联系的心理机制。这种机制就像是大脑的源代码，被深深嵌入了大脑的底层操作系统。所以，拖延症真的不是病，它就是人类的底层心理结构。不幸的是，到了现代文明社会，尤其是进入工业时代和信息时代之后，人们的拖延症加重了，其危害也被夸大了。

一方面，我们的社会文化，尤其是当代媒体，给我们树立了成功楷模。但对普通人来说，要达成这样的目标，需要花费的时间实在是太长了。这还造成很多人大脑里的目标并不是自己的，而是被媒体装进去的。媒体灌输的这些目标，比如 30 岁之前实现财务自由，并非适合每个人。要知道，能够实现这样的目标的人实在是太少了，实现这样的目标根本就是小概率事件。

另一方面，更加严重的是，进入工业时代后，我们每个人的工作甚至家庭生活都被无形嵌入了大工业体系。这会导致一个很严重的问题，就是很少有人在做着自己感兴趣的事情，有很多事情是被强迫的。哪怕我们对一份工作、一件事情感兴趣，但只要做这件事情需要社会分工合作体系，那么兴趣就会被一点点消磨。

对拖延症的改变，很遗憾的是，真的没有什么马上就能起效的灵丹妙药。市面上那些声称能让人短时间内就改掉拖延症的课程和书没有任何实际意义，只能让人自我感觉良好，带来些心理安慰而已。

任何心理与行为上的改变，都是从一种模式切换到另一种模式的系统工程，是我们心灵内在关系的重新梳理与建立。如果做不到这一点，只有理智这位骑象人的一厢情愿，那可能什么改变都不会发生。短期内还可能有变化，但从长期来看，最终还是会回到原来的模式。因此，如果想彻底改变，重新塑造自己，就要有持久战的充分思想准备。不良关系形成得越早，比如在婴儿时期就形成了，那么改变就越难，需要的时间就越久。

虽然改变十分困难，但并不是说改变就不可能发生。改变的方法概括下来就一句话：学会共存，觉知关系，建立新体验。改变拖延症的方法是这样的，解决其他心理问题的方法也一样。

第一，学会共存。实际上，拖延症本身并没有什么，只是在拖延之后，对自己的怪罪和内疚会造成严重的心理负担，以致影响正常的工作、学习与生活，甚至影响对自己的评价，这是最致命的。拖延这种心理机制本身并无所谓道德上的好坏，它是我们在应对环境、处理关系的过程中不断演化而来的产物，实际上是为了保护自我而存在的。既然它属于我们，是我们心理的一部分，那就不要强行去掉它，它的存在一定有其合理性。因此，不要急着去改变，一切要慢慢来。

第二，觉知关系。真正的觉知会立即带来一些改变。觉知必然意味着对自身的了解，还伴随着深刻的体验，会给我们带来改变，治愈我们的心灵。我们必须觉知与他人的关系，特别是与原生家庭和家族之间的关系，并且要弄清楚这种关系运作的内在逻辑。当你开始觉知，并逐渐意识到自己的拖延行为背后的心理机制时，改变其实就已经发生了。如果你自己无法觉知，或者能力有限，那么你可以寻找一名正规且有经验的心理咨询师来帮助你。

第三，建立新体验。我们常常会觉得某个说法或者某件事有道理，但很难真正被触动。被触动，意味着理性的知识和自身的经验结合在了一起，成为自己的东西，即所谓知行合一。改变拖延并不是将拖延消除，而是要建立新体验来替代原有的体验，而要建立新体验，就意味着要重新建立关系。

举个具体的例子。曾有一位博士在读的男性来访者找我咨询，他也有严重的拖延症，以致快无法完成学业了。在咨询过程中，他先是觉知到自己的拖延跟自己的能力无关；接着，他觉知到自己之所以拖延，与想要反抗父亲的心理有关，父亲剥夺了他的爱好，强迫他学习，但他却不敢反抗父亲，害怕失去父亲的爱；然后，他觉知到自己与导师的关系其实就是自己与父亲的关系的投射，他的导师也总是控制他，导师申请了数千万元的科研经费，他是项目的得力干将，导师却极力剥削他，严重影响了他在其他方面的学习，但他不敢反抗，一方面害怕拿不到学位，另一方面更怕失去导师的关注，得到差评。

当这位博士觉知到自己的关系与愤怒，并重新分析全盘局势后，他恍然大悟，明白了导师对他的依赖程度远远超过他对导师的依赖程度，他完全可以去跟导师谈条件，甚至讨价还价，根本不用那么怕导师。于是，他真的这样做了，直接在导师面前提出了他的合理诉求。导师一开始非常惊讶，并且有些生气，觉得这个曾经的"老好人"学生突然变得不好惹了，但最终还是让步了。

导师的让步对这位博士造成了巨大的冲击，他第一次体验到，原来说"不"的感觉、能自己做主的感觉这么爽。而就在这次深刻的体验之后，他的拖延症慢慢消失了。这种自己能决定自己的未来的感觉，让他每天都充满了希望与能量。

实际上，拖延症是人类进化历程中的里程碑，它的存在本来就是为了自我保护，服务生存。只是到了现代社会，它的缺陷一下子就暴露了出来而已。但也正是拖延症在不断提醒着我们：要自我觉知，我们的心智还没有成熟，我们的人格还需要继续发展。

拖延症像是一个反映心理发展水平的指示灯，时不时亮出红灯来告诉我们：在人生的旅途上能帮上我们的只有我们自己，当自己成长起来，开始觉知，心理结构逐渐发生变化，心智开始变得成熟，人格慢慢变得完善时，问题的解决方案自然会出现。

18

罗森汉实验：
到底谁是精神病

戴维·罗森汉是一位美国心理学家，曾在斯坦福大学担任法学和心理学教授。罗森汉之所以为世人所知，是因为他做了一项近乎疯狂的罗森汉实验，这项实验挑战了精神病学诊断的权威性，撼动了精神病学的根基。

1972 年，美国正深陷越南战争的泥沼无法自拔。当时，罗森汉刚取得法学与心理学双学位，并以优异的成绩获得了斯坦福大学的教职。他发现当时许多人都以患有精神病为借口来逃避服兵役。罗森汉提出了疑问：精神病的诊断是否形同虚设？

为了验证自己的猜想，生性喜爱冒险的罗森汉突发奇想，准备做个大胆的实验。他拿出电话本给自己的 8 名好友打去了电话，向他们说明了自己的计划，希望他们能参与实验。这 8 名好友中有 3 名心理学家、1 名研究生、1 名儿科医生、1 名精神病科医生、1 名画家、1 名家庭主妇，加上罗森汉本人一共 9 人。罗森汉要求大家一起假扮精神病人。

假扮精神病人可不是一件容易的事。为了确保实验成功，罗森汉和他的好友们可是做足了功课。他们计划连续 5 天不洗澡，不刮胡子，不刷牙，把自己弄得蓬头垢面，让人一看见就想躲开。光这些还不够，罗森汉查阅了大量与精神病相关的医学文献，在其中找到了一个和幻听相关的症状，即耳朵总是听到"砰、砰、砰"的响声。罗森汉不仅要求大家熟记症状，还让大家反复练习怎样与精神病科医生对话。如果医生表示需要住院治疗，大家住进病房后要马上表示幻听症状消失了，且感觉很好。此外，罗森汉还教好友们怎样假装吃药：先把药丸藏在舌头底下，等到医生和护士离开后，马上去厕所，把药吐到马桶中并冲掉。

经过几天的训练，罗森汉和他的好友们成功将自己弄成了邋遢大王。随后，罗森汉选取了 8 家精神病院。这些医院有的外观美轮美奂，内部设备齐全；有的则是公立医院，设备简陋，走道弥漫着尿臊味，墙上满是涂鸦。接着，罗森汉和他的好友们一起出发了。

鱼篓里的螃蟹：进来容易出去难

1972 年的某一天，罗森汉来到宾夕法尼亚州的一家公立精神病院，挂号完成后被带入一间白色小诊室。一位医生接待了罗森汉，并按照接诊流程询问他的病情。罗森汉按照之前排练的，熟练地进行回答。当罗森汉说到自己听见了"砰、砰、砰"的声音时，医生反复跟罗森汉确认。在最终确认之后，医生沉思了许久，然后决定让罗森汉住院。

随后，有人把罗森汉带进一个房间，叫他脱掉衣服，把温度计塞进他嘴里，并在他的手臂上套上黑色束带，测量他的血压和脉搏。虽然罗森汉的测量结果完全正常，但这已经不重要了。紧接着，罗森汉被人带着走过一条长长的走廊。经过走廊时，罗森汉看到了一间间病房里的形形色色的病人，他们面如土色，目光呆滞，仿佛周围的世界不存在。

罗森汉被带到了自己的床位，换上了病号服。护士要求他服药，他乖乖"吃"药，等护士离开后就把嘴里的药全都吐掉了。然后，他去找医生，说自己已经听不到"砰、砰、砰"的声音了，并询问自己什么时候可以出院。而医生只是对他微笑，仿佛他根本不存在似的。当罗森汉再一次大声问医生自己什么时候可以出

院时，医生非常不屑地回道："等你病好之后吧。"即使罗森汉
的生理指标再正常，神志再清楚也没有用，因为他已经被医生诊
断为偏执型精神分裂症，必须住院治疗。

在接下来的时间里，罗森汉非常合作，每天固定"服药"3
次，再跑到厕所吐掉，当然，他的好友们也是这么做的。在精神
病院里，只要不惹事，医护人员什么都不会管。罗森汉终于熬到
了出院的时刻，他马上联系了好友们，等着和所有好友一起安全
返回。安全返回后，罗森汉安排大家一起复盘此次实验的整个过
程与细节。让罗森汉和他的好友们惊讶的是，他们这9人全部被
诊断为有病，其中有8人被诊断为精神分裂症，还有1人被诊断
为躁狂抑郁型精神病。这9人平均每人住院治疗了19天，其中
时间最长的住院治疗了52天，时间最短的住院治疗了7天。此
外，罗森汉还发现，所有人在住院期间都没被医护人员发现自己
其实是在诈病，并且他们的正常行为都被医护人员解读成了病态
行为。

向精神病学界投下重磅炸弹

实验结束后，罗森汉怀着忐忑而又激动的心情，将自己的整
个实验计划，以及自己和好友们在精神病院亲身经历的事情写成

了论文，这篇论文就是大名鼎鼎的《精神病房里的正常人》。该论文被刊登在了著名的《科学》杂志上，宛如一颗重磅炸弹，瞬间撼动了整个精神病学界。

罗森汉在论文中表达了这样的观点：精神病的诊断并非依据患者的内在状况，而是受外在情境的操控，因此诊断过程必然充斥这类误差，诊断结果并不可靠。

罗森汉的这一结论引发了众多美国精神病科医生的强烈抗议和一致反对。多数精神病科医生强调说，他们的诊断是有前提的，即病人应诚实地报告病情，因此精神病的诊断建立在诚实的基础之上。

美国著名精神病学家罗伯特·斯皮策也对罗森汉的实验提出激烈批评。这位斯皮策来头不小，正是在他的领导和推动下，美国首套严谨的精神病诊断标准《精神疾病诊断与统计手册》才应运而生。并且，在斯皮策的努力下，美国精神病协会促成将同性恋排除出精神病范畴，为美国同性婚姻合法化奠定了基础。1975年，斯皮策在期刊《变态心理学》上专门撰写文章，对罗森汉的研究结果提出反击。

斯皮策指出，罗森汉的论文并没有提供就诊者当时的举止神态、言谈内容等详细资料，并且罗森汉以资料需要保密、避免破坏个别医疗机构的名声为由，拒绝提供原始资料，因此这项实验是不可信的。而就在罗森汉的论文发表后不久，有一家精神病院指出罗森汉在实验中选取精神病院时是经过人为筛选的，并指责罗森汉专门选那些设施不全、医生专业水平不够的公立医院，且自信满满地向罗森汉下了战书，称："在接下来的 3 个月内，罗森汉随时可以派假病人过来，医院里的专业医生会马上识破。"

罗森汉天生不服输，毅然决然接受了挑战，表示会在接下来的 3 个月内指派若干假病人前往该医院就诊，如果该医院的医护人员能够甄别出这些假病人，则医院获胜。

3 个月过去了，医院发布报告，信心满满地宣称发现了 41 名由罗森汉派来的假病人。实际上，罗森汉一个人都没有派，医院误诊了。这两次实验的结果从正反两个角度狠狠地打了当时美国精神病学界的脸。罗森汉的实验结束了，但是它的影响还没有结束，可以说它影响了整个精神病学之后的发展。

科学进步与人文关怀

当时的精神病诊断之所以会出现罗森汉所发现的问题，或许可以从两个方面来理解：一方面是受历史条件的限制，另一方面则是人文关怀不够。

从历史条件上说，更精确的科学研究工具当时还没有出现。斯皮策坚信精神病本质上与肺病、肝病无异，都是人体组织的病变，有朝一日必能从脑部组织与神经突触的作用的角度来解释精神病。

事实上，斯皮策说对了。随着科学技术的进步，特别是核磁共振、基因检测等技术的问世，再加上信息时代的到来，现在科学家不仅能利用更加先进的仪器来收集数据，还能利用计算机来整理与分析数据，这就为进一步深入探索人类的精神与心理世界提供了可能。比如，基因科学研究表明，糖皮质激素受体基因是压力应对基因，母亲的亲吻、抚摸会促进新生儿体内糖皮质激素受体酶的分泌，高水平的糖皮质激素受体酶可以增强孩子未来的抗压能力。再比如，脑源性神经营养因子基因是跟焦虑有关的基因，在压力环境下，脑源性神经营养因子基因能调动神经元，平复大脑对压力的感受水平，而这种基因发生变异后，就无法干预压力调控了，携带这种变异基因的人便更容易焦虑。

从人文关怀的角度来看，当时的医疗环境特别糟糕，医患关系非常恶劣。罗森汉和他的好友们发现了一个普遍的现象：精神病院里，病人和医生之间的交流甚少。他们这些假病人试图去找医生交流时，医生总是敷衍了事，特别是当他们叙述感受时，医生根本不听，也不关心。护理人员也是一样，完全当病人不存在。

罗森汉在住院期间发现，女护士会在全是男病人的休息室里解开制服，调整自己的胸罩。而女护士之所以这么做，并不是因为她想挑逗病人，而是因为她根本没把精神病人当正常人来看。如果罗森汉说的是真的，那就不难理解为什么精神病诊断会出问题了。要回答这个问题，首先需要想清楚这个哲学问题：人到底是什么？

罗森汉时代的普遍认知是，人就是机器，而医生就是机器维修师，哪里坏了就修哪里。患上精神病就是大脑出了问题，就和机器坏了一样。而事实上，人的身体或许和机器还有点相似之处，但人的精神与心理世界跟机器相差甚远。这是因为人拥有一种独特的东西——情感体验。如果两个人彼此之间有了情感体验，那就说明这两个人之间有了关系，而关系是彼此认识与了解的基础。如果医生和病人之间不存在关系，那么在科学仪器还不够先进的条件下，医生是不可能充分了解病人的。

　　美国人本主义心理治疗大师罗杰斯认为："体验是认识一个人的根本。"当一个人的体验被另一个人体验到时，两个人之间就建立了关系的通道。而如果想体验到别人的体验，前提条件是能够真诚地接纳对方，无条件地积极关注对方，以达到两个人共情的状态，只有这样才能真正了解一个人。

　　在现实生活中，我们在了解一个人时，往往会注重这个人说了什么，也就是这个人的思想和知识经验，而常常会忽略体验。因为思想是有逻辑的、有迹可循的，而体验却是连续的，如流水一般不容易把握。

　　罗杰斯认为思想是体验的镜像，就像我们照镜子时，镜子中的脸是我们的脸的镜像一样，但是镜像毕竟不是真实的。要了解一个人，只用思想和逻辑是远远不够的，绝不能忽视体验。然而，当时的精神病诊断既没有先进的仪器设备也没有良好的关系来支撑。因此，如果仅仅凭借死板的精神病诊断标准和医生的理性知识去做诊断，那么出错、误诊就在所难免了。

真正的理解，来自看见对方的感受

　　那么你可能要问了，如何才能去理解他人，体验到他人的感受呢？

答案就是，去"看见"自己和他人之间情感的流动。不仅要用眼睛去看，还要用身体去体会对方的感受，在脑海中看见对方的形象。

其实不仅是在医院，在亲密关系中，尤其是对待自己的孩子时，更需要做到看见对方。这话说起来简单，却是很多家长做不到的。他们把孩子当成实现自己目标的工具，视孩子为实现自己权力和控制欲望的对象。尤其是当自己在外面遭受了挫折和压力后，他们就会转而将这种攻击性指向孩子，将自己的负面情绪一股脑地转嫁到孩子的身上，从中可以看出他们没有把孩子当成平等的人去看待。

有些家长在孩子面前从来不表达爱，从嘴巴里说出来的永远都是道理、判断、分析和命令。他们在与孩子相处的过程中极度压抑自己对孩子的情绪和情感，从不把对孩子的爱表达出来，而是将它憋在心里。这其实是对理性的过度自信，与前面讲的罗森汉实验的道理是一样的。

最近，有一位上初中的女孩找我抱怨她的妈妈。她的妈妈在疫情期间无休止地冲着她唠叨，可以从早上起床一直唠叨到晚上睡觉，这让她痛苦不已。经过了解，我发现她的妈妈社会交际圈很小，而且跟她的爸爸感情不好。她的妈妈将全部感情都倾注在了女儿身上，用无休止的唠叨来表达对女儿的爱，殊不知这种表达方式对她们之间的亲子关系有巨大破坏力。

那么，我们如何才能体验到他人的感受呢？这里有一个练习，是根据我国意象对话技术创始人朱建军老师的方法改编而成的，我们可以来一起试一下。

1. 请你找一个安静的地方站着或者坐着，闭上眼睛，先感受你的鼻尖，将注意力放在这个部位，然后将注意力顺着鼻尖慢慢移动到眉心、额头、头顶、后脑、颈部，再感受喉咙，顺着喉咙将注意力下移，感受胸部、腹部、臀部，接着感受双腿、膝盖、脚踝、双脚掌、脚趾，最后将注意力放在呼吸上。不要着急，慢慢来，一点一点来。

2. 现在，想象你的孩子就出现在你左手边离你一步远的地方。请你尊重第一时间出现在脑海里的画面，不要做任何修改，脑海里出现的画面是怎样就是怎样，接纳任何出现的孩子形象。

3. 仔细观察出现在你脑海中的孩子具体是什么样子的，是几岁时的模样，穿的是什么衣服，姿势和表情是什么样的，看得越仔细越好，然后看着孩子的眼睛，保持不动，无论此时此刻出现什么样的画面或者感受到什么样的情绪,彻底接纳它的存在,不做任何对抗。

4.仍然闭着眼睛,左跨一步,进入孩子的身体,并做出孩子现在的姿势。你现在已经成为你的孩子。从现在起,你就是他。

5.这时候,请你想一想,你和孩子相处时,哪一个瞬间最让你印象深刻。记住,你现在是你的孩子,你可以试着用孩子的第一视角去体验孩子的感受。

6.十分钟后,停下来,站好,保持身体的自然直立。

7.右跨一步,离开孩子的身体,进入你自己的身体,重新成为你自己。

8.闭上眼睛,感受你自己的身体,自然而然地呼吸,大概一两分钟后,睁开眼睛。练习结束。

我曾经在课堂上让学员们做这个练习,现场有一位将近40岁的男学员做完练习后一下就哭了出来。我请他跟大家分享一下自己的感受。他说他看见了自己的儿子8岁时的样子,儿子正坐在书桌前写作业,形象非常清晰,但当他要看儿子的眼睛时,他的心里却有些害怕。然而,当他成为儿子后,一股巨大的委屈感一下冲上了他的心头,他体会到了儿子的委屈,他的脑海里闪现出儿子在学校被其他同学欺负的样子。与此同时,他还看到了自己。在他训斥儿子之后，儿子默默哭泣，非常无助。实际上，这位男学员的确因为工作繁忙而很少陪伴儿子，对儿子关心不够。

在这次体验之后，这位男学员主动去找自己的儿子沟通。沟通过程中，他第一次主动向儿子道歉，表示自己平日对儿子关心太少，不够理解儿子，表达了自己的愧疚。听到爸爸这样说，儿子突然泪流满面，父子俩一下拥抱在了一起。

这位男学员的儿子开始慢慢吐露自己的心声，他告诉爸爸，在学校有同学给他起侮辱性的外号，他不知道如何处理，也不知道怎么跟老师说，他想和爸爸妈妈说，但最后还是选择自己默默承受，这些场景和男学员之前做练习时看到的场景一模一样。

这位男学员与他的儿子进行了深入的互动后，他的儿子不知道是哪里来的勇气，第二天就当着全班同学的面义正词严地教育了那个给自己起外号的同学，从头到尾表现得有理、有据、有节，在气势上完全碾压对方，把那个同学彻底说服了。从那时起，班上再没有同学给他的儿子起外号了，这也是他的儿子第一次敢于直面这类问题。

总之，无论你在从事怎样的工作，无论你面对的是谁，都需要尽量去体验对方的感受，而不仅仅是做理性上的分析和判断，尤其是面对自己亲近的人时。

请珍惜彼此的相遇，将心中的真情实感向对方表达出来，认真体会对方的感受，体验彼此之间的情感流动，而不是把对方当成机器人、工具或者实现自己目的的垫脚石。特别是对待自己的孩子时，不要觉得孩子很小，什么都不懂，实际上，孩子什么都能感觉到，他们的敏感程度远超大人。在互动过程中，只要你能做到用身体去感受孩子的感受，用心去看见孩子的形象，让孩子觉得被看见、被认同、被理解，那么无论你做什么，对孩子来说都是很有意义的成长体验，你们之间的关系会更加亲密且具有成长性。

19

电车难题实验：

良知，人性夜空中最亮的星

1972 年到 1973 年期间，美国加利福尼亚州圣克鲁斯县弥漫着恐怖的气氛，在多家媒体的大肆报道之下，"女大学生公路杀手"成了几乎所有人的噩梦。在此期间，连续有 5 名女大学生神秘失踪后被发现遭残忍奸杀，但警方没能掌握关于凶手的丝毫线索，一筹莫展。这使得该起连环凶杀案披上一层恐怖色彩，甚至在当地引起了民众的恐慌。

就在警方和美国联邦调查局的调查陷入困境之时，一个名叫埃德蒙·肯珀的人前往警察局自首，困扰警方多时的连环杀人案就此告破。令人感到惊诧的是，埃德蒙·肯珀的智商测试成绩居然高达 145 分。身高超过 2 米的埃德蒙·肯珀先后杀过 10 人，其中甚至包括他的祖父母和母亲，另外，他还奸杀了 5 名女大学生。他每次都先砍头，后辱尸，手法十分残忍狠毒。他简直是名副其实的"变态杀人狂"。

实际上，像埃德蒙·肯珀这样的变态杀人狂都缺乏良知，是典型的反社会人格者。那么，人类的良知到底是什么样的呢？

良知的运作：再现人类的道德形态

我们先看一个非常经典的思想实验——电车难题实验。这项实验最早是哈佛大学教授桑德尔在课程"公正：该如何做是好？"里讲的，后来这个课程在网络爆红。在课程中，桑德尔介绍了两个版本的电车难题。

先来看第一个版本。现在请想象一下，有一辆有轨电车在行驶中失控，司机没法让电车停下来，但可以让电车转向。轨道前方有 5 名工人在施工，若听任电车前行，这 5 名工人都要罹难。为了避免这一惨烈事故，司机能采取的唯一方法就是将电车转向另一条轨道，但另一条轨道的前方也有 1 名工人正在施工，电车转向的后果是此人被撞。如果你是司机，你会怎样做？

实验结果是，绝大多数人会选择将电车转向，以牺牲 1 人为代价来拯救 5 人。而且，在这个思想实验中，人们给出的理由也

很有意思。有人说, 我需要查一查《圣经》, 上帝让我怎么做,
我就怎么做; 有人说, 反正这 5 人跟我也没什么关系, 如果他们
能给我什么好处, 我就让电车转向; 而大部分人则会这样计算:
牺牲 1 人可以救 5 人, 这笔账划算, 5 人的生命比 1 人的生命价
值更高, 那我应该让电车转向。

再来看第二个版本。现在请想象一下, 同样是一辆有轨电车
失控, 轨道前方有 5 名工人正在施工, 如果听任电车前行, 这 5
名工人全都会被撞死。不同的是, 电车没有其他轨道可以转向,
司机无力避免这一惨烈事故。但此时, 有个人恰好在轨道上方的
天桥上看风景, 他目睹了这一情景, 并完全明白了即将发生怎样
的悲剧, 并且他还知道, 只要把身边的 1 人从桥上推下去, 就能
让电车停下, 拯救这 5 名工人, 尽管被推下去的那个人必死无疑。

如果你就是站在桥上看风景的那个人, 你会怎样做?

实验结果是, 绝大部分人选择不推。而且, 在第二个版本的
思想实验中, 人们给出的理由就更有意思了。有人说, 让我亲手
杀人, 我实在下不去手, 不管有多少人要救, 我也不能亲手去杀
死一个无辜的人; 有人说, 如果身边的那个人跟我没什么关系,
我就推, 但如果那个人是我的朋友, 我就不推; 有人说, 如果身

边的那个人是一个罪大恶极的人，那我就推，反正他死有余辜，但如果他是个好人，那我就不推；有人说，如果我把那个人推下去了，万一人家的家人来找我寻仇怎么办；有人说，我也不知道要不要推，反正等到火车开过来的那一刻，我遵从自己内心的感受，内心让我推，我就推；还有人则更英勇，说我实在无法对无辜的人下手，干脆牺牲自己，自己跳下去来挽救其他人。

在这两个版本的思想实验中，同样都是因为电车失控而要牺牲掉1人，但人们的态度和反应却相差甚远。因为在第一个版本中，牺牲掉1人是不得已而为之，也就是说，这份责任是可以推卸掉的，这会让当事人感到压力减轻许多。而第二个版本就不同了，虽然也是牺牲掉1人，但这是当事人主动选择的结果，主动选择就意味着要承担责任，所有的后果都是当事人的选择带来的，这就让全部责任都压在了当事人的身上。正常人这时都会内心十分挣扎，感到极其痛苦，并且饱受压力与自责的煎熬。

这种为难的感觉，是我们每个人内心深处最宝贵的东西——良知。一方面，良知是一种爱的能力，每个正常人都天生拥有对陌生人的博爱，表现为善意和共情；另一方面，良知也是一种义务感，这种义务感会让人感到自己对其他人负有无法推脱的义务，比如父母对孩子的抚养义务，孩子对父母的赡养义务，甚至人对宠物的关爱义务。也就是说，我们之所以难以抉择，是因为我们对陌生人有共情心理，在这种情感基础上，我们认为自己有不伤害他人的义务。这种义务感就是良知，也是人类心灵中最闪亮的星。

良知的发展：绽放出良知的花朵

著名神经科学家帕特里夏·丘奇兰德认为，道德，也就是我们心中那个需要我们听从的声音，其实是大脑进化的产物。对动物心理与行为的研究发现，动物，尤其是哺乳动物，同样拥有共情能力，它们也会哀悼，会为他者辩护，会在战败后安慰同伴，比如黑猩猩就会用手臂环抱自己的同伴来表达安慰。实际上，我们最初的道德来源于与母亲之间深刻的情感联结，这种情感联结是能帮助孩子活下来的。母亲尽心尽力地照顾孩子，让孩子获得了最初的共情能力。

哈佛大学著名心理学家和教育家劳伦斯·科尔伯格在这方面做了大量系统的研究。他对大量6岁至16岁的孩子进行了访谈，这些孩子来自美国、墨西哥、土耳其、尤卡坦半岛等地。在访谈过程中，科尔伯格会给孩子们讲10个道德两难的故事，其中最有名的是海因茨偷药箱的故事。这个故事是这样的。

　　海因茨的妻子得了一种罕见的癌症，生命垂危。医生说有一种特效药能够救她，但用于制造这种药的原料很昂贵，且发明药的药剂师会向客户收取十倍于成本的价钱。为了给妻子治病，海因茨跑去向所有他能想到的人借钱，最后也只借到了一半左右的钱。海因茨跟药剂师解释，要是没有这种药，他的妻子就得等死，他祈求药剂师把药便宜点卖给他，或是让他过一阵子再把药钱补齐。但药剂师的回答是："那可不行，我发明这种药，是要靠它赚钱的。"海因茨很绝望。为救妻子一命，他闯进药房，偷走了药。

　　讲完故事后，科尔伯格向孩子们提问："海因茨应该这么做吗？"

　　科尔伯格感兴趣的其实并不是孩子们对这个问题的回答，而是他们的回答背后的推理过程。他记录了孩子们的推理过程后发现，儿童的道德发展其实普遍遵循这样一个过程——从利己主义到遵守原则。这个过程可以分为以下三个阶段。

　　第一个阶段是道德成规前期。孩子在 7 岁至 10 岁时，主要会服从成年人的权威并遵守规范，而他们这么做只是因为对赏罚有预期。处于这一阶段的孩子对海因茨的故事的典型反应是："海因茨不应该那么做，因为他会受到惩罚。"

第二个阶段是道德成规期。从 10 岁开始，孩子的行为受到他人意见的引导，孩子会有服从规范的意愿。在这个阶段，服从权威本身成为一种价值，与赏罚或更高的原则无关。处于道德成规期的孩子对海因茨的偷窃行为的评价，及其背后的推理过程是这样的："他不应该偷药。偷东西是违法行为。"

第三个阶段是道德成规后期。这个时期大概从青春期开始，是一个比较漫长的时期。孩子们会形成抽象的道德原则，并按照这些原则来行事，以满足自己的良知，而非寻求别人的认可。也就是说，如果能顺利过渡到这一时期，那么孩子会遵循自己内心的声音和判断。在道德成规后期，道德推理凌驾于具体的社会规范之上，经常会与现有的社会规范发生冲突。就海因茨困境而言，处于道德成规后期的人经过道德推理，很可能坚持生命比金钱宝贵。

然而，科尔伯格通过研究发现，其实我们大多数人都从未完全达到道德成规后期的阶段。也就是说，其实我们很多人的道德发展水平还处于孩子的阶段，要么就是害怕惩罚，要么就是服从权威，真正遵循自己内心道德准则的人少之又少。

一位 33 岁男士的案例让我印象极为深刻。可以说，这位男士把"孝顺"演绎到了极致。虽然这位男士已经 33 岁，但他的脸很圆，是一张娃娃脸。他目光有些呆滞，面部肌肉僵硬，还有些驼背。这位男士是个典型的老好人，特别好说话，很温顺，在人际关系中总是给人低人一等的感觉。他有个很特别的地方，就是一直把"孝敬父母"挂在嘴边，无时无刻不在提他的父母，尤其是他的妈妈。

这位男士之前谈过三任女朋友，都非常不顺利，主要原因就是这位男士觉得几任女朋友都不够孝顺他的父母。后来好不容易有个女孩嫁给了他，婚后他们一起住在自己的婚房里。但没过几年，他的妻子就要和他离婚。原来，他的妈妈在他结婚之后，经常在不打招呼的情况下来家里"骚扰"，甚至会随便乱翻他的妻子的东西。尤其在他的妻子生了孩子之后，他的妈妈可以说是各种"作妖"，不但对他的妻子指指点点，语言刻薄，没有一点关心和照顾，而且还把孩子霸占过来，完全按照自己的方式喂养。有一次他的妻子给孩子喂奶时，他的妈妈非说孩子没吃饱，要他的妻子再喂，甚至自己上手去挤压他的妻子的胸部。

对妈妈的出格行为，这位男士的做法就是待在一边不说话，始终跟妈妈站在一起。他认为，妻子必须像他一样孝顺他的妈妈，他的妈妈说什么都是对的，因为天下只有父母会对孩子好，当孩子的一定要报答父母的养育之恩。毫不夸张地说，这位男士已经达到了"愚孝"的程度。有一次，他的妻子实在受不了了，与他的妈妈发生了冲突，结果他突然暴怒，冲上去就重重打了妻子一耳光，最终导致婚姻破裂。

我后来发现，这位男士对"孝顺"有着近乎偏执的追求，仿佛"孝顺"是一种绝对正确的东西，我们不能去触碰，不能去剖析，也不能去认识它，只能去执行，父母就应该被绝对正确化。而这位男士之所以对"孝顺"如此偏执，只是因为从小到大都被父母，尤其是被妈妈反复虐待，只要他不听话，不顺从，妈妈就打他，骂他，严厉地惩罚他，甚至故意无视他。实际上，这位男士从开始被虐待的那一刻起，内心的道德水平的发展就已经停滞不前了。这位男士的道德水平跟 7 岁左右的孩子差不多。

正如国内著名心理咨询师曾奇峰所说："爱制造分离，而施虐制造忠诚。"德国心理治疗师海灵格有个非常形象的比喻：一头熊一直被关在一个窄小的笼子里，只能站着，不能坐下，更不用说躺下了，当人攻击它时，它最多只能蜷成一团来应对，后来它被从这个窄小的笼子里解救了出来，但它仍然一直站着，仿佛不知道自己已获得自由。

良知的缺失：人性中的黑暗

大多数人天生拥有良知，但不幸的是，有些人天生就没有良知，又或许他们后天的成长环境存在严重的问题，他们从小没有得到父母很好的照顾，以致失去了爱的能力、与他人共情的能力。美国知名临床精神病学专家玛莎·斯托特称反社会人格者为"冰人"。这类人感受不到其他人的善意，也感受不到自己带给其他人的伤害，他们没有感情，极度自私，就像冰块一样。根据玛莎·斯托特大量的调查研究，这种反社会人格者的人数占欧美全部人口的比例是 4%。

按照玛莎·斯托特在其著作中的描述，反社会人格者一般具备以下七项特征。

一是无法遵守社会规范。反社会人格者一般无法忍受社会规则，甚至无法忍受法律条文，他们会感觉到无法忍受的约束和控制，这种感觉常常会导致他们恶意打破规则，无视法律，乃至犯罪。

二是惯于欺骗和操纵他人。反社会人格者操纵他人的手段多种多样，武力只是其中一种，而更多见的是语言暴力、精神压迫，甚至包括求饶、博取同情等精神控制手段。他们试图使用这些方法扭转他人的个人意志，达成自己的目的。

　　三是不负责任，惯常推脱。他们没有良知，也就没有附加在情感上的义务感，这就导致他们不仅完全不会担负任何责任，还会想尽办法找借口推脱。

　　以上三项是反社会人格者的核心特征。另外还有四项特征：易冲动，做事情绪化；易怒，极具攻击性；毫不顾及自己或他人的安危；毫无羞愧感。

　　这七项特征埃德蒙·肯珀一项不落，全部符合，尤其是他的暴虐残忍，令人发指。那么，暴力行为的念头究竟是如何在我们的大脑中出现的呢？要理解这个问题，我们首先需要知道，自然界出现的暴力行为，其实是包含人类在内的动物应对"适者生存"法则的核心策略，这项策略与保命直接相关。几乎所有的动物，当然也包括人类，都演化出了特定的大脑神经通路和维持这种通路畅通的神经机制，来指导自己何时发起暴力、将暴力进行到什么程度以及如何控制暴力。

　　我们可以把大脑想象成一顶大蘑菇，而大脑皮层就是这顶大蘑菇表面的一层很薄的膜。大脑皮层虽然只有 3 毫米厚，却是高级认知功能的核心区域，正是大脑皮层的存在让人类有别于其他动物。与此同时，人类的大脑还从远古时代的低等爬行动物那里继承了比较原始的神经中枢，从哺乳动物那里继承了比较原始的情感系统。这些系统构成了人类的暴力冲动、性冲动等原始冲动的生理基础。

通常情况下，我们大脑中的原始冲动会被前额叶皮层中的高级认知系统抑制掉，这种抑制作用是通过一个叫边缘系统的脑区实现的。边缘系统包括海马体、内嗅区、齿状回、扣带回、乳头体以及杏仁核等，是原始大脑和高级认知大脑之间的信息交换的载体。而暴力行为与边缘系统有关。人们的暴力行为，如果是从大脑前额叶发起，经过边缘系统，来调动全身的资源进行战斗，那么这通常是基于理性的暴力，比如拳击比赛；但如果是从原始大脑发起，经过边缘系统，传递到大脑皮层，那么这通常是出于冲动的暴力，比如打架斗殴。如果边缘系统出了问题，比如先天有缺陷，或者后天发育不良，那么前额叶到边缘系统的连接就会减弱，人就有可能难以控制暴力冲动和破坏行为。

而反社会人格者就更加可怕了，他们不但难以控制暴力冲动和破坏行为，而且大脑中负责道德决策的神经通路也出了问题，他们根本体验不到内疚、恐惧、悲伤等负面情绪。要知道，良知并不止表现为负罪感和悔意，它是建立在我们的情感体验的基础上的。反社会人格者没办法感受到真实的情感，因此无法与他人构建关系，义务感也就无从谈起了。反社会人格者能够体验到的只有生理上的痛苦与愉悦，以及成功后的兴奋与遭遇挫折后的暴怒。并且，在成功抑或受挫的经历与兴奋抑或暴怒的生理感受中间，是没有情感来起到润滑调节作用的。

公安部门在长期的司法实践中发现，有 60% 的犯罪分子平时都正常地生活着，没有明显的犯罪行为或前兆，却因为某种事物或某个人的出现而突然做出暴力犯罪行为。根据中国公安大学著名犯罪心理学家李玫瑾教授的定义，这叫作"危险心结犯罪"。心结是一个人在某个时刻因为某件事受到刺激，心理受到创伤而又无法自愈，因而在心中埋下的隐患，就像一颗埋藏在心底的定时炸弹，一旦内部外部的时机成熟，这个定时炸弹就会爆炸。需要指出的是，并不是具有反社会人格特征的人就一定会犯罪，是不是反社会人格者与是否犯罪之间没有因果关系，只能说反社会人格者实施犯罪的可能性更高，其人格基础为犯罪提供了持久而稳定的内部环境，而真正诱发犯罪的是埋在内心深处的定时炸弹。

按照李玫瑾教授的分类，危险心结犯罪分为三类。

第一类是意识类犯罪，就是潜意识层面的心结导致的犯罪。潜意识层面的心结往往表现为弗洛伊德所讲的"本我"与"超我"

之间的剧烈冲突。这类犯罪分子一般看起来非常老实，但一旦爆发，便具有巨大的破坏力。2004 年震惊全国的马加爵就非常典型。根据李玫瑾教授的分析，马加爵杀人并不是因为贫穷带来的自尊问题，而是由于浏览黄色网站并在校外有多次性体验后被同学发现，受保守性格和传统观念影响的马加爵对此感到羞愧难当，才杀人灭口。他无法接受同学们的议论与嘲笑，这种羞愧的感受以及内心的巨大冲突彻底击溃了他，让他走向犯罪。

第二类是知结类犯罪，也就是认知层面的心结导致的犯罪。这类犯罪分子常常在遇到重大挫折后把责任推卸给他人，从而规避自己内心的痛苦体验。例如 2006 年在陕西道观疯狂杀害 10 人的邱兴华，他怀疑道观住持熊某与自己的妻子有染，随后发现有种种迹象可以证实自己的怀疑，于是大开杀戒。邱兴华在法庭审判中再三强调熊某该杀，自己是因蒙羞而伸张正义，但他的猜测完全是捕风捉影。实际上，邱兴华长时间面临着养家的难题，妻子的抱怨刺激着他敏感的自尊，使他陷入了疯狂的猜忌和嫉妒。他其实是把自己的无助与愤怒投射到了一个假想敌身上，并出现了认知扭曲。

第三类是情结类犯罪。这类犯罪分子大多在早期的成长过程中因遭到抛弃、虐待、冷落等而受到重大情感创伤，为了抵抗内心的巨大痛苦而采取了隔离或逃避的策略。他们在日常生活中少言寡语、内心封闭、情感孤僻，虽然在行为上没有明显的异常表现，但过去的创伤始终淤积在内心，让他们无法摆脱痛苦。这种痛苦的情绪积压到一定程度，又无法宣泄时，就会以极具破坏性的方式被表达出来。情结类犯罪最大的特征和危害是侵害对象泛化，即作案对象完全随机。2018 年 4 月 27 日发生的陕西米脂县第三中学恶性伤人事件和同年 6 月 28 日发生的上海世界外国语小学恶性伤人事件，都是情结类犯罪的典型例子。

良知的泯灭：童年种下恨的种子

我们回到埃德蒙·肯珀的案例上。肯珀从小就特别聪明，智商惊人，甚至超过了霍金，但很遗憾，他出生在一个不幸的家庭，这个家庭犹如冰窖般寒冷，没有一丝温暖。肯珀的母亲性格非常敏感暴躁，因此与肯珀的父亲早早就离婚了，而肯珀因为与父亲长得很像，经常遭到母亲的白眼、谩骂和冷漠对待。更夸张的是，母亲甚至因为担心他会强奸他的姐妹而把他关进了地下室。肯珀发育得比较早，体格比同龄人要大很多，因此他在学校还受到同学排挤。

在这段时间里，肯珀的内心积攒了无数的恨，而他宣泄怨恨的方式就是虐杀小动物。他先是破坏妹妹的玩偶，慢慢发展到杀害动物，杀死并肢解了两只小猫。母亲发现他的行为后，直接将他赶出了家门。肯珀本来想去投靠父亲，可是父亲已经再婚，不愿继续抚养他，他被送到了祖父母的农场。然而，他的祖母跟他的母亲很像，也对他百般折磨。

终于有一天，15 岁的肯珀就像定时炸弹一般爆炸了。他拿起了一把来复枪，杀害了自己的祖母。为了防止被祖父发现，他一不做二不休，把对他还不错的祖父也一并杀害了。肯珀在杀了祖父母后没有表现出一丝惊慌和害怕，他很镇定地打电话给母亲，告诉她实情，然后等着警察的到来。

后来，肯珀被送到一所专门关押精神病罪犯的州立医院，并被鉴定为精神分裂症。由于他的智商极高，他很快跟医生们成了"好朋友"，并掌握了大量医学和心理学的知识。为了能够尽快出院，他把几乎所有精神病诊断测试的答案都背了一遍，顺利通过了精神评估测试，被评估为"对社会没有危险"而获得假释。

假释出来的肯珀并未与多年未见的母亲修复关系，而是又陷入了与母亲的纷争。肯珀又像儿时一样遭到母亲的辱骂。当然，肯珀也想过从母亲那里搬出来，还一度真的出来与人合租，但由于经济问题，他最后不得不再次回到母亲身边。恶性循环就此开始，他成了母亲的出气筒，而他也开始寻找他自己的出气筒。据肯珀回忆，他从很小的时候就已经开始幻想如何才能伤害并杀死他的母亲。而这次，他要来真的了，一场有预谋的杀戮就此开始。

然而，在肯珀的计划中，最先倒霉的却是无辜的女大学生。每当在家里受到母亲的歧视和羞辱后，肯珀就会开着自己改装的"警车"，在公路上寻找那些试图搭便车的漂亮女大学生。当然，他并不是要与她们约会，而是要杀害她们，然后分尸甚至奸尸。

在 1972 年至 1973 年的近 1 年时间里，他先后绑架了 5 名女大学生，带她们回到家中，然后杀害她们。在家里，他会先割去受害者的头颅，然后强奸无头尸体，最后肢解尸体。在这个过程中，他曾拍下一些淫秽的裸尸照片，还把受害者的头颅埋在母亲的花园里，因为母亲命令他必须要抬头看着她，而母亲房间的窗户正对着花园，把受害者的头颅埋在花园里，就有人会一直仰视她了。肯珀还有恋尸情结，总是会在尸体上花大量的时间。在他看来，尸体是最安全的，他从很小的时候起就有性幻想，可他认为活着的美人都会背弃他，只有尸体才不会离开他，才会对他言听计从。

此时的肯珀就像一台被开启后却无法停下来的杀人机器，除非他能自己按下暂停键，而按下暂停键的方法就是杀死让他活在阴影下的母亲，摆脱自己的心魔。于是在耶稣受难日这一天，肯

珀将恶魔之手伸向了熟睡的母亲。这天晚上，肯珀用利器残忍地
杀害了他的母亲。

在杀死母亲之后，肯珀并没有收手，而是请来了母亲最好的
朋友，然后等她一走进屋子，就掐死了她。事后，肯珀在案发现
场美美地睡了一觉，直到第二天才离开现场。他漫无目的地开着
车，收听广播，期望自己会成为大名人，可是广播里并没有出现
他的名字。这让他大失所望，他觉得自己的"壮举"没有被看见。
几天后，他把车子停靠在路边的一个公用电话亭旁，给圣克鲁斯
警察局打电话自首。

施虐症与恋尸症

肯珀的作案手法符合这样的规律：无论是对无辜的女大学生，
还是对自己的母亲，肯珀一定会先施虐，让受害者痛苦地死去，
比如将女大学生绑架后用刀刺死或者用绳子勒死；然后，他会砍
下受害者的头颅，再去强奸尸体，最后还会把尸体，尤其是受害
者的头颅，当成装饰品一般对待。按照著名精神分析大师弗洛姆
的观点，肯珀是集施虐症与恋尸症于一身的典型。

首先来看施虐症。患有施虐症的人会对其他人或动物进行侵

犯和伤害，比如性虐待他人、虐童、虐待动物、酷刑折磨他人等。
当然，这里所说的侵犯和伤害也包括精神上的虐待和控制，比如
有些患有施虐症的人就追求完全控制他人，追求对其他生命的绝
对控制，将其变成自己的物品，而自己则成了被虐待者的神，通
过让他人遭受痛苦来获得快乐。弗洛姆举了臭名昭著的纳粹头子
海因里希·希姆莱的例子。希姆莱就是一个过分追求秩序和控制
的人，有着病态的洁癖，性格非常暴虐。他在臣服于希特勒和纳
粹的同时，也有着强烈的控制欲和支配欲。在纳粹对犹太人展开
大屠杀期间，希姆莱视生命如草芥，用毒气室等残忍手段杀害了
几百万犹太人。但就是这样一个残暴之人，在纳粹战败后，却因
恐惧审判而服毒自尽。

再来看恋尸症。"恋尸"这个词是指对尸体有病态渴望甚至
性欲，也可以指对一切无生命的东西，特别是对死亡的东西感兴
趣。患有恋尸症的人会被尸体、腐烂的东西、粪便之类的东西
吸引，喜欢谈论疾病、死亡和葬礼。因此，他们也热爱暴力，渴
望制造死亡，追求毁灭生命。而恋尸症患者的最好例子就是阿道
夫·希特勒了。他用科学、高效的手段，组织屠杀了几百万犹太人、
波兰人和俄国人；他憎恨人类，憎恨生命，看到德国飞机轰炸波
兰华沙的场景，他竟然兴奋不已；他最感兴趣的旅游景点是断头

台和墓地；他不仅毁灭敌人，也毁灭自己人，他杀害了德国的许多政治家和军事将领；等到战败不可避免，他就要毁灭整个德国，让所有人来给自己陪葬。

在肯珀的案例中，还有一处特别值得关注的地方，那就是他杀害了母亲和母亲的朋友后，原本可以逃之夭夭，却因为警方没能及时破案，当地报纸没有报道他的名字而极度失望。这体现了人性中的重要需求，那就是希望被看见，连反社会人格的变态杀手都有这个需求。

电影、电视剧以及一些文学作品中常常会有以下桥段。一个蒙面杀手找仇人寻仇，在快要杀死仇人时，比如把剑架在仇人的脖子上或者拿枪指着仇人的头时，一定会在最后时刻拿下自己的面罩，让对方看看自己的脸，然后说一句："某某，你也有今天。"当仇人看清了杀手的脸，认出杀手是谁，并想起自己为什么会被杀手寻仇时，这个仇人就可以死了。那种拿人钱财、替别人杀人的职业杀手就没这么多戏，会直接解决目标，拿钱走人。由此可见，找人寻仇的杀手，杀人既是杀给自己看的，也是杀给别人看的，尤其是要在杀人过程中体现出自己的意义和价值，并在最后用让对方看清自己的脸的方式告诉对方："你输了，我比你强大。"而肯珀则通过主动投案自首的方式告诉警察和媒体："你们太弱了，我才是最强大的。"

识别隐藏的定时炸弹

反社会人格者以及他们像定时炸弹一般的心结，对社会的和谐稳定具有巨大的破坏性。因此，掌握快速识别隐藏在我们身边的定时炸弹的方法就显得尤为重要。美国知名心理治疗师比尔·埃迪给出了一种叫作"WEB方法"的判断法，即通过观察对方的语言（their words）、自己的情绪（your emotions）和对方的行为（their behavior）来迅速识别反社会人格者的特征。

第一，观察对方的语言。反社会人格者通常语速很快，他们喜欢用一些夸张、极端的语句表达很难实现的愿望，或者用繁复的词语掩盖自己的行为。同时，他们会适时转变自己的语言，试图发现对方的弱点，并用言语操控对方。

第二，相信自己的情绪。很多人会与反社会人格者共事、日常交往，或者恋爱、结婚，他们虽然隐隐觉得哪里不太对，却依然想要相信反社会人格者所说的话。此时，最好尽力避开对方的语言所施加给自己的影响，更多地体验自己的情绪，因为自己的身体更清楚答案。如果感觉到恐惧，尽快离开让自己感到害怕的人，不要被对方进一步的语言影响。离开这个人之后，可以多做一些调查，比如询问其他人是否也有相似的感觉，或者寻求心理咨询师等专业人士的帮助。

第三，观察对方的行为。识别一个人是不是反社会人格者最简单的方法就是持续关注对方的行为，而非语言，因为反社会人格者会做出其他人不会做的怪异行为。比如，反社会人格者享受别人的痛苦，他们经常欺负那些"被选中的目标"来取乐，因为对反社会人格者来说，激起别人强烈的情绪反应会让他们体会到控制别人的成就感；又比如，反社会人格者在讲述自己对他人施暴的经历时会露出满足的笑容；再比如，反社会人格者普遍在 15 岁之前有暴力行为等不良表现，比如虐杀小动物、偷窃、纵火、习惯性说谎等。

虽然上述方法并不能帮你百分之百准确地锁定反社会人格者，却能帮助你更好地认识反社会人格，并采取相应措施，寻求专业人士的帮助。多一分对反社会人格的了解，便能多一些积极的应对策略。

20

注意力瞬断实验：
正念，打开通往觉知的门

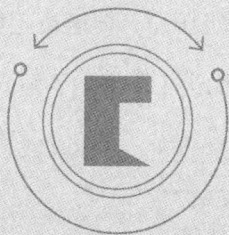

不知道你有没有听说过"正念"？

正念是当前非常火爆的方法，已在全球商业界得到广泛推广，受到世界 500 强企业的大力追捧。比如，谷歌在 2007 年开发出了知名的正念课程"探索内在的自己"。谷歌的高层管理者认为，正念课程不仅有助于提升员工的抗压力，促进员工集中注意力，而且能够赋予员工情境智慧，帮助员工更好地了解同事的动机。

理解"当下"的智慧

什么是正念呢？我们来看看这个"念"字：上面是今，下面是心，即"今心为念"。一颗心处在当今、当下，其实就是"念"的状态。按照正念的创立人、美国马萨诸塞大学医学院的乔恩·卡巴·金博士的观点，正念是我们把注意力有意地、不加评判地放在当下时所产生或者涌现的那份觉知。这一过程可以用简单的字母组合 ABC 来概括：A 是 aware（觉察），即更好地觉察自己当下的状态；B 是 being with（全然接受），即接受自己当下的状态，而不对它做简单粗暴的判断或者试图强行改变它；C 是 choice（选择），即在这种心平气和的觉察和接受的状态下，用理智找到最适合自己的状态。

在 ABC 正念练习过程中，练习者需要关注以下三个要素。

一是主动关注。要知道，我们其实特别容易走神，注意力很容易被新奇的东西吸引过去，这也是人类大脑进化的产物。而做正念练习时，我们需要有意地把注意力导向某一个对象或者目标，例如此时此刻你正在阅读的这本书。

二是不做评判。评判也是人类进化出的非常重要的一个大脑功能，我们的大脑为了更好地理解外部世界，需要给事物和人进行分类，比如"好"或者"坏"，"安全"或者"不安全"，等等，这样会大大解决认知资源紧张的问题。但在做正念练习时，我们要反其道而行之，不做评判意味着对自己的评判有所觉察，不被自己的评判牵着鼻子走，全然接纳当前发生的一切。比如，你在做正念练习时听到楼下有装修的声音，如果这个时候你的心里冒出"这家太讨厌了，真吵！"的念头，这就是评判；而如果你这个时候想"楼下有装修的声音，我听见了，声音就在那儿"，这就是不做评判。

三是理解当下。"当下"是我们的身心所体验到的一切。大体来说，它分为两类。一类是内在体验，比如念头，你头脑里涌现一个念头，但是别人无法知道这个念头是什么，除非你说出来。现在你的心情又是怎么样的呢？如果你并没有通过肢体语言、面部表情把心情流露出来的话，别人也难以知道你现在的情绪。你身体的感觉也是如此，即使你的肩膀有些紧绷，别人也很难看出来。这些都是私密的、内在的体验。与内在的体验相对的，是外部的事物。比如，声音对你来说是来自外部的，你通过耳朵接收声音这一外部刺激。如果你看一下周围的环境或者沿途的风景，你目光所及也都是外部事物，外部事物是经由你的感官被你感觉到的。

总体来说，当下可以简单地归纳为内在体验与外部环境，既有你对外部环境的观察，也有你对内在体验的感觉。

实际上，我们的大脑天生就有个大漏洞，就是特别喜欢规划、畅想或担忧未来，为一些还没有发生的事情焦虑不堪，还有就是总困在过去出不来，为已经发生的事情感到后悔、内疚或难过。

从进化心理学的角度看，大脑被设计成这样还是很有道理的，因为这样更有利于在原始森林或者原始大草原里生存下来。但是，我们现在已经进入工业社会了，生活方式发生了翻天覆地的变化，人类也摆脱了精神上的束缚。但问题随之而来，我们这颗要么为未来焦虑，要么为过去懊悔的大脑，与现代社会生活出现了严重的不匹配，这也是抑郁症、焦虑症等很多心理问题的根源。我们这颗心在未来和过去之间来来回回摇摆，就这样错过了当下这个时刻。

虽然有这样一个大漏洞，但与此同时，大脑也留下了一个后门，那就是"正念之门"，或称为"觉知之门"。简单来说，你可以在一个安静的环境里闭目养神，调整呼吸，然后引导自己的思维扮演一个观察者的角色，不加评判，也不受感情的干扰，只是单纯关注当下自己的身体状态、情绪状态和脑海里的各种想法。观察的对象可以是每次呼吸时鼻尖对空气的感觉，可以是四肢肌肉的紧张状态，也可以是自己脑海里刚刚跳出来的一阵悲伤的情绪。具体的观察对象无关紧要，这种把自己的思维和自己的身体分离开，让思维观察身体的状态，就是正念试图达到的目标。

举个正念的例子。我曾经接待过一位当时正处于抑郁状态的来访者，他在做正念练习的过程中观察到了自己的情绪状态。他会做类似这样的表述："我发现，我正处在一种觉得未来毫无希望的状态中。"这就相当于把一种基于进化本能的情绪反应，比如绝望和抑郁，完整地提取了出来，放到负责理性思考的大脑皮层去做阅读理解了。这时候，大脑皮层就会自动开始分析和解读，比如我这种情绪状态是不是符合现实，我有没有人为夸大遇到的问题，等等，这样就可以从另一个角度看待这些事情了。

天生的两种注意力

不知道你有没有这样的经历：有时，即使在地铁上，也能专心致志地读书看报；而有些时候则不行，即使就坐在书桌旁边，也根本无法集中注意力，脑海中思绪万千。这其中有个很重要的影响因素，就是情绪。情绪在影响我们的注意力。可以说，我们的注意力与情绪是天生一对，如影随形。只要情绪受到刺激，注意力资源的分配马上就会向情绪倾斜，以致我们无法把注意力集中在当下的事情上。

注意力分为两种，一种叫选择性注意，另一种叫觉知性注意。

选择性注意的作用是让我们从周围环境里的海量信息中解脱出来，只关注那些相对重要的事情。比如，你正在图书馆读书，这时候突然从门口传来一声巨响，你会怎么做？我相信，绝大部分人会立刻把头转过去看。又比如，还是在图书馆，有位大美女踩着高跟鞋"咔嗒咔嗒"地从你身边走过，你会怎么做？我想，如果是性取向正常的男士，一定会把头抬起来，看着美女经过。再比如，你现在肚子饿了，当你回到家时，你会先注意什么？我猜，一定是食物。为什么呢？因为选择性注意是用来保障我们基本的生存和繁衍的。想想看，我们每天的时间只有 24 小时，而我们周围的环境中有无数能吸引我们的事物。于是大脑就会自动帮我们进行筛选，选出那些有助于延续生命、传承基因的有意义的事情。而在自动筛选中，情绪扮演着非常重要的角色。当你突然听到巨响时，你会下意识地产生恐惧情绪，恐惧情绪会让你马上停下手头的事情，然后调动视觉、听觉、嗅觉等所有感觉器官去收集环境信息，弄清楚自己到底有没有危险。

觉知性注意则与选择性注意截然不同，是一种开放的、不予评判的觉察能力，指的是对任何视觉、听觉、触觉信息都不加批判地进行接收的能力。这种注意力比较特殊，它是指向内部的，关注的是身体和心理内在的感受变化。比如，你感觉到后背下方有轻微疼痛，但如果你此时将全部注意力放在疼痛的位置，只去感受疼痛本身，就不会因为疼痛而产生任何情绪或者想法。都说生病时很痛苦，但你可以仔细想想，这种痛苦是疾病本身导致的，还是疾病带来的烦躁、焦虑和抑郁情绪，以及因为生病耽误了许多事情而产生的挫败感导致的？实际上，因为疾病而产生的情绪以及由此出现的想法，会极大地放大疾病本身带来的痛苦。如果你在生病时能够充分调动开放的、不予评判的觉察能力，那么疾病就不会对你产生更多的负面影响。如果一个人的开放的、不予评判的觉察能力很强，那么他就能将自己的注意力一直放在目标上，不容易被各种事件干扰，他的内心会像磁铁一般，紧紧地吸附在目标上。这也是乔恩·卡巴·金用正念来缓解并治疗疼痛，尤其是帮助癌症病人缓解疼痛的根本理念。

注意力瞬断实验：正念提升觉知力

如何评估对自己和环境的觉察能力呢？美国威斯康星大学麦迪逊分校的著名心理学教授理查德·戴维森做了一个非常巧妙的实验，充分展现了选择性注意和觉知性注意的差别。戴维森用一连串简单的字母作为刺激物，在字母中间插入几个数字，让受试者注意字母中间的数字，从而用数字"绑架"受试者的注意力。如果受试者觉知性注意的能力弱，只用了选择性注意，那么他只会注意到最开始呈现出来的数字；如果受试者觉知性注意的能力强，那么他就很有可能注意到全部数字。这种对相继出现的刺激中的后者视而不见或者听而不闻的现象，被称为"注意力瞬断"。

沿着这个思路，戴维森编了一个程序，然后让受试者坐在一台计算机的屏幕前。屏幕上会一个接一个地闪现出一连串的字母，每秒10个，比如像这样：D、G、L、Q、K、M、H、B、X、A……但在此过程中，程序时不时会插进一些数字，比如像这样：D、G、L、Q、5、K、M、H、B、9、X、A……当数字出现时，受试者需要按下手中的按键。实验结果显示，如果第一个数字出现之后不到半秒第二个数字就出现，那么大多数人虽然能够注意到第一个数字，但是无法注意到第二个数字，也就是说，受试者的注意力在短时间内中断了。后来，戴维森更换了刺激物，把字母换成了风景图片，把数字换成了人物图片，并请受试者注意看人物图片。然后，他又用声音作为刺激物，把字母换成了低音，把数字换成了高音，并请受试者注意听高音。这两种情况下，注意力瞬断的现象依旧非常明显。

在实验过程中，受试者们普遍存在注意力瞬断现象，这可能是因为他们对字母串中是否会出现数字有着强烈的预期。当数字出现时，受试者会非常兴奋，因而在大脑恢复到正常状态之前，就无法再感知到下一个目标的出现。也就是说，受试者的注意力还停留在前面的数字上。换句话说，你为了在一连串的字母中找到一个数字而等待的时间越长，你的大脑就需要越长的时间来恢复到能留意到下一个出现的数字的状态。这样一来，你就会因为自己的选择性注意而错过周围环境中的许多信息。

也就是说，我们的大脑其实有足以觉察到第一个目标的注意力资源，而且大脑将几乎所有的注意力资源都投入第一个目标中。而当第二个目标出现时，注意力资源已经所剩无几。只有当所有的注意力复位，或者说注意力资源重新启动时，大脑才能感知到下一个目标。

不过有意思的是，在有些人身上几乎观察不到注意力瞬断现象。他们的觉察能力很强，在看到第一个刺激数字出现时，他们并不会像大多数受试者那样马上兴奋起来，而是非常淡定，像什么事都没发生似的。因此，与大多数人相比，这样的人错过的刺激往往更少。如果仔细观察这类受试者，就会发现他们情绪相对平和，遇事非常镇定，尤其是在接触到情绪性的刺激时，不会被情绪刺激左右，甚至根本不为所动。这些人能够减少用于感知第一个目标的注意力资源，留出足够的注意力资源给第二个目标，所以不会出现注意力瞬断的现象。

2005 年夏天，戴维森专门组织了一个研究团队来到美国一家有名的正念禅修社，在该社所在的楼内搭建了临时实验室。这个正念禅修社将举行为期 3 个月的正念禅修训练营，戴维森和他的团队将抓住这次难得的机会，研究正念对注意力的影响。戴维森在学员刚入营时给学员做了注意力瞬断测试，实验过程与前面所说的流程一样。与此同时，戴维森又招募了一批志愿者，这些志愿者的年龄组成和性别比例与参加训练营的学员完全一致，只是他们作为对照组，并不参加训练营。而对照组的成员与训练营的学员一样，也要进行注意力瞬断测试。不出所料，几乎所有人都出现了注意力瞬断现象，他们有大约 50% 的概率会错过一串字母中的第二个数字。

在做完第一轮实验后，参加正念禅修训练营的学员开始了正念训练之旅。他们每天早上 5 点钟起床，在接下来的 16 个小时里被禁止说话，直到晚上 9 点睡觉，他们甚至都不能与别人进行目光交流。当然，参加正念禅修训练营的学员每两周有一次与指导老师面对面进行交流的机会，交流时可以向指导老师倾诉自己在训练过程中遇到的困难，这是他们唯一可以讲话的时间。除了禅修、吃饭、睡觉外，训练营的学员每天还要做 1 小时的体力劳动，比如打扫卫生、去厨房帮厨等。大多数人每天的禅修时间会超过 12 小时，3 个月下来，禅修的总时间超过 1000 小时。

等到为期 3 个月的正念禅修训练营结束后，训练营的学员和对照组的成员全部再次进行了注意力瞬断测试。结果显示，训练营的学员错过第二个数字的情况明显少于对照组的成员。与此同时，戴维森教授还在所有受试者进行实验时，用脑电设备测量了他们的大脑活动。测量结果显示，没有错过第二个数字的受试者在看到第一个数字时，视觉皮质区会变得非常活跃，而那些错过了第二个数字的受试者的视觉皮质区却很安静。在经过 3 个月正念禅修训练之后，训练营的学员的大脑活动发生了明显变化，他们在看到第一个数字时，掌管注意力的脑区已经不如当初那样活跃兴奋了。也就是说，第一个数字对他们的大脑的唤醒水平已经比较低了。第一个数字对一个人的大脑的唤醒水平越低，这个人注意到第二个数字的概率就越大。实际上，注意力瞬断现象之所以会发生，是因为我们将过多的注意力资源用在了感知第一个目标上，导致没有足够的注意力资源用于察觉下一个目标了；而如果我们对第一个目标没有投入过多关注，那我们还是足以察觉到第二个目标的。

正念改变大脑

戴维森还做了一个极具开创性的实验，他竟然请来了一批长期从事佛教修行的僧人，利用核磁共振技术，在他们正念禅修时扫描了他们的大脑，并对他们的大脑状态进行了详细的研究。同时，他还招募了一批没有受过任何正念训练的大学生和一批受过短期正念训练的新手，也在他们正念禅修时扫描了他们的大脑。

经过实验，戴维森首先发现，那些长期从事正念禅修的僧人，大脑中的脑岛与颞顶联合区的活跃度明显高过普通人。脑岛是接收情绪信号的，颞顶联合区则是形成同理心的。也就是说，当我们看到别人遭受苦难时，"脑岛－颞顶联合区"这条神经通路会被激活。而且，这条神经通路在僧人身上的活跃程度尤其高。另外，在"脑岛－颞顶联合区"兴奋的同时，大脑中还有一个掌管计划的脑区也被激活了，这就说明这些僧人随时准备着为受苦受难者伸出援手。

此外，戴维森还发现，僧人在正念禅修时，负责环境监测、视觉信息和注意力的脑区会变得比休息状态时更活跃。值得注意的是，那些没有经历过正念禅修训练的人，其负责注意力的脑区不如受过短期正念训练的新手活跃，而这些新手的负责注意力的脑区则不如长期从事正念禅修的僧人活跃。但是，如果把僧人们分成两组，一组的禅修时间在 10000 小时至 24000 小时之间，另一组的禅修时间在 37000 小时至 52000 小时之间，然后对比分析他们的大脑，就会发现一个非常有意思的现象：虽然人们在正念禅修时，负责注意力的脑区被激活的水平会随着正念禅修时间的增长而升高，但一旦正念禅修超过一定时间，负责注意力的脑区被激活的水平反而会开始下降。也就是说，随着一位禅修者正念禅修时间的增加，他的负责注意力的脑区的活跃程度会越来越高，但当正念禅修时间超过 25000 小时后，他的负责注意力的脑区的活跃程度反而会开始逐渐下降。

这个现象其实在关于运动的研究中很常见。上海体育学院就做过一项关于篮球运动的大脑研究，发现那些完全不会打篮球的人，大脑运动区域激活水平比业余选手低很多。随着训练时间和强度的增加，他们的大脑运动区域被激活的水平会越来越高，然而一旦训练时间和强度增加到一定程度，如果继续训练，他们的大脑运动区域被激活的水平就开始下降。这就是业余运动员与专业运动员的本质区别，也就是说，尽管专业运动员的大脑被激活的水平并不高，但他们有充分的注意力资源可以分配给其他认知活动，比如调整战术、调节心态等。

实际上，人在正念禅修时也会经历这样一个过程。长期从事正念禅修的僧人为了保持专注而花费的努力，甚至可以比完全没做过正念练习的人还少。也就是说，僧人们在禅修过程刚开始时，需要付出努力才能进入正念状态，但接下来就习惯了，只需相对较少的努力就可以保持同等程度的专注。

四念住练习法：开启你的觉知之旅

正念其实是佛教八正道，也就是涅槃的八种修炼方法之一。有一个叫"四念住"的佛法修行觉知法门，包括身念住、受念住、心念住和法念住。四念住是极为精细的佛学修行法门，我没接受过，不敢妄言。如果大家感兴趣，建议跟着真懂的师父修习一下。必须经过实际修习才能知道四念住是什么。而正念有四大基础，就是对身、受、心、法的正念，也是按照佛法修行觉知法门展开的，只不过乔恩·卡巴·金在实践中剔除了宗教成分。

这当中，"身"是指身体，对身的正念是对身体的觉察，譬如觉察呼吸带来的身体感觉、身体的姿势等；"受"是指感受，对受的正念是对各种情绪体验的觉察，这些情绪体验通常分为愉悦、不愉悦以及中性的既非愉悦也非不愉悦；"心"是指念头和想法，对心的正念就是对念头和想法的觉察；"法"是规律，是事物的真相，对法的正念就是对各种各样的现象和本质的觉察。

实际上，我们可以用心理学的语言重新解释一遍这四念住的术语，即精细地觉知自己的身、心和念的变化，以中立的、不加评判的态度，只如实地观察。要观察什么呢？佛法里四念住的观察对象是身体、心和念头，我把这三者改成身体感受、情绪情感和认知思维。

用四念住的方法，可以更结构化地观察自己的心理活动。你可以问自己三个问题：我的身体感受是怎样的，具体来说就是我的视觉、听觉、嗅觉、味觉、触觉和内脏感觉分别是怎样的；我的情绪情感是怎样的，具体来说就是我有什么样的喜、怒、哀、乐、悲、恐、惊，有什么样的爱恨情仇，等等；我的思维是怎样的，具体来说就是我在想些什么，特别要注意是否有一些关键性的想法出现。观察自己时，保持法念住，也就是中正、不带评判地去觉知，观察到了怎样的东西，就是怎样的东西，不修改，实事求是。始终保持觉知者的视角，无论当时的身体感受、情绪情感和想法多么强烈，都不要把它认为是"我"自己。

那么接下来，我们就可以从身体、情绪、认知、全观这四个方面进行正念练习了。

练习一：身体觉察

正念练习的第一部分是对身体的觉察，譬如觉察呼吸带来的身体感觉、身体的姿势等。对身体的正念是最基础的，如果你想系统地、循序渐进地进行正念练习，首先要从身体入手。要知道，我们在绝大部分时间里是感受不到自己的身体的，因为我们的注意力根本就不在这方面，只有当我们的身体受到病痛折磨时，我们才会意识到身体的存在，也就是说，我们在跟自己的身体失去深层的接触和联结后，才能感受到身体。我们往往会在高度专注于一些大脑活动时忽略身体的状态。比如我们长时间在计算机前工作，肩可能是微耸着的，背可能是弓着的，如果对身体没有足够的觉察，长期这样下去，肩颈很有可能会出现一些问题。如果能够对身体的状态有更多觉察，就可以随时做一些事情来让自己的身体更加舒适，更加放松。

在身体正念中，主要有两部分练习。

一部分是正念呼吸。对人类来说，从生命开始到生命结束，呼吸就像一根线，联结着每一个瞬间，联结着生活中所有事件。通常，你并不会留意到呼吸，除非有呼吸系统的不适、疾病，或者空气质量特别差，你才会对呼吸有某种焦虑，否则呼吸只是自

365

然地在那里。做正念练习时，你可以寻找到呼吸最明显的身体部位，然后去觉察呼吸给那个部位带来的感觉。如果呼吸最明显的部位是鼻端，那么你就去觉察气息进出时鼻端的感觉；如果呼吸最明显的部位是胸部或者腹部，那么你就去感觉气息进出时胸部或者腹部的起伏状态。

当练习深入后，你会对吸气的整个过程、呼气的整个过程以及呼和吸之间的停顿都有所觉察。我们的呼吸会受情绪、念头和身体运动的影响，譬如当我们感到兴奋或者在运动时，呼吸会明显加快；当我们紧张焦虑时，呼吸会变得短促而浅；当我们心念平稳、情绪安定时，呼吸会变得深长、平静。

其实，在正念练习中，你不需要去数呼吸的次数，或者以任何方式去调节、掌控呼吸，只要跟随自然的呼吸节律，带着一种好奇、放松、友善的态度去观察它，它自然就会平稳下来。

接下来，我们可以一起来练习一下。

请找到一个安静、不受打扰的并让你感到舒服的空间。

你可以盘腿坐着，也可以正常坐着，甚至平躺着，任何姿势都可以，只要你能放松下来就好。

接着，你可以微微闭上眼睛，双肩自然下垂，感觉自己与椅子、与垫子或与地板融为一体。

感觉一下此刻的身体，感受一个稳定、放松又客观的存在。

现在，请留意一下你的呼吸。

体会气息进出鼻端时的感觉。

体会气息进出时，胸部一起一伏的感觉。

体会气息进出时，腹部胀与缩的感觉。

你的任务很简单，就是去觉察呼吸给身体部位带来的感觉。

在吸气时，知道自己在吸气。在呼气时，知道自己在呼气。

不需要数呼吸的次数，也不需要去控制或者调节呼吸。

你只需要跟随自然的呼吸节律，吸气时觉察吸气的整个过程，呼气时觉察呼气的整个过程。

吸气，呼气，吸气，呼气……

也可以留意一下呼吸转换之间那个短暂的停顿。让呼吸自然地进行，你只需对它保持觉知。

继续自然地呼吸……

如此专注于呼吸，会让你的心慢慢地安稳下来。

感觉身体作为一个整体，坐着、呼吸着。

在吸气时，感觉整个身体微微地扩张、上扬。

在呼气时，感觉整个身体微微地回落、放松。

吸气，呼气，吸气，呼气……

感觉你的生命就在这一吸、一呼之间慢慢展开……

另一部分是身体扫描。相信你应该在医院里见过 CT 扫描仪器，它能够用物理光线对身体进行扫描，来检测身体的状态。而正念练习中的身体扫描是指用注意力去觉察身体各个部位在每一个当下的感觉。

下面，我们来一起练习一下。

闭上眼睛，自然地呼吸，花一点时间来感受你的身体。

请感受你的脚趾，把你的注意力放在脚趾上就好，不用使劲，感受你的脚掌、脚心、脚后跟、脚面、脚踝……

再感受你的小腿，然后把注意力缓缓地向上移动。也许你会体会到微微发胀、发热或者发麻的感觉，也许你只体会到皮肤和衣服接触的感觉，任何可能性都可以，请接受自然而然出现的感觉。

感受你的膝盖。

感受你的大腿、臀部。

再感受你的腰部、背部，感受你的整条脊柱。

再感受你的小腹部，也就是人们常说的丹田的位置，也许你能体会到这个部位有微微发热的感觉。

再感受你的肚子、心口、胸部。

自然而然地呼吸……

再感受你的双手、手掌、手腕、前臂、手肘、上臂。

再感受你的双肩，放松。

再感受你的脖子、下巴、嘴唇、鼻子、眼睛、额头。

最后感受你的后脑、头皮。

练习二：情绪觉察

正念练习的第二部分是对情绪的觉察。在觉察情绪的正念练习中有两个要点：一是要感受到情绪如流水般的自然流动；二是当你感受到情绪时，需要给情绪命名。

接下来，我就带你做一个觉察情绪的正念练习。

请找到一个舒适的姿势，让身体放松，内心自由。

体会一下身体此刻的感觉，特别是脚和地板、臀部和椅子或垫子的接触感。

接着可以做三次深呼吸，深深地吸气，感觉气息经由鼻孔进来，充盈整个肺部，然后缓缓地吐气，感觉气息经由嘴被徐徐吐出。

然后重新回到自然呼吸状态。

你也可以让嘴角微微地上扬，挂上一个善意的、浅浅的微笑。就这样，保持放松而专注的状态，让注意力回到呼吸或者身体的感觉上。

接着带着好奇、耐心，去觉察出现的任何情绪。

有时，会同时出现几种情绪，譬如忧伤、寂寞、喜悦、满足；有时则没有太大的感受，只感到无聊、麻木。

觉察并确认任何一种情绪，你不需要评判它们，它们都来自全人类潜意识的大海。你要充满敬意地对待每一种情绪，就好像对待访客一样。

感觉一下此刻有什么情绪涌现，它又给身体带来了什么样的感觉。

当你感受到情绪时，请试着给这些情绪命名："恐惧""不安""寂寞"……当你逐一地命名它们时，它们会变化、消失，不再具有掌控你的力量，相反，你成了驾驭它们的主人。

如果你不小心掉到了情绪之河的旋涡中，当你觉察到时，重新把自己带回到岸上，继续在岸边看各种各样的情绪从面前流过，并继续对各种不同的情绪加以命名："难过""悲伤""愤怒""恐惧""羞愧"……

同时也体会情绪给身体带来的感觉，观察情绪的来去、感觉的变化……

当你这样去观察情绪和感受时，它们通常就会发生变化，强烈的情绪在这份观照下，会逐渐变弱，甚至消失。

当下一种情绪出现时，带着同样的耐心、好奇、不评判的态度观察它，向它敞开心扉，去体验它，接纳它，而不需要去改变它。同时，去体会相应的身体感受。

你可能已经觉察到，情绪与念头相似，不断地来来去去，像流水一样。我们可以站在这情绪之流的岸边，看情绪来来去去。

如果你能够给自己的情绪命名，你已经是你情绪的主人了。

练习三：认知觉察

正念练习的第三部分是对自己认知的觉察，特别是对念头和想法的觉察。我们的念头可以非常强有力地影响我们的情绪和行为。那些念头通常来得比较自动，并会很快占据我们的头脑。比如，在初学正念时，你会发现，大脑里突然就生出了某个念头。比如，你可能会想到曾经被公司里的某位领导欺负，他故意给你穿小鞋，你很想去报复他。这个报复的念头很可能会在你的大脑里不断发散，你不仅有了这个念头，还在脑子里开始计划要怎么报复他，结果你整个人像陷入了旋涡一样难以自拔。在觉察认知的正念练习中也有两个要点：一是要及时对念头进行识别，知道这是个念头；二是要"标记"念头，对这些念头进行归类整理。

接下来，我就带你做一个觉察念头的正念练习。

首先，请留意一下你的呼吸，可以做三次深呼吸，深深地吸气，缓缓地吐气。

吸气，呼气，吸气，呼气……

接着，感觉一下此刻坐着的身体，体会身体与各个接触面的接触感。

接着把注意力带到念头上。

注意，不要刻意去想某件事，要让这些念头自己涌现出来。

你只需要关注你的呼吸和身体，慢慢地等待。

当一个念头浮现时，请你有意识地把注意力带向它，就像一个孩子在花丛中捉蝴蝶一样。

接着，请给你捉住的这些蝴蝶命名，譬如"计划""回忆""担心""幻想"，等等，越具体越好。

念头一旦被命名，通常会松动，瓦解，消失。

留意一下这些念头消失的过程，然后把注意力重新放到呼吸或者身体感受上。

当你觉察到自己一直在想事情，这就是你觉醒的时刻。

带着好奇、不评价、耐心的态度，一再地留意浮现的念头，命名它们，观察它们的变化和消失，再把注意力重新放到呼吸和身体上。然后，可能又有一个新的念头浮现。

观察像浪潮一样出现、变化又消失的念头，观察各种念头的特征、内容以及它们所引发的情绪。

无论这些念头会带来怎样的情绪与情感体验，你只需要发现它，看着它，然后给它起个名字，标记一下，再把它"放飞"，一遍又一遍。看着念头涌现又消失，就像站在河边看着河水从面前流过，你只需要聆听潺潺水声。

就这样，你坐在心智的花丛中，看着念头蝴蝶在意识的天空中飞舞，偶尔捉一只过来看看，给它起个名字，感谢与它的相遇，然后把它放生。

就在那里，看着、欣赏、感受自己的存在，但你并没有陷入其中，你只是坐着、躺着、呼吸着，放松、舒适、安然、自在……

练习四：全观觉察

正念练习的第四部分是全观觉察，就是看见真相与规律，领悟到生命的存在。这听上去有点抽象，简单来说就是觉察一切身心现象的真相。其中一个真相就是变化，万事万物都在变化。譬如说身体的感觉会变化，声音会变化，念头和情绪也一直在变化。

　　全观的正念要求我们通过大脑中的镜像神经元观照客观世界的存在，跳出狭隘的喜怒哀乐的局限，放下内心的执念，以更广阔的视野去观察世界，跳出自己的思维方式，体验到生命的自由自在，体验到生命的流动，与他人和自然和谐相处。这也是微笑主义整合心理学追求的目标，放下，在全观的正念中绽放出微笑，怀着对自身生命和其他生命的感恩，自由自在。

　　实际上，全观的正念对人的要求非常高，这个层次一般很难达到。我建议大家先从正念呼吸和身体扫描开始练习，然后慢慢地向情绪觉察和认知觉察过渡，这样就可以了。

　　记住，一切真正的改变都是顺其自然地发生的。因此，不要着急，慢慢来。